Estudos críticos de Direito e Processo Penal

em homenagem ao
Des. Garibaldi Almeida Wedy

E828   Estudos críticos de Direito e Processo Penal : em homenagem ao Des. Garibaldi Almeida Wedy / Aramis Nassif ... [et al.] ; org. Ney Fayet Júnior, Miguel Tedesco Wedy. – Porto Alegre: Livraria do Advogado Editora, 2004.
239 p.; 16 x 23 cm.

ISBN 85-7348-326-1

1. Direito Penal. 2. Processo Penal. I. Nassif, Aramis. II. Fayet Júnior, Ney, org. III. Wedy, Miguel Tedesco, org.

CDU - 343

Índices para o catálogo sistemático:
Direito Penal
Processo Penal

(Bibliotecária Responsável : Marta Roberto, CRB-10/652)

Ney Fayet Júnior
Miguel Tedesco Wedy
(organizadores)

Estudos críticos de Direito e Processo Penal

em homenagem ao
Des. Garibaldi Almeida Wedy

Aramis Nassif
Bráulio Marques
Daniel Ustárroz
Delio Spalding de Almeida Wedy
Gabriel Tedesco Wedy
Gudben Borges Castanheira
Gustavo Paim
José Antonio Paganella Boschi
José Carlos Teixeira Giorgis
Juliano Spagnolo
Milton dos Santos Martins
Nereu José Giacomolli
Ney Fayet
Ricardo Cunha Martins
Sérgio da Costa Franco
Taís Culau de Barros
Vladimir Giacomuzzi
Wellington Pacheco Barros
(colaboradores)

livraria
DO ADVOGADO
editora

Porto Alegre 2004

©
Ney Fayet Júnior e Miguel Tedesco Wedy (organizadores);
Aramis Nassif; Bráulio Marques; Daniel Ustárroz;
Delio Spalding de Almeida Wedy; Gabriel Tedesco Wedy;
Gudben Borges Castanheira; Gustavo Paim; José Antonio Paganella Boschi;
José Carlos Teixeira Giorgis; Juliano Spagnolo; Milton dos Santos Martins;
Nereu José Giacomolli; Ney Fayet; Ricardo Cunha Martins;
Sérgio da Costa Franco; Taís Calau de Barros;
Vladimir Giacomuzzi; Wellington Pacheco Barros.
2004

Capa, projeto gráfico e composição de
Livraria do Advogado Editora

Revisão de
Rosane Marques Borba

Direitos desta edição reservados por
Livraria do Advogado Editora Ltda.
Rua Riachuelo, 1338
90010-273 Porto Alegre RS
Fone/fax: 0800-51-7522
livraria@doadvogado.com.br
www.doadvogado.com.br

Impresso no Brasil / Printed in Brazil

Sumário

Apresentação
Ney Fayet Júnior e *Miguel Tedesco Wedy* (organizadores) 7

1. Sentença Penal. Especificidade dos princípios constitucionais
   Aramis Nassif 11
2. A efetividade da norma penal. Abordagem psicanalítica
   Bráulio Marques 27
3. A reparação civil do injusto criminal
   Daniel Ustárroz 35
4. O aborto eugênico
   Delio Spalding de Almeida Wedy e *Gabriel Tedesco Wedy* 61
5. Carta aberta a um amigo
   Gudben Borges Castanheira 67
6. Processo Civil e Processo Penal: algumas inter-relações
   Gustavo Paim 71
7. Violência e Criminalidade: o resgate do pacto federativo como proposta de solução
   José Antonio Paganella Boschi 93
8. O prazo razoável como conceito indeterminado no Processo Penal
   José Carlos Teixeira Giorgis 111
9. O Juiz e o Promotor Natural como garantias constitucionais do réu no Processo Penal
   Juliano Spagnolo 123
10. A prisão em flagrante e a prisão preventiva: uma análise crítica
    Miguel Tedesco Wedy 141
11. Responsabilidade penal. A idade
    Milton dos Santos Martins 159
12. O consenso no Processo Penal italiano
    Nereu José Giacomolli 161
13. Da pena-base no mínimo legal e o reconhecimento de atenuantes e majorantes: aplicação da pena mais justa
    Ney Fayet 185

14. A prescrição penal e a ancianidade: o *real* alcance do fator de redução dos prazos prescricionais previsto no artigo 115, *in fine*, do Código Penal
    Ney Fayet Júnior 189
15. Uma existência com um século de honra
    Ricardo Cunha Martins 201
16. Um soledadense de fundas raízes
    Sérgio da Costa Franco 203
17. O ato infracional e a prescrição
    Taís Culau de Barros 205
18. Sistema progressivo de cumprimento da pena privativa de liberdade
    Vladimir Giacomuzzi 215
19. Da evolução dos contratos
    Wellington Pacheco Barros 221

Apresentação

Garibaldi Almeida Wedy nasceu em 22 de outubro de 1913, na merencória Soledade, como diria Simões Lopes Neto. Cresceu na centenária Fazenda do Posto, onde auxiliava o seu pai nos serviços diuturnos da pecuária. Ali, nos verdejantes e ondulados campos da Soledade, regelados pelo pampeiro do inverno, ele cresceu. Ali forjou o seu caráter íntegro, leal e irreprochável.

Estudou em Santa Cruz do Sul, onde morou na residência do afamado professor André Klarman. Mais tarde, estudou em Porto Alegre, nos ginásios do Rosário e Anchieta. Viveu, no final dos anos vinte e durante a década de 30, na Porto Alegre do Clube dos Caçadores, do Café Colombo, do Jockey Club, a Capital dos bondes, que hoje se incorpora na memória da cidade como um período verdadeiramente romântico.

Ingressou na Faculdade Livre de Direito de Porto Alegre, hoje Universidade Federal do Rio Grande do Sul, após prestar concorrido exame, no qual foi avaliado por Alberto Pasqualini, Augusto Meyer, Padre Werner und Zur Mühlen e Carlos Pitta Pinheiro. Colega de João Goulart, Nicanor Kramer da Luz e Raul Gudolle, assinou, em 1º de junho de 1937, a Proclamação dos Universitários Rio-Grandenses, contra o então todo-poderoso Governador Flores da Cunha, conjuntamente com Walther Graeff, Francisco Talaia O'donel, Hélvio Jobim, Paulo Beck Machado (depois Presidente do Tribunal de Justiça), Paulo Pinto de Carvalho, Angelito Aikel, Galeno Velhinho de Lacerda, Nicanor Kramer da Luz, Tarso Dutra e outros.

Formou-se na turma de 1939 e teve como paraninfo o Dr. Ney Wiedemann e como homenageados o diretor da Faculdade, Leonardo Macedônia, além dos professores Francisco José Simch Júnior, João Bonumá, Ruy Cirne Lima, Antônio Vieira Pires, Normélio Rosa, Carlos Pitta Pinheiro e Armando Dias de Azevedo. Foi aluno, ainda, de Alberto Pasqualini e Armando Câmara.

O homenageado ainda atuou ativamente na política estudantil, fazendo parte da Comissão de Propaganda do então candidato à Presidência da

República, José Américo, com os Drs. Victor Graeff, Mem de Sá, João Dêntice e outros mais.

Ainda como acadêmico foi suplente de Juiz Municipal em Soledade, de 1936 a 1938. Como Solicitador (hoje estagiário), estreou nos embates do Tribunal do Júri (o que era permitido na época), ao lado daquele que talvez tenha sido o maior advogado soledadense, o Dr. Antonio Mont'Serrat Martins, pai dos Desembargadores Mílton dos Santos Martins, ex-presidente do Tribunal de Justiça, e Montaury dos Santos Martins, este de saudosa memória.

Entre 1938 e 1940 foi solicitador e advogado, atuando em inúmeros casos do Tribunal do Júri e destacando-se em rumorosos processos criminais. Em 1941, foi aprovado no 1º concurso para o Ministério Público do Estado do Rio Grande do Sul. Este concurso teve na sua banca examinadora homens do quilate de Anor Butler Maciel, então Procurador-Geral do Estado, Darcy Azambuja, emérito professor, Otávio Abreu, grande advogado rio-grandense, e Celso Afonso Soares Pereira, juiz de direito e depois Presidente do Tribunal de Justiça.

Como promotor, atuou nas comarcas de Ijuí e Santo Ângelo, que tinha como termo o município de Santa Rosa. Nessas ocasiões, destacou-se por sua atuação no Tribunal do Júri. Posteriormente, fez concurso público para a magistratura, no tempo em que as provas eram prestadas perante o Pleno do Tribunal de Justiça, sendo aprovado, conjuntamente com Gino Cervi, Antonio Augusto Uflacker, Júlio Martins Porto, Paulo Beck Machado, Sylvio Pires e Oswaldo Müller Barlem.

Assumiu como juiz de direito em 1945, na comarca de Sobradinho. Naquele ano, o presidente Getúlio Vargas foi deposto, razão pela qual o Presidente do Supremo Tribunal Federal, José Linhares, assumiu a presidência da república até que fossem convocadas novas eleições. Os presidentes dos Tribunais assumiram nos Estados, e os juízes de direito assumiram as prefeituras. Nesta oportunidade, Garibaldi Almeida Wedy assumiu a prefeitura de Sobradinho.

Mais tarde, jurisdicionou a comarca de Lajeado, de 1946 até 1950. E aí, enquanto atuava na judicatura, deu-se um evento trágico na história das letras jurídicas do nosso Estado. Em 14 de agosto de 1950, o homenageado esperava para uma audiência o Dr. Voltaire de Bitencourt Pires, então o mais famoso e brilhante criminalista gaúcho, pai do Desembargador Érico Barone Pires e tio do advogado Oswaldo de Lia Pires, quando veio a infausta notícia: o avião que trazia o Dr. Voltaire caíra nas imediações de São Jerônimo. Foi mandado consignar em ata e remeter à família o voto de pesar, em audiência, pela perda do renomado advogado, o que enlutava a família forense do Estado.

Jurisdicionou ainda as comarcas de Soledade, São Luis Gonzaga e Santa Maria. Chegou em Porto Alegre em 1957, onde atuou em varas de família e sucessões, da fazenda pública e de acidentes do trabalho até 1960, quando foi classificado para a 4ª Vara Criminal. De 1967 até 1969 foi juiz do Tribunal Regional Eleitoral. Foi ainda juiz substituto de Desembargador de 1968 até 1969, quando atuou na 1ª Câmara Especial Criminal e na 1ª Câmara Criminal.

Tomou posse como Desembargador em 5 de março de 1969, quando passou a atuar em Câmaras Cíveis. No seu discurso de saudação, o então Presidente do Tribunal de Justiça, Des. Balthasar da Gama Barbosa, salientou: "Destaco o fato de o colega empossando ter preferido sempre, dentre todos os ramos, a Justiça Criminal. E para bem exercê-la viveu sempre com o povo, sendo um juiz do povo, procurando conhecê-lo e amá-lo, para bem julga-lo".

No seu discurso de posse, o homenageado, em pleno regime autoritário, salientou: "...apesar disto, ainda não senti, como juiz, a harmonia das coisas na sociedade atual. Acredito, porém, no advento do dia em que ninguém terá fome e sede de justiça, de que fala o divino sermão da montanha, porque o direito, que também é direção, ainda transpõe os naturais empecilhos sociais, para garantir a convivência, em nome do bem comum, em uma sociedade universalmente insatisfeita. Nesta conjuntura, a Justiça continua a ser o pálio da liberdade, na ordem jurídica que deve se fundar no reconhecimento dos direitos humanos".

Aposentou-se, a pedido, em 1974. Posteriormente, foi professor de Direito Civil das Faculdades Integradas Ritter dos Reis, de 1976 até 1984. É Professor emérito da atual Uniritter.[1]

O trajeto acidentado desde o juízo municipal, passando pela advocacia, pelo Ministério Público, pela judicatura, pelo magistério, deu ao homenageado um caráter tolerante. Ele foi capaz de entender desde a aflição das partes nas pequenas querelas, passando pela responsabilidade do promotor em ser o fiscal da lei, pela angústia do advogado em defender as mais difíceis e tormentosas causas, até chegar à judicatura e ter presente a importância do papel de um bom juiz para a solução equilibrada e justa das controvérsias, tanto na esfera cível, como na jurisdição criminal.

---

[1] Ao longo de sua vida, o homenageado prefaciou a obra *Infortunística do Trânsito*, da editora Sagra-Luzato, escrita por Armindo Beux, e escreveu diversos trabalhos jurídicos para revistas do Ministério Público e da Magistratura. Teve publicado, também, em parceria com Mont'Serrat Martins, um trabalho forense denominado Furto de Gado (abigeato), pela Livraria-Editora Fonseca, em 1938, ainda quando era acadêmico. Por fim, convém ressaltar também que o homenageado também escreveu vários livros sobre a história de sua terra natal, Soledade, tais como: O Pequeno Grande Mundo de Soledade; Soledade, Violências, Mortes, Reminiscências das Décadas de 30 e 40 e Mais Sobre Soledade.

Talvez em razão disso, ao longo de sua vida fecunda e que ainda dá frutos, o Des. Garibaldi Almeida Wedy tenha conquistado uma legião de amigos e colegas, todos irmãos da advocacia, do Ministério Público, da magistratura, do magistério e ex-alunos, alguns dos quais se reuniram para homenageá-lo com a presente obra que apresentamos, na ocasião do aniversário de seus primeiros 90 anos.

Ney Fayet Júnior
Miguel Tedesco Wedy
(organizadores)

— 1 —

Sentença Penal.
Especificidade dos princípios constitucionais

ARAMIS NASSIF
Desembargador do TJRS

Sumário: 1. A visão restritiva da principiologia constitucional da sentença; 2. A sentença penal, a dignidade humana e estigmatização do acusado; 3. Dignidade como direito fundamental; 4. Princípio do *ne eat judex ultra petita partium*; 5. Princípio da obrigatoriedade de fundamentação da sentença penal; 6. Princípios da culpabilidade, presunção de inocência e a ampla defesa; 7. Princípio da legalidade e do juiz natural; 8. Princípio da informação; 9. Princípio do *onus probandi*; 10. Garantismo como princípio na sentença penal.

1. A visão restritiva da principiologia constitucional da sentença

Em se tratando de principiologia geral, especialmente a de caráter constitucional, do direito aplicável ao processo penal e, por via de conseqüência, à sentença, é de ter-se presente a vasta e autorizada literatura desenvolvida atualmente que dispensa, no estudo, maiores acréscimos. Neste sentido, é de lembrar, apenas, que a doutrina correspondente ao pensamento nacional intensificou-se após a edição da Carta Constitucional de 1988, em face de sua repercussão na legislação infraconstitucional, especialmente no vetusto Código de Processo Penal; a estrangeira passou a ser lida e conhecida ao ser introduzida no país a partir da interlocução cultural-acadêmico que aproximou doutrinadores brasileiros e europeus (especialmente), com notável influência no plano teórico do direito nacional.

Portanto, certo é que o enfrentamento mais aprofundado dos referidos princípios enquanto de interesse processual penal em geral (especialmente os aplicáveis durante a instrução) ultrapassaria os lindes e objetivos propostos neste artigo. Assim, a matéria desenvolver-se-á sincopada e fragmentariamente com o exame de alguns dos princípios que conferem sentido e consistência à estrutura primordial objetivada, orientado o estudo no sentido de sua aplicação (dos princípios) no momento derradeiro e relevante do feito penal, qual seja, o da decisão, ainda que incidental, necessária e impositivamente sejam referidos aqueles aplicáveis em momentos distintos do procedimento específico.

É irremissível para o exercício da jurisdição - lobrigada em qualquer de seus momentos a sentença - a aplicação de vários princípios, cuidado inafastável que deve ser verificada na sua prolação, se já não fora anteriormente, pena de contaminar todo o procedimento de nulidade.

Perfecto Andrés Ibañez (1996, p.171/172) aduz que a "introdução em Constituições rígidas [de uma] nova tábua de valores introduziu na ordem jurídica uma mudança de paradigma: do jurista e do juiz se espera confrontar a realidade com os princípios [...]. O juiz se torna ator de uma 'outra política', aquela dos direitos fundamentais e das garantias [da liberdade], que agora encontra uma sólida base normativa. Avaliar a obra do legislador ordinário em relação à Constituição, trazendo para si a questão da legitimidade da lei, exercitar, em última instância, o controle da legalidade do exercício do poder, contribuir para reforçar a precária garantia dos 'débeis' direitos sociais, tudo isto é função do juiz imposta pela Constituição."

A principiologia sustentária da sentença juridicamente válida (por respeito àquela), mesmo que se lhes apliquem além da norma positivada, observado o *favor rei,* está autorizada, em plana infraconstitucional, no artigo 3º do CPP,[1] ao definir que a lei processual penal admitirá interpretação extensiva e aplicação analógica, bem como o suplemento dos princípios gerais de direito, vez que, ente estatal, está o juiz investido no encargo de examinar os conflitos existentes nas relações intersubjetivas, cuja intervenção tem como via única a ação penal, pois, como afirmou Couture, *esta é um direito à jurisdição* (1997, p. 15), provoca-a e é o seu limite, e que será exercida através de um complexo de atos (processo/procedimento), de modo que se conforme com a atuação de valores éticos e jurídicos no sistema, conforme os procedimentos tipificados na legislação pertinente. E o mais importante de todos esses atos jurídico-processuais é, evidentemente, a sentença.

Assim como o processo é o instrumento para aplicação do direito material (se for o caso), a sentença é, em qualquer hipótese, sua respon-

---

[1] Código de Processo Penal: Art. 3º - A lei processual penal admitirá interpretação extensiva e aplicação analógica, bem como o suplemento dos princípios gerais de direito.

sabilidade teleológica, sendo aquele o conjunto de meios destinados à proteção dos direitos do acusado, legitimando o atuar do sistema judiciário. Mas sabe-se que *o direito prescinde do processo para sua efetividade, mas este sem o direito seria um vazio* (Liebman, 1984, p. 72). A sentença endogenamente (fundamentação) e na sua força decisória (exogenamente), reconhece e aplica princípios garantidores de que seja, ela, no caso concreto, a expressão de solução mais justa. Não se pode perder de vista, como asserta Couture (1997, p. 15), que "a lei processual, tomada em seu conjunto, é uma lei regulamentadora dos preceitos constitucionais que asseguram a justiça".

Os princípios processuais informativos do processo são originariamente instrumentais, mas cogentemente constitucionais, sendo o *devido processo legal* (art. 5°, LIV CF) a plataforma onde se assentam os demais. A obediência é estrita e rigorosa na medida de seu porte jurídico.

Eles são imperativos para o mais (um *plus*) no sentido *favor rei* ante as possibilidades jurídicas e fáticas expostas no processo, e que foram considerados por Alexy (1998, p. 8) de caráter constitucionais (mesmo não debatidos neste texto), os da a "dignidade humana, liberdade, igualdade, democracia, Estado de Direito e Estado social, como a forma principal de atuação do direito racional na atualidade."

2. A sentença penal, a dignidade humana e estigmatização do acusado

Consiste o princípio da dignidade da pessoa um dos mais importantes (é o mais importante) mas que, inexplicavelmente, é um dos menos considerados nos estudos doutrinários. Ele diz respeito ao cidadão não só à vista social, mas com o processo como referência, perfeita e literalmente identificado na Constituição Federal, o que acarreta o rigor a visualização de sua intangibilidade como cláusula pétrea.

Esta compleição normativo-constitucional cobra do magistrado o estabelecimento dos limites para alcançar a finalidade processual, qual seja, o asseguramento do cumprimento e aplicação das garantias e direitos fundamentais, também sustentados no Estatuto político do país, com a finalidade de evitar a intervenção judicial (no tanto que for desnecessário), na vida dos indivíduos processados, assim, v.g. a prisão cautelar sem a justificativa alentada e substanciosa de razões de sua inafastabilidade.

Na gestão dos atos para obtenção de prova, sendo o próprio acusado um meio para sua consecução, o respeito pela sua integridade moral e física exige que se deva submeter, na sentença, os meios de produção e de valoração a estritos critérios de necessidade e adequação (no sentido de proibição do excesso) à finalidade processual. A reverência à sua integridade ética, qualidade incindível da sua dignidade como ser humano, impõe a inadmissibilidade de qualificar como útil para a decisão judicial a prova obtida mediante o emprego de atos que configurem uma coação que, eventualmente, perturbará a liberdade de determinação do acusado.

Contribuição perniciosa é a percebida na atuação precipitada e vezes tantas agressiva da mídia, que não hesita, em nome da liberdade de informação e da opinião, em opor o direito da imprensa livre e o da privacidade (com a subjugação deste) quando o cidadão é criminalmente processado, se não mal-intencionada, ao menos irresponsavelmente, em postura obviamente assimétrica no que diz respeito à ação e reação (daquela e do ofendido), reforçando a via estigmatizante através dos modernos meios de comunicação de massas.

Alguns delitos são destinatários de maior censura social, outros com menor reprovação, de que decorre a ampliação estigmatizante, um subproduto psicossocial do processo criminal, e a inconseqüente adjetivação do autor do fato supostamente delituoso como ladrão, tarado, vigarista, assassino, enquanto tramita o feito, perversamente empregada (mormente se absolvido ainda que, em parte, traga um reduzido desagravo moral), sem a definitiva manifestação judicial (nem com ela justificar-se-ia).

Impressionam as palavras de Aury Celso de Lima Lopes Junior (2000, p. 43), quando disserta sobre a instrumentalidade do processo:

> "Essa grave degeneração do processo permite que se fale em verdadeiras penas processuais, pois confrontam violentamente com o caráter e a função instrumental do processo, configurando uma verdadeira patologia judicial, na qual o processo penal é utilizado como uma punição antecipada, instrumento de perseguição política, intimidação policial, gerador de estigmatização social, inclusive com um degenerado fim de prevenção geral. Exemplo inegável nos oferecem as prisões cautelares, verdadeiras penas antecipadas, com um marcado caráter dissuasório e de retribuição imediata. O mais grave é que a pena pública e infamante do Direito Penal pré-moderno foi ressuscitada e adaptada à modernidade, mediante a exibição pública do mero suspeito nas primeiras páginas dos jornais ou nos telejornais. Essa execração ocorre não como conseqüência da condenação, mas da simples acusação (inclusive quando esta ainda não foi formalizada pela denúncia), quando todavia o indivíduo ainda deveria estar sob o manto protetor da presunção de inocência.De nada serve um sistema formalmente garantista e efetivamente autoritário. Essa falácia garantista consiste na idéia de que bastam as razões de um 'bom' Direito, dotado de sistemas avançados e atuais de garantias constitucionais para conter

o poder e pôr os direitos fundamentais a salvo dos desvios e arbitrariedades. Não existem Estados democráticos que, por seus sistemas penais, possam ser considerados plenamente garantistas ou antigarantistas, senão que existem diferentes graus de garantismo e o ponto nevrálgico está no distanciamento entre o ser e o dever-ser."

Vera Lucia Pereira de Andrade, prefaciando livro de Bissoli Filho (1998, p. 17), com muita autoridade enfrenta o tema da estigmatização dos cidadãos que respondem processos-crimes, advertindo que "...com efeito, segundo a ideologia penal dominante, oriunda da Criminologia positivista (desenvolvida com base no paradigma etiológica e reproduzida na cultura manualesca oficial, o crime e a criminalidade são concebidos como o produto de um conjunto de fatores que, sejam de ordem individual, física ou social conformam a personalidade de uma minoria de indivíduos como socialmente perigosa, tornando-os pela incidência determinante destes fatores, mais propensos a delinqüir. Seria fundamental, pois ver o crime no criminoso porque sua prática e, sobretudo, a reiteração dela, constituiria sintoma revelador da personalidade mais ou menos perigosa (antisocial) de seu autor. (Ferri, *Princípios de Direito Criminal*)."

Conclui: "A criminalidade aparece, pois, neste paradigma, como uma realidade ontológica: as condutas criminosas como intrinsecamente criminosas e seu autor como um criminoso por concretos traços de sua personalidade ou influência de seu meioambiente; ou seja, por sua própria biografia. Daí a máxima de que ser criminoso constitui uma propriedade da pessoa que a distingue por completo dos indivíduos normais. Ele apresenta estigmas decisivos da criminalidade. Daí o divisionismo ideológico maniqueísta entre o bem (a sociedade) e o mal (a criminalidade) contra a qual se deve dirigir uma adequada 'defesa social'".

3. Dignidade como direito fundamental

Base de toda a estrutura jurídica é a pessoa humana e o meio pelo qual constrói seus direitos e obrigações, estabelecendo ele, a partir de eleições particulares, de caráter íntimo, ainda que mantida a tensão com o meio sociojurídico externo, definem as opções para exercitar aqueles a exigir estas. Decorre daí que ele passa a ser a motivação teleológica da regulamentação normativa - moral e jurídica da sociedade - sob o império do Estado, sem, jamais, perder sua individualidade, o que amplia o espectro de responsabilidade da sentença penal.

Não é sem razão que a Lei Fundamental de Bonn, Alemanha, deu à expressão *dignidade* seu porte constitucional, *verbis*: A dignidade do homem é intangível. Os poderes públicos estão obrigados a respeitá-la e protegê-la (Art.1.1).

Hoje, todas as Cartas políticas modernas têm a dignidade do cidadão como preceito básico e fundamental de um Estado democrático de Direito. E o Brasil não fugiu à regra.

No primeiro artigo da Constituição Federal está assegurado que *a República Federativa do Brasil, formada pela união indissolúvel dos Estados e Municípios e do Distrito Federal, constitui-se em Estado Democrático de Direito e tem como fundamentos (...) a dignidade, da pessoa humana (inc. III)*, objetivando, como fundamentais da República (Art. 3°), *construir uma sociedade livre, justa e solidária* (inc.I); *garantir o desenvolvimento nacional* (inc. II); *erradicar a pobreza e a marginalização e reduzir as desigualdades sociais e regionais* (inc. III); *promover o bem de todos, sem preconceitos de origem, raça, sexo,* cor, *idade e quaisquer outras formas de discriminação* (inc. IV). Vai fortalecido no texto pelo artigo 227 do comando irrevogável - e com estrutura de cláusula pétrea - que "é dever da família, da sociedade e do Estado assegurar à criança e ao adolescente, com absoluta prioridade, o direito à vida, à saúde, à alimentação, à educação, ao lazer, à profissionalização, à cultura, à dignidade, ao respeito, à liberdade e à convivência familiar e comunitária, além de colocá-los a salvo de toda forma de negligência, discriminação, exploração, violência, crueldade e opressão. Finalmente, a Carta garante que todos são iguais perante a lei, sem distinção de qualquer natureza, garantindo-se aos brasileiros e aos estrangeiros residentes no País a inviolabilidade do direito à vida, à liberdade, à igualdade, à segurança e à propriedade ..." (Art. 5°).

O Pacto de San José da Costa Rica, inserto no sistema normativo brasileiro por força da respectiva Convenção, foi referendado pelo Brasil pelo Decreto n° 678, de 9 de novembro de 1992, com eficácia de lei federal traz, no seu artigo 11, a certeza de que, no Brasil, como nos demais países signatários, haverá proteção da honra e da dignidade, estabelecendo que: "1. Toda pessoa tem direito ao respeito da sua honra e ao reconhecimento de sua dignidade. Ninguém pode ser objeto de ingerências arbitrárias ou abusivas em sua vida privada, em sua família, em seu domicílio ou em sua correspondência, nem de ofensas ilegais à sua honra ou reputação. 3. Toda pessoa tem direito à proteção da lei contra tais ingerências ou tais ofensas".

Ernesto Benda (1978, p. 46) manifesta-se entusiasmado com a inserção da dignidade como valor fundamental constitucional, sustentando que, assim, impede-se a submissão do ser humano, injustamente, inclusive em relação do poder do Estado, incumbindo a este assegurar ao cidadão a garantia de sua existência material e moral mínima através da decisão judicial fundamentada.

Na conjugação dos diplomas nacional (Constituição) e internacional (Pacto de San José da Costa Rica), imbricam-se as orientações jurídicas e sociofilosóficas em torno deste bem do homem, obrigando o Estado e os demais membros da comunidade juridicamente organizada, a assegurar (aquele) e respeitar (este) a integritude do princípio, inclusive (e talvez principalmente), no plano do processo penal.

4. Princípio do *ne eat judex ultra petita partium*

Segundo este princípio, iniciada a ação penal, fixam-se os contornos da matéria a ser decidida - *res in judicio deducta* -, devendo o Juiz pronunciar-se exatamente sobre aquilo que lhe foi pedido (com a exceção do *favor rei*), que foi exposto na inicial (denúncia ou queixa) pela parte acusadora

A releitura constitucional resulta em que não pode haver decisão *ultra petita pro societate*. É que a *reformatio in mellius* implica (quase sempre necessariamente) decisão que ultrapassa os limites da própria pretensão defensiva para que, tanto na sentença, quanto no acórdão, seja-lhe concedido o máximo de respeito ao estado de inocência ou a limitação da pretensão acusatória incompatível com a realidade probatória (inclusive na dúvida).

Por outro lado, conforme ver-se-á no capítulo seguinte, a doutrina entende sua grande aplicação quando se trata da necessidade de obedecer ao princípio da congruência, pertinência ou correlação, nas vias da *emendatio* e *mutatio libelli*.

5. Princípio da obrigatoriedade de fundamentação da sentença penal

Lembrando Ferrajoli (1995, p. 623), a "motivação permite a fundamentação e o controle das decisões tanto de direito, por violação da lei ou defeitos de interpretação ou subsunção, como de fato, por defeito ou insuficiência de provas ou inadequada explicação do nexo entre convicção e provas."

Para atender o anteriormente exposto (respeito à dignidade humana na sentença penal), ressalta o da obrigatoriedade de fundamentação das decisões judiciais (Art. 93, IX, CF) que, mesmo não inserto entre os direitos fundamentais, é assim acolhido no meio jurídico.

Se o diploma adjetivo oferece o modelo típico da plurissubsistência formal da sentença em sua integridade, não o faz especificamente para descrever como deverá ser elaborada a motivação. Ela é obrigatória, mas sem forma preconstituída, o que, aliás, é feito em relação à individualização da pena.

Não se trata aqui de repetir a doutrina, que tem dado um cuidado especial a respeito da matéria, haja vista textos consagrados de renomados autores nacionais e estrangeiros, mas de examinar aspectos peculiares e específicos do ato decisório, vez que a literatura, erudita e qualificada, prende-se ao plano mais genérico, qual seja, à visão do processo como um todo e a sentença nele integrado.

A sentença penal envolve um dos bens jurídicos mais caros na ordem axiológica dos consagrados na Constituição – a libertdade do cidadão - com menor hierarquia apenas em relação ao direito à vida. Sem desvincular-se, mas afastado do conceito defendido neste texto sobre a manifestação democrática da sentença pela argumentação (motivação), lembra-se, no efeito de iniciar o desenvolvimento do tema, que, para Perelman (1999, p. 209/210), motivar uma decisão é expressar-lhe as razões. É afastar eventual arbitrariedade. A satisfação jurisdicional não está na possibilidade de poder razoavelmente fundamentar a decisão: está, também, na sua capacidade de qualificar axiologicamente a mesma, de tal modo que possa concluir que ela é justa.

Michel Lalande, citado por Couture (1988, p. 285), via a sentença como "o enlace lógico de uma situação particular, específica e concreta, com uma previsão abstrata, genérica e hipotética contida na lei" ou, nas palavras de Calamandrei (1999, p. 271), ao afirmar que "no momento final do juízo, intervém na consciência do juiz uma espécie de iluminação irracional, um verdadeiro e próprio ato de fé, que transforma a probabilidade em certeza", sentido empregado por Manuel Segura Ortega (1998, p. 127), então influenciado por Maccormick, para defender que a tentativa de racionalização do direito na decisão judicial final é a mais significativa das virtudes do magistrado, não esquecendo de referir, todavia, que outras existem além dela: compaixão e sentido de justiça, etc. Adverte que a racionalidade pura pode nos aparentar não ser razoável, haver razão para se fazer o que, inversamente do pretendido, são coisas irracionais.

Para Segura Ortega (1998, p. 127), o puro respeito à lei não garante a racionalidade da decisão, pois temerária ante possível irracionalidade (ilegitimidade) do processo legiferante, ainda que democraticamente constituída, bem como por saber-se que na sentença, e nos precedentes processuais de sua construção, concorrem influências extralegais que poderão comprometer a racionalização do magistrado ao decidir (fundamentar).

6. Princípios da culpabilidade, presunção de inocência e a ampla defesa

Na sentença, que cuida de aplicar objetivamente o direito penal substantivo, inevitável identificar nela os princípios incidentes, como o da culpa jurídico-penal (ou princípio da culpabilidade *strictu sensu*), para reconhecê-la na condenação, ou afastá-la na hipótese absolutória.

Veja-se que, na hipótese mais severa, o constituinte cuidou de preservar o cidadão acusado, de eventual juízo apriorístico de culpabilidade, consagrando que *ninguém será considerado culpado até o trânsito em julgado de sentença penal condenatória* (Art. 5º, LVII, CF).

O reconhecimento do princípio da ampla defesa escorado no princípio da presunção de inocência, princípio da culpabilidade, adequam-se e, por exigência da norma maior e pela interpretação correta do texto, estabelecem o complexo de frenagem jurisdicional do sistema acusatório imposto na Constituição Federal.

Em face de tais argumentos, releva referir que, no que tange à participação direta do acusado, a concretização do seu direito pessoal de defesa opera-se mediante obediência deste princípio, com a base estrutural original no do contraditório, sendo inescusável ao juiz, na sentença, não considerar sua manifestação, ainda que colidente com a defesa técnica.

Não fosse assim, desnecessário seria o interrogatório que, sabidamente, é ato de defesa (daí a necessidade da presença de seu defensor ao ato), vez que, ainda que possivelmente aproveitável como prova (outro motivo para a presença do advogado), *o valor da confissão se aferirá pelos critérios adotados para os outros elementos de prova, e para a sua apreciação o juiz deverá confrontá-la com as demais provas do processo, verificando se entre ela e estas existe compatibilidade ou concordância* (Art. 197, CPP) e, ainda, será ela *divisível e retratável, sem prejuízo do livre convencimento do juiz, fundado no exame das provas em conjunto* (Art. 200, CPP).

Diga-se que, se o magistrado julgar sem a certeza de ter sido assegurada efetiva defesa, estará ele violando não só o preceito pétreo, estruturante de um sistema que se pretende acusatório, mas, também, traindo a consciência social e vazando a necessidade ética da decisão judicial.

Aliás, sob pena de se negar o princípio da presunção da inocência, não poderá nunca admitir que o acusado tenha o dever de provar a sua inocência. Pelo contrário, a dúvida sobre a sua responsabilidade criminal é fundamento bastante para uma decisão absolutória (*in dubio pro reo*).

No conceito de plenitude defensiva, ressalta que o Estado provê apoio jurídico como elemento integrante para sua efetivação. O direito à assistência jurídica não pode resultar prejudicado por razões de hipossuficiência. O defensor, ainda que entendido como um órgão autônomo essencial à função jurisdicional,[2] não está a serviço do poder punitivo do Estado e *atua no exclusivo interesse do acusado* (Dias, 1983, p. 213) e qualquer restrição a este respeito no feito vai repercutir na sua nulidade e, se não observada na sentença, também ela restará fulminada pelo déficit defensivo.

7. Princípio da legalidade e do juiz natural

O princípio da legalidade é reconhecido como uma exigência substancial do Estado de Direito (aqui no aspecto jurídico-material), asseverando que ninguém pode ser sujeitado à aplicação da pena ou de medidas restritivas dos seus direitos fundamentais, salvo expressa previsão legal, sempre acompanhada de fundamentação pelo juiz.

Da regra não se exclui atuação dos órgãos com atuação pré-processual, na fase inquisitorial do procedimento penal, que se subordinam, portanto, a critérios de estrita legalidade, e por isto mesmo, contemplada a específica nos artigos 4 a 23 do Código de Processo Penal, o que leva a autoridade policial à observância dos pressupostos que cumpram as exigências de necessidade, proporcionalidade e adequação às finalidades processuais, especialmente, para a lisura do oferecimento da denúncia pelo Ministério Público, pena de, descumprido o ditame, seja a peça incoativa desprestigiada pela sentença judicial, haja vista a ilegalidade do ato destinado a constituir-se em peça informativa da *opinio delicti*, se já não fora rejeitada *ab initio*.

Corolário lógico do princípio de legalidade é o imperativo de jurisdicionalização do processo penal e seu predicado maior, qual seja, o respeito às regras da competência e, delas, a aplicação princípio do juiz natural, estendidas na Carta Magna como preceito fundamental (Art. 5º, XXXVII, CF) no comando de *que não haverá juízo ou tribunal de exceção*.

Só um juiz competente pode sentenciar, impondo o primado do monopólio jurisdicional que, por sua vez, além dos procedimentos regulares

---

[2] A Defensoria Pública é instituição essencial à função jurisdicional do Estado, incumbindo-lhe a orientação jurídica e a defesa, em todos os graus, dos necessitados, na forma do art. 5º, LXXIV (Art. 134, CF).

de investidura, exige para a legitimação jurídica da sentença, que o juiz, retido pela inércia da jurisdição, não exerça atos de ofensiva acusatória, resultando que a efetivação do princípio do acusatório empresta dignidade às várias fases processuais porquanto, ao propiciar uma efetiva e legítima participação dos demais sujeitos processuais, se provocado, reaja com inspiração na imparcialidade e isenção da magistratura.

8. Princípio da informação

Ainda que o constituinte tenha intentado assegurar uma imprensa livre, a distribuição topográfica do princípio da informação entre os direitos e garantias fundamentais o qualifica como tal, integrante, assim, da própria cidadania. Por isso que o juiz deve lembrar que o cidadão tem direito de conhecer sua realidade jurídica, pois é *assegurado a todos o acesso à informação ...* (Art. 5º, XIV, CF), e a *manifestação do pensamento, a criação, a expressão e a informação, sob qualquer forma, processo ou veículo não sofrerão qualquer restrição...* (Art. 220, CF).

Não há que se falar apenas em direito a notícias em sentido geral, mas, sim estrita e qualitativamente de seus próprios direitos, pois é assim que saberá defendê-los. Não é justo cobrar-se-lhe apenas obrigações: deve conhecer seus deveres, é certo, mas jamais excluindo suas garantias.

> "Sociológiamente es la piedra basal del estatuto participativo; aquel que a través de ese cuadro integrado y compacto (derechos, obligaciones, garantías) que no operan desarticulada ni fragmentariamente sino en función totalizadora, emplaza correctamente al ciudadano en el status de tal. (...) Esa imperceptible pero decisiva docência constitucional – todos los fenómenos jurídicos los vemos bajo el prisma de al Ley Fundamental y el vivir esa pedagogía formativa nos hace bien – pone de resalto una sagaz reflexión de Bidart de Campos: *siempre hay que oxiginar a las leyes con ela ire que circula em estratos más altos y superiores, de donde deberían provenir los ejemplos*" (Morello, 2001, p. 364).

De nada valeria assegurar ao agente a defesa pessoal se não lhe fosse dado conhecer as justificativas jurídicas da decisão.

Portanto, para efeitos de sentença, deve o magistrado ampliar as exigências mínimas de ciência ao acusado das causas de sua condenação ou absolvição, para fazer integrar na fundamentação do ato decisório todas as informações necessárias.

Bem assim, verificará o magistrado que a informação de todo o procedimento foi dada entender ao acusado, assegurando-se, via conseqüente, de que ele se defendeu plenamente, tal como é exigência da Constituição.

9. Princípio do *onus probandi*

Assinale-se que ao Ministério Público, como instituição permanente, essencial à função jurisdicional do Estado, incumbindo-lhe a defesa da ordem jurídica, do regime democrático e dos interesses sociais e individuais indisponíveis (Art. 127, CF), não tão-só interessado na acusação, mas na procura da verdade e na obtenção de uma decisão final justa, incumbe a realização de uma avaliação imparcial, subordinada a critérios de estrita legalidade e objetividade. Por isto mesmo que o MP deve atuar à *charge et à decharge*, ou seja, incumbe-lhe carrear para o processo, não só as provas que amparem a tese acusatória, como, também, as que possam resultar em absolvição ou para diminuir e minimizar o apenamento. É que o MP constitui um órgão autônomo e, ainda que hierarquizado, atua independentemente do poder político, o que lhe assegura a necessária isenção e imparcialidade no cumprimento das funções que lhe cabe exercer. Na medida exata da materialização do direito de defesa, logra-se alcançar a parificacão das posições processuais do acusado e da acusação, pois aquela, ante a carga ofensiva, abrigada no princípio da presunção de inocência, nada tem a provar. Resulta todo o afirmado não aceitar a existência de um verdadeiro ônus de prova no processo penal obrigando qualquer das partes.

Não existe, portanto, um princípio do *onus probandi*, o que encaminha ao juiz à necessidade de absolvição se o Ministério Público não provar ou provar insuficientemente a acusação, e o dever de desconsiderar qualquer compromisso da defesa no destino de provar suas alegações.

10. Garantismo como princípio na sentença penal

Arnaldo Miglino (1994, p. 8) define:

"Garantismo é o termo que nasce para individualizar aquelas teorias, políticas antes que jurídicas, dirigidas a proteger a liberdade do cidadão de qualquer abuso ou arbítrio de quem exercita o poder. A possibilidade de dispor discricionariamente do corpo alheio favorece a máxima expressão do arbítrio e, por conseguinte, a primeira exigência da garantia dos cidadãos é voltar-se contra o Estado, autorizando-o a exercer a força tão-só nos casos definidos por via de regras precisas.

A necessidade de que as regras sejam respeitadas impõe que os governos e o aparato administrativo não façam a sua aplicação, mas que ela decorra de ordem autônoma da magistratura. Os limites ao uso da força de quem comanda tornam-se, assim, direitos individuais, que se podem fazer valer no âmbito de um procedimento jurisdicional. O significado do garantismo assume, então, dois aspectos: o conteúdo das normas com base nas quais a magistratura pode dispor da liberdade do cidadão; e a interpretação e aplicação de tais normas."

A moderna teoria do garantismo, desenvolvida por Ferrajoli, mantém intimidade com a sentença, e, para proveito do texto, toma-se excerto do estudo de Aury Celso Lima Lopes Junior (2002, p. 443), acrescidos das inserções que pertinem aos objetivos do estudo.

Para o autor, o sistema garantista está sustentado por cinco princípios básicos, sobre os quais deve ser erguido o processo penal, destacando, inicialmente a jurisdicionalidade (*Nulla poena, nulla culpa sine iudicio*), sobre o qual asserta que ela surge não "só como necessidade do processo penal, mas também em sentido amplo, como garantia orgânica da figura e do estatuto do juiz. Também representa a exclusividade do poder jurisdicional, direito ao juiz natural, independência da magistratura e exclusiva submissão à lei". É certo que toda a doutrina refere que a sentença prolatada por pessoa não investida no Poder Jurisdicional é ato jurídico inexistente, vez a gravidade do vínculo funcional e sua exclusividade processual.

No sentido de infungibilidade e indeclinabilidade da jurisdição, faz correspondência com a inderrogabilidade do juízo que, se tomada na especificidade do estudo, mesmo afastada a figura da identidade física do juiz, qualquer que seja o presidente do processo, não poderá transferir o exercício jurisdicional para outrem que não seja o substituto estatutário, conforme a organização judiciária, livrando o feito da possibilidade de designação de juízes especiais para processos especiais, com violação do preceito constitucional do juiz natural e, com isto, a segurança do cidadão quanto o respeito aos seus direitos fundamentais.

Subjacentes ao princípio garantista, estão presentes os derivados, que se referem à inércia jurisdicional e o distanciamento do magistrado da construção da prova, que leva ao contrataste constitucional da *mutatio libelli*, como estudado criticamente alhures. Mas ainda neste texto, encontra-se Lopes Junior com o pensamento dirigido ao sistema acusatório no processo penal, quando lembra da separação das atividades de julgar e acusar (*Nullum iudicium sine accusatione*) ao declarar que ela "configura o Ministério Público como agente exclusivo da acusação, garantindo a imparcialidade do juiz e submetendo sua atuação a prévia invocação por meio da ação penal. Esse princípio também deve ser aplicado na fase pré-processual, abandonando o superado modelo de juiz de instrução."

A presunção de inocência é a "garantia de que será mantido o estado de inocência até o trânsito em julgado da sentença condenatória implica diversas conseqüências no tratamento da parte passiva, inclusive na carga da prova (ônus da acusação) e na obrigatoriedade de que a constatação do delito e a aplicação da pena serão por meio de um processo com todas as garantias e através de uma sentença."

Para o contraditório (*Nulla probatio sine defensione*) reserva a definição de "que é um método de confrontação da prova e comprovação da verdade, fundando-se não mais sobre um juízo potestativo, mas sobre o conflito, disciplinado e ritualizado, entre partes contrapostas: a acusação (expressão do interesse punitivo do Estado) e a defesa (expressão do interesse do acusado em ficar livre de acusações infundadas e imune a penas arbitrárias e desproporcionadas). Para o controle da contradição e de que existe prova suficiente para derrubar a presunção de inocência, também é fundamental o princípio da motivação de todas as decisões judiciais, pois só ele permite avaliar se a racionalidade da decisão predominou sobre o poder". Conforme a orientação principiológica em espécie, existe no texto constitucional brasileiro a imposição do respeito à contradição, condição única para a sentença válida dela resultante. A visão mais significativa do princípio é, efetivamente, a da garantia da ampla defesa (Art. 5º, LVI, CF), conceito que, atualmente, tem amparo semântico na plenitude de defesa que, objetivamente, estaria assegurada apenas aos processos do Júri (Art. 5º, XXXVIII, *d*, CF). Inadmissível na aplicação do preceito, à luz da projeção garantista, que o desempenho defensivo não seja pleno e real, criando, *contrario sensu* óbice ao ato de sentenciar.

Com as pinceladas supra a respeito do garantismo, vejo perfeita imbricação delas com as palavras de Salo de Carvalho (2001, p. 17) a respeito do mesmo tema (garantismo no sistema penal adjetivo e substantivo), ao defender que a "teoria do garantismo penal, antes de mais nada, se propõe a estabelecer critérios de racionalidade e civilidade à intervenção penal, deslegitimando qualquer modelo de controle social maniqueísta que coloca a 'defesa social' acima dos direitos e garantias individuais. Percebido dessa forma, o modelo garantista permite a criação de um instrumental prático-teórico idôneo à tutela dos direitos contra a irracionalidade dos poderes, sejam públicos ou privados."

Para o jurista gaúcho, os direitos fundamentais são intangíveis, e estabelecem o que Elias Diaz e Ferrajoli "denominam de esfera do não-decidível, núcleo sobre o qual sequer a totalidade pode decidir. Em realidade, conforma uma esfera do inegociável, cujo sacrifício não pode ser legitimado sequer sob a justificativa da manutenção do 'bem comum'. Os direitos fundamentais - direitos humanos constitucionalizados - adquirem, portanto, a função de estabelecer o objeto e os limites do direito penal nas sociedades democráticas."

Completa:

"Entendidos como vínculos substanciais de caráter negativo (limitadores da intervenção), impõe um dever de observância que nem a maioria, sequer a unanimidade, pode legitimamente violar, visto estarem garantidos e alijados de qualquer forma de disponibilidade. Assim, em matéria penal, sequer por unanimidade pode um povo decidir ou consentir que um homem morra ou seja privado sem culpa de sua liberdade; que pense ou escreva, ou não pense ou não escreva; que se reúna ou não com outros; que case ou não com determinada pessoa ou que com ela decida ter ou não filhos etc. A garantia desses direitos correspondem a pré-condições de convivência, sendo que sua lesão por parte do Estado justificaria o dissenso, a resistência e, inclusive, a guerra civil..."

As observações apresentadas dizem respeito, evidentemente, à necessidade de adequar princípios gerais do processo aos aplicáveis à sentença, em sua especificidade necessária, mas releva estar atento à maior abrangência das teorias, entre elas, com extraordinário vigor, a do garantismo, que deverão estar presentes no pensamento judiciário em qualquer momento da construção processual penal, mas e especialmente no ato de sentenciar.

— 2 —
A efetividade da norma penal. Abordagem psicanalítica

BRÁULIO MARQUES
Desembargador do TJRS, Mestre em Ciências Criminais,
professor de Direito Penal

Sumário: A. O binômio privação/recompensa; B. O Significado Psicológico de Ordem Social e Sentimento de Justiça; C. A Ordem Social Influenciada pela Mídia: Uma Abordagem Psicanalítica.

A. O binômio privação/recompensa

Numa concepção estrutural-funcionalista da sociedade, verifica-se que o corpo social, constituído de seres vivos e sensíveis, adquire capacidade de expressão coletiva que se assemelha à manifestação do ser humano, individualmente. É isso que se intui nas manifestações da sociedade humana quando ela vibra, ama, teme, odeia, age e reage. Para a Sociologia, esta capacidade chama-se *consciência coletiva*.

"O conjunto das crenças e sentimentos comuns à média dos membros da mesma sociedade forma um sistema determinado que tem sua vida própria; pode-se denominá-lo *consciência coletiva ou comum*. [...] Ela é portanto outra coisa que as consciências particulares, ainda que ela só seja realizada nos indivíduos. Ela é o tipo psíquico da sociedade, tipo que tem suas propriedades, suas condições de existência, seu modo de desenvolvimento, tanto quanto os tipos individuais, ainda que de outra maneira". (Durkheim, 1967, p. 35)

É este ser vivo, coletivo, que se encontra submetido ao estresse da modernidade motivado pelas mudanças relativamente bruscas, experimentadas nas últimas décadas, no campo das comunicações sociais e da convivência entre povos, sem fronteiras delimitativas de raças, costumes e estágios de desenvolvimento.

É sabido que a ninguém são dadas condições de abarcar o entendimento e o conhecimento da extensão da vida em sociedade, essa vida que diuturnamente nos mistura, separa, aproxima, integra, desintegra, inclui, exclui, faz-nos interagir com o outro e com o meio, que nos torna *massa*. Essa vida que vai além das possibilidades de apreensão e conhecimento de todas as suas manifestações e significados.

Nesse largo espaço de expressão da vida em sociedade perde-se a visibilidade do todo. Surge, aí, a necessidade de contarmos com mediadores que nos auxiliem a captar a existência e a compreensão dos fatos vividos. Tais instrumentos constituem-se nos *órgãos de comunicação de massa – o mass media*.

Esse complexo processo de seleção, filtragem, interpretação e apresentação do fato social, desenvolvido pela mídia, é explicado no âmbito de correntes doutrinárias que vão determinar a forma, o conteúdo e a intensidade de intervenção dos meios de comunicação de massa na realidade social.

Na sociedade ocidental, capitalista, quase tudo adquire valor de troca e valor de uso. Esta afirmação está doutrinariamente fortalecida na obra de Ciro Marcondes Filho, *O Capital da Notícia:*

> "Assim como uma roupa que se pode adquirir em uma loja, assim como uma fruta que se pode adquirir numa quitanda, também notícias podem ser compradas. Elas não são somente produtos como supõe a acepção mais ingênua. Elas são, de fato, 'a forma elementar da riqueza no capitalismo' (Marx); são mercadorias. [...] Uma informação pura e simples não é mercadoria. Para tanto é preciso que ela seja transformada em notícia. [...] O jornal, então, cria, a partir da matéria-prima informação, a mercadoria notícia, expondo-a à venda (por meio da manchete) de forma atraente. Sem estes artifícios a mercadoria não vende, seu valor de troca não se realiza." (Marcondes Filho, 1989, p. 25)

Assim, por trás da notícia ou da divulgação do fato, existe uma gama de interesses em jogo, disputando os mesmos pedaços sociais, sejam eles os jovens, os idosos, os empresários, os banqueiros, as mulheres. Uma acirrada disputa empresarial para que fumem, bebam, invistam, vistam, se embelezem, enfim, se convençam da verdade que a mensagem encerra e que adotem o comportamento previsto nas expectativas empresariais. A isto chama-se *alienação*.

É assim que acontece com o produto violência, especialmente a violência urbana. Neste campo, a mídia vai muito mais longe do que simplesmente noticiar, uma vez que apresenta o "fato violento" já "digerido" pelos filtros da interpretação institucional, seja ela empresarial ou estatal, processando, julgando e condenando os seus participantes.

Para uma mídia voltada para o consumo das massas, não há a preocupação de elaborar conceitos, especializar efeitos, diferenciar situações. Há, isto sim, uma tendência de construir estereótipos, criar mitos, estabelecer preconceitos que se fixem como verdades para os receptores da notícia.

É por força desta concepção parcial, estereotipada e superficial da violência, veiculada pela mídia que explora esse tema, que a sociedade fica dividida entre *nós* (os cidadãos honrados, pacíficos e trabalhadores) e *eles* (os marginais violentos, perigosos e temíveis). De igual forma e por igual preconceito, vincula-se criminalidade e pobreza, marginalidade e periferia urbana. (Mello, 1995, p. 192)

A gravidade do momento em que vivemos e o marco distintivo da criminalidade de alguns anos antes estão vinculados a este enfoque mercantilista emprestado pela mídia à violência e à criminalidade. Reside, também, no fato de que seus nefastos reflexos incidem sobre todas as áreas da atividade comunitária, causando tensões sociais, exacerbando condutas, criando medos infundados e gerando uma demanda desmesurada por segurança. Tudo isso vai desaguar no apelo pelo endurecimento da lei, vai justificar o abuso de poder pela autoridade policial, vai influir no uso de medidas restritivas de liberdade pelo aparelho judicial. Enfim, vai propiciar clima para o afloramento de sentimentos intensos e ocultos de vingança e de agressividade, realimentando, assim, o ciclo que gera mais violência e insegurança.

A Psicologia Social denuncia o quão profundamente essa interferência da mídia atinge larga faixa da população, na formação de seus conceitos e valores. Ao gerar esse estado subjetivo de insegurança, dividindo a sociedade em parcelas antagônicas, discriminando extensas áreas da população que passam a integrar um estereótipo concebido como violento, predispondo os órgãos de repressão do Estado ao uso indiscriminado de métodos violentos de contenção, desarticula um sensível e delicado sistema de controle da violência radicado no próprio indivíduo, na sua disposição de viver em sociedade.

Segundo Freud, duas são as determinantes que presidem a conduta do ser humano ao longo de sua vida: uma que norteia todas as suas ações para a busca do prazer, da construção, da integração, do belo, enfim do que se consideram *forças positivas (Eros)*. Outra, que está vinculada às manifestações de destruição, negação, oposição, ódio, consideradas *forças negativas (Tanatos)* (Menninger, 1970, p. 19).

É do equilíbrio, e não da supressão de qualquer destas tendências, que se estabelece a chamada *normalidade*. Freud supõe que estas tendências se encontram em permanente conflito e interação, à semelhança das forças existentes na natureza. Segundo sua doutrina:

> "Criar e destruir, construir e despedaçar, esses são o anabolismo e o catabolismo da personalidade, não menos que das células e dos corpúsculos - as duas direções em que as mesmas energias se exercem" (Menninger, 1970, p. 21)

Por desconhecimento de tais mecanismos psíquicos fundantes da personalidade, muitos julgam-se incapazes de cometer atos violentos e aderem à divisão maniqueísta da sociedade em bons e maus. Impingir que tal realidade caracterize anomalia de uma parcela da sociedade é contribuir para disseminar um mal-estar em extensos segmentos sociais e isso desorganiza, entre outros, o sistema de equilíbrio interno do indivíduo, formador do *sentimento de justiça* que é fundamental na organização da sociedade humana e cuja perturbação tem um efeito destruidor sobre a mesma. (Alexander e Staub, 1934, p. 14)

Resumidamente, este sistema de equilíbrio interno do indivíduo funciona balizado por dois fatores antagônicos, consubstanciados na *busca do prazer* e na *repulsa à dor*. Em sociedade, esta dualidade funciona como um acordo tácito entre a repressão dos instintos naturais, pelo indivíduo, em troca do reconhecimento por seu esforço, pela sociedade. Isto explica por que razão, "se não tenho e desejo não furto", "se não possuo e necessito, não invado", "mesmo necessitando, não roubo". No entanto, isto alicerça o permanente sentimento de injustiça que experimenta larga parcela do contingente humano ante às restrições que lhe são impostas pela sociedade, seja por causa da necessidade de reunir condições de convivência social, seja como conseqüência de nossa organização social.

> "Tais restrições são expressões do acordo que nossos impulsos subjetivos fazem com as exigências da realidade. Renuncia-se à satisfação de certos impulsos ou porque tal prazer é impossível ou porque sua satisfação causaria sofrimento maior que a sua renúncia". (Idem, 1934, p. 21)

Assim é que o *princípio da realidade* realiza a adequação entre as exigências do instinto com as vantajosas possibilidades do prazer. Exatamente por tratarem-se de tendências antagônicas em interação, é que os limites de suportabilidade são extremamente sensíveis, ante qualquer desequilíbrio.

> "Todo o sistema de educação é baseado neste princípio. A educação representa um guia sistemático com o fito de combinar os impulsos

instintivos da criança, originalmente anti-sociais, com as exigências do educador. A adaptação à sociedade como a adaptação à realidade, é baseada na transição evolutiva do princípio do prazer ao princípio da realidade. As sensações desagradáveis ou penosas que experimentamos, quando nossas ações não correspondem às exigências da natureza, equivalem, no campo da educação e no mínimo da vida social, a *castigo*." (Alexander e Staub, 1934, p. 23).

O sofrimento do castigo, da privação e da dor e a esperança de sermos amados, reconhecidos ou recompensados constituem reguladores sociais da vida instintiva do indivíduo.

O castigo está associado à parte da nossa conduta que se encontra desadaptada ao ambiente e que causa um penoso mal-estar. A esperança de se tornar amado ou a angústia de perder o amor está associada à recompensa pelos esforços instintivos. É neste sistema dual que se apronta a *segurança*.

Esta interação castigo e recompensa se estabelece desde o nascimento, entre a criança e a mãe, e, mais tarde, associa-se à interferência paterna ao impor limites, estabelecendo os fundamentos do princípio da realidade. *"Os dois fatores de educação são, pois, a angústia e castigo ante a perda do amor (sendo esta também uma forma especial de castigo)"*. (Idem p. 25).

B. O Significado Psicológico de Ordem Social e Sentimento de Justiça

Ao longo da vida, o indivíduo especializa este sistema de troca compensando cada restrição instintiva com a conseqüente retribuição em segurança, em reconhecimento, em prazer pela renúncia, seja com o educador, com o governo ou com a sociedade, num aperfeiçoamento e fortalecimento permanente dos laços que mantêm estáveis as forças instintivas de renúncia e as exigências da realidade. Do equilíbrio deste pacto instintivo retiram-se dois dos mais importantes conceitos para a possibilidade de convivência do homem em sociedade: *a ordem social e o sentimento de justiça:*

"O que se chama *ordem social* significa, apenas, o equilíbrio entre a renúncia das exigências do instinto e a recompensa assegurada; uma espécie de contrato entre os poderes que restringem nossa exteriorização instintiva e as exigências instintivas do indivíduo; O regulador sensível e emocional desse equilíbrio é o *sentimento de justiça*". (Alexander e Staub, 1934, p. 26)

Este sentimento inato do ser humano dispensa qualquer preparo intelectual, condição social ou idade, pois está presente no analfabeto, na criança, no miserável, uma vez que funciona de modo instintivo. O sentimento de justiça é inerente à estrutura da personalidade do ser humano, funcionando como sensor na medição contratual que se estabelece entre o indivíduo e as exigências de seu meio social. Ele dispara um alarme ante qualquer ameaça ou transgressão no pacto estabelecido e, quando isso ocorre, as forças que reprimem as exigências instintivas direcionam-se, agora, para a exteriorização instintiva. Esta é a força que se reconhece nos grandes levantes das *massas*, quando possibilita o afloramento das emoções e alimenta as paixões que transformam o cenário social de determinada comunidade, em determinado momento histórico (Alexander e Staub, 1934, p. 27).

Todos os momentos pré-revolucionários têm, nas suas raízes, a quebra do sentimento de justiça do povo em levante.

Conforme se afirmou, admite-se que o que ocorre com o homem, ocorre com a sociedade. A quebra da confiança explica a ação do indivíduo que extravasa seus instintos reprimidos contra os valores, os bens e os símbolos da autoridade descumpridora do pacto estabelecido. Por isso assistimos, seguidamente, multidões queimando bandeiras, derrubando estátuas e monumentos, destruindo muros e cercas e agredindo pessoas representantes daquilo ou daqueles que quebraram a *confiança popular:*

"O sentimento de justiça pertence aos fatores mais fundamentais da organização social humana, e qualquer perturbação do sentimento comum de justiça tem um efeito destruidor sobre a sociedade". (Alexander e Staub, 1934, p. 15).

No âmbito social, é a quebra de confiança na Justiça a que mais excita o sentimento humano. Isto porque é atribuída à Justiça a função de manter o indivíduo seguro no seu meio social; é ela que se propõe a resguardar os seus valores mais caros, como a vida, a liberdade e a honra; a que promete o reconhecimento de sua igualdade com os demais; a que deve impor o respeito à sua diferença; a quem cabe assegurar os seus direitos ante o forte; a que, nas trocas instintivas, compromete-se a compensar as suas privações com o reconhecimento dos seus direitos inerentes à cidadania. Além disso, ela tem apelos míticos que envolvem o imaginário popular, relacionando-a com a Justiça Divina, razão por que *ela pode tardar, mas não falha.*

"Esta a razão porque o indivíduo se sente tão excitado e insultado quando ocorre um erro da Justiça, ou quando por engano, um inocente é condenado e tratado como criminoso, ou ainda, no caso de se tornar patente que uma sentença é por demais severa, tendo sido imposta como resultado de um julgamento arbitrário dos que estão no poder" (Alexander e Staub, 1934, p. 28).

Quando alguém da comunidade sofre uma injustiça, há uma identificação imediata de todos com o injustiçado, como num pacto invisível de denúncia do contrato rompido, irmanados no temor de que cada um poderá ser o próximo atingido. Dessa forma, começa a contestação da validade da renúncia imposta a uma das partes sem compensação, e as forças instintivas reprimidas dão vazão às mais variadas formas contestatórias.

"Nas mais profundas camadas de nossa personalidade, em nossas primordiais aspirações por uma exteriorização de nossos impulsos instintivos, todos sentimos como ele. O tratamento injusto a que ele é submetido vem justificar também o nosso desejo de quebrar a cadeia das restrições. O fato dessa fantasia produzir uma profunda impressão, no homem, prova, bem claramente, que no íntimo de sua personalidade, o indivíduo, quando ainda é parte integrante da sociedade, está de sobreaviso e, assim que a segunda parte viola o contrato social, ele encontra o pretexto para voltar ao seu individualismo primitivo nunca abandonado. É pois fácil de verificar que o *sentimento de justiça* não é senão uma forma de sentimento de prazer, que se retraiu debaixo da dura pressão da realidade, e traz a máscara do defensor do direito absoluto; pelo seu sentimento de justiça o indivíduo mantém uma constante e desesperada fiscalização dos restos de sua liberdade pessoal já tão reduzida".(grifamos) (Idem, p. 30)

Por tais razões, fica evidente a impossibilidade de se estabelecer uma ordem social exclusivamente assentada na força externa da lei. Há, pelas razões instintivas dos destinatários desta lei, a exigência que ela reflita o pacto subjacente de renúncia e recompensa, isto é, que seu cumprimento esteja motivado mais pela recompensa por sua observância do que pelo castigo pela sua infração. Daí a razão do sentimento de justiça cimentar a disposição para a submissão voluntária à lei. Ao contrário do que se possa entender, não é somente o medo do castigo, mas também a legitimidade pactual da autoridade que dá validez e efetividade à lei.

C. A Ordem Social Influenciada pela Mídia: Uma Abordagem Psicanalítica

O que até aqui foi exposto permite-nos concluir que a sociedade atual desenvolve um sentimento de insegurança expressado na progressiva descrença nas instituições e mecanismos sociais aos quais estão afetas as garantias das condições permissivas da convivência social, sejam elas institucionais ou psíquicas. Essa crise, assim concebida, tem sua raiz na relação distorcida que se estabelece entre a sociedade e os meios de comunicação de massa que a forma e informa. As conseqüências se fazem visíveis na deterioração da relação indivíduo/Estado

As investigações científicas na área da Psicologia Social, realizadas, autorizam afirmar que, da mesma forma que no psiquismo do indivíduo, podemos encontrar perversões e distorções na consciência coletiva e na estrutura social. As estruturas sociais de controle (que, de um ponto de vista "macro", teriam o mesmo papel dos pais dentro da família), em determinado momento, podem funcionar de modo perverso. "Criam" necessidades nos indivíduos para torná-los dependentes e "escravos" dos bens de consumo. Por outro lado, o prazer também é buscado no sentido de descarga dos impulsos agressivos.

Assim como o superego do sadomasoquista (dialético) sente prazer com a própria dor e a dor dos outros, o Estado deixa de cumprir com o seu papel regulador e passa a agir através de medidas punitivas com um excesso de agressão, próprio de quem funciona pelo princípio do prazer e da descarga não elaborada e imediata dos impulsos agressivos. A psicanálise revela essa *tendência talionária* (olho por olho, dente por dente) em indivíduos e sociedades toda vez que esses experimentam um retrocesso na evolução social, marcado por um sentimento de justiça agressivo e primitivo. Na história da sociedade humana, o Estado surgiu como instrumento regulador e limitador desta descarga instintiva. Por isso quanto mais frágil e desorganizado o Estado, mais severo e punitivo ele o será. Como o pai que espanca o filho de três anos, por ter-lhe dado um chute.

Verifica-se, assim, que pouca importância se empresta a esse fundamental aspecto da efetividade e validez da norma penal e processual penal, radicado no reconhecimento, pelo cidadão, da legitimidade de seu propósito punitivo. É que o próprio sistema judicial enxerga a criminalidade e a violência (mediatizadas pelos meios de comunicação de massa) como *disfunções* a serem eliminadas. Isto porque atentam contra os valores e paradigmas que sustentam os privilégios ameaçados. Em função disto, na concepção do sistema judicial, assim influenciado, tais fenômenos, ainda que radicados nas áreas da política e da economia, encontram a receita para o seu enfrentamento na *polícia e no endurecimento da lei*.

— 3 —

A reparação civil do injusto criminal

DANIEL USTÁRROZ
Advogado no RS

Sumário: I. Introdução; 1. A evolução da responsabilidade civil; 2. O harmônico convívio dos juízos civil e criminal; 3. Eficácia civil da sentença penal; 4. As circunstâncias eximentes de responsabilidade civil e criminal; 4.1. Estado de necessidade; 4.2. Legítima defesa; 4.3. Exercício regular de um direito; 5. Ação civil *ex delicto*; 6. Dos novos critérios para a quantificação do dano indenizável; II. Conclusões; III. Referências bibliográficas.

I. Introdução

Embora certo que os objetivos da responsabilização criminal e civil sejam distintos em sua essência, pode ocorrer que decisões tomadas em uma dessas jurisdições produzam efeitos na outra. Ocorre a "múltipla incidência" sempre que um episódio da vida tenha o condão de instar a aplicação de normas jurídicas distintas. Praticado um homicídio, surge para a família da vítima a opção de ingressar com uma demanda de indenização contra os autores. Ao mesmo tempo, cabe ao Ministério Público intentar ação pública incondicionada para preservar a ordem social. Como se pode dar a coordenação entre esses juízos? Será admissível que em um desses o réu seja absolvido e, no outro, condenado? Se positivo, em que hipóteses? Essas indagações são diuturnamente analisadas pelos Tribunais, quando tratam dos graves problemas derivados do ilícito em ambas as searas.

Este ensaio busca identificar quais as conseqüências civis que o ilícito criminal pode ocasionar. Para tanto, primeiramente, com brevidade, serão analisados aspectos da evolução da responsabilidade civil, a fim de demonstrar seu raio de ação e seus escopos específicos, isolando-a, na medida do possível, do mundo criminal.

Em seguida, algumas observações acerca da influência da sentença criminal em âmbito civil serão traçadas. Importante, de igual forma, a identificação das circunstâncias eximentes de responsabilidade civil e criminal, a fim de determinar até que ponto a atuação do processo criminal restringe a liberdade do juízo civil. Também a ação civil *ex delicto* é abordada com esse intuito, qual seja disciplinar o papel do juízo civil após a atuação do juízo penal.

As regras gerais de reparação do injusto serão abordadas com ênfase nos princípios norteadores do novo Código Civil, em especial os artigos 186 e 187, que se consubstanciam nas duas grandes cláusulas gerais de ilicitude civil, e o art. 927, que regula a responsabilidade civil. Tendo em vista que o legislador civil dedicou alguns dispositivos para regular a reparação do injusto criminal, veremos de que forma existe a previsão legal para o ressarcimento do dano ocasionado por determinados crimes. Por fim, os novos vetores para a quantificação do dano indenizável serão analisados, a partir da perspectiva da intensidade da culpa do agente como critério amenizador do princípio geral da reparação integral do prejuízo.

1. A evolução da responsabilidade civil

Historicamente, o desenvolvimento da responsabilidade civil não se apresentou de maneira retilínea. Ao contrário, foi caracterizado por idas e vindas, ora rumo à subjetivação, ora à objetivação. Por isso, nada impede que determinadas teorias utilizadas em tempos passados sejam hoje revalorizadas, desde que com isso se facilite o bem-estar social.

Em interessante ensaio sobre os fundamentos da responsabilidade civil, Judith Martins-Costa refere que a cultura antiga romana herdou da civilização grega a noção de *epicikia*, nomeada como *aequalitas*, cujo significado inspirava a idéia de tranqüilidade, equilíbrio, relação harmoniosa entre o todo e as partes. Daí afirmar a professora que "se a justiça é o equilíbrio, o seu contrário, a injustiça, *iniuria*, será o desequilíbrio". A seguir, refere que "pouco importa, nessa perspectiva, se o desequilíbrio a corrigir proveio ou não da culpa. A justiça a ser posta em funcionamento terá por causa 'um estado de coisas objetivo, a perturbação da ordem que deve ser restabelecida'. É portanto possível afirmar que aí reside a máxima objetivação do conceito de responsabilidade, é, igualmente, o seu 'sentido autenticamente jurídico', porquanto não se busca um culpado, mas um responsável pelo próprio fato do desequilíbrio".[1]

---

[1] *Fundamentos da responsabilidade civil*, p. 34-5.

Já no período clássico, a necessidade de comprovação de culpa assumia alguma importância. Clóvis do Couto e Silva refere que "o tráfico moderno alterou sensivelmente o problema do fundamento da responsabilidade. A partir do direito romano clássico para que alguém respondesse havia necessidade, de regra, que houvesse culpa. Todavia, o pretor, em certos casos, concedia a ação 'de deiectis vel effusis', por deixar alguém cair coisas ou derramar líquidos".[2]

Com a doutrina do Direito Natural, as estruturas da responsabilidade civil são alteradas. Antes, almejava-se a manutenção (ou reposição) do equilíbrio, prescindindo-se da perquirição da culpa do agente. Agora, a responsabilidade civil é justificada a partir do comportamento condenável do autor. Surge, com todas as galas, um novo personagem: a culpa, como sanção. Para haver a condenação a reparar o dano ocasionado, devia ser identificado um agir culpável, um vício no caráter.[3]

Alvino Lima percebe essa realidade, conceituando culpa como "um erro de conduta, moralmente imputável ao agente e que não seria cometido por uma pessoa avisada, em iguais circunstâncias de fato". Por conseqüência, "dentro, pois, dos princípios da teoria clássica da responsabilidade civil fundada na culpa, seria heresia jurídica falar-se em responsabilidade sem imputabilidade moral".[4]

Fruto maduro desse caminhar, que começou a se desenhar na época clássica do direito romano, foi a doutrina francesa pós-revolucionária. O Code, símbolo fiel do apogeu positivista, ao tratar da responsabilidade civil, erigiu a culpa como fonte quase absoluta do dever de indenizar.[5] A regra geral expressa no art. 1.382 foi seguida pela grande maioria dos países ocidentais: "tout fait quelconque de l'homme, qui cause à autrui un dommage, oblige celui par la faute duquel il est arrivé, à le réparer". De

---

[2] *Dever de indenizar*, p. 211.

[3] JUDITH MARTINS-COSTA esclarece: "enquanto a moral romana era fundamentalmente a moral do justo (*aequitas, epicikia*), a moral moderna, instaurada pela Escola do Direito Natural será a moral da conduta humana, conduta a ser julgada através de um filtro específico, o filtro de julgamento de Deus, para os religiosos, ou do foro íntimo, para os laicos, ambos operando, estruturalmente, da mesma forma porquanto os preceitos de lei divina 'não se despreendem da noção de sanção'. Nesse preciso momento ocorre a transmutação do significado da palavra 'responsável', vinculada, a partir de então, à idéia de culpa, num processo semelhante ao ocorrido com as palavras 'causa' da obrigação civil ou 'interpretação' transitando 'responsável' ou 'responsabilidade' pela metáfora do julgamento de Deus: julga-se o caráter mais ou menos culpável dos atos humanos, a ação constituindo a própria matéria prima da lei moral. A intenção subjetiva, o motivo, é avaliado por esse filtro específico e, nessa ótica a culpa vira a causa da responsabilidade". (*Fundamentos da Responsabilidade Civil*, p. 39)

[4] *Culpa e Risco*, p. 68-69.

[5] ALVINO LIMA discorre: "O Código Civil francês, que é o padrão das legislações modernas e cuja influência nos códigos civis das nações cultas e nas legislações sem codificação, cada vez mais se estuda e se ressalta, seguindo a tradição de seu direito e os ensinamentos de Domat e Pothier, proclamou, no preceito genérico do art. 1.382, a responsabilidade extracontratual, tendo como fundamento a culpa efetiva e provada." *Culpa e Risco*, p. 28. 2. ed. São Paulo: RT, 1999.

então, novamente cresceu a simpatia pela teoria do risco e, em linhas gerais, pela objetivação da responsabilidade civil, entendida como meio de ofertar maior tranqüilidade social, através da reposição do estado anterior das coisas.

Essas idéias culminaram com a paulatina redução do papel da culpa na constituição do ato ilícito. Alargou-se seu conceito e foram criadas presunções legais, com o intuito de facilitar o reconhecimento da falta. Nesse panorama, Orlando Gomes afirma que "a presunção relativa de culpa, embora se enquadre no ambiente ideológico do subjetivismo porque, em última análise, conquanto presumida, sempre se busca a culpa, é, na realidade, um véu que mal disfarça o conteúdo objetivista da responsabilidade".[6]

Com razão, em vista das particularidades das sociedades atuais, que acentuam a interdependência entre os homens e ao mesmo tempo conseguem ampliar para em seguida satisfazer as necessidades materiais de cada qual, a responsabilidade civil fundada na culpa já não logra oferecer resposta satisfatória aos anseios dos jurisdicionados. Ultrapassada a época do amadurecimento e reconhecimento de direitos, chega a hora da convivência entre os direitos, de titulares diversos, mas que de alguma forma devem ter seu exercício compatibilizado. Então, valoriza-se o ideal antigo de harmonia.[7]

Daí asseverar Judith Martins-Costa que "é possível concluir que, hoje, o fundamento da responsabilidade civil repousa na idéia de contacto social, enquanto sede específica da mediação entre as vertentes atinentes à avaliação de um dever de conduta e ao restabelecimento do equilíbrio social".[8] Um avanço que não representa de modo algum o abandono completo da noção de culpa, cujo desenvolvimento secular é a alma de nosso sistema, mas uma ultrapassagem, com a revaloração do dever de não causar danos aos semelhantes (*alterum non laedere*).

Dentro desse contexto, o novo Código Civil traz importantes inovações. Primeiro, quando, em seus artigos 186 e 187, cambia o paradigma

---

[6] *Culpa e Risco*, p. 382.

[7] ORLANDO GOMES ressalta que tal fenômeno, longe de significar retrocesso, sociologicamente pode representar um avanço: "historicamente, a adoção de um princípio que vigorou em sociedades primitivas, de civilização incipiente, pode significar retrocesso. Sociologicamente, nem sempre terá este sentido. Porque nem um princípio vale em si, mas sim pela eficiência que pode manifestar em determinado meio social. Pouco importa que tenha governado soberanamente o comportamento de homens bárbaros, se contém uma força de expansão capaz de orientar a conduta dos homens civilizados. A sua atualidade não depende da época em que foi descoberto e aplicado, mas, sim, de sua correspondência com o ambiente em que atua. Se a vida social precisa de certa orientação, outrora aceita e depois abandonada, não se segue que a adoção das primitivas diretrizes seja processo retrógrado". (*Culpa e Risco*, p. 380)

[8] *Fundamentos da Responsabilidade Civil*, p. 50.

de ilicitude, referindo que também comete ato ilícito o titular de um direito que, ao exercê-lo, excede manifestamente os limites prescritos pelos bons costumes, pela boa-fé e seu fim econômico e social (consagrou-se, assim, no plano legislativo a teoria do abuso de direito). Após, quando traz uma nova cláusula geral de responsabilidade civil no art. 927.[9] Seu parágrafo único é claro no sentido de que haverá obrigação de reparar o dano, independentemente de culpa, nos casos especificados em lei, ou quando a atividade normalmente desenvolvida pelo autor do dano implicar, por sua natureza, risco para os direitos de outrem. Nele aparece um novo mundo a ser explorado, que foge aos limites do presente trabalho.

2. O harmônico convívio dos juízos civil e criminal

Seguro que a responsabilidade civil possui pressupostos e objetivos distintos da penal, é hora de definirmos como se deve dar o convívio entre os juízos civil e criminal. Por evidente, o norte do operador há de ser a busca pela coerência entre os julgados, preservando na medida do possível a harmonia e a unidade do sistema.

Determinados fatos da vida trazem em si a aptidão para ensejar a "múltipla incidência" de normas, dos mais variados ramos da ciência jurídica. Sobre isso, conclui Araken de Assis que "nada obsta ao mesmo fato ou complexo de fatos, como ensina a experiência comum, integrar elementos do suporte fático de duas ou mais regras. Conseguintemente, entram no mundo jurídico mediante várias aberturas, criadas pela diversidade de normas que, de seu lado, denotam incontáveis opções axiológicas do ordenamento. Designa-se isto de incidência múltipla".[10]

Um exemplo clássico desse fenômeno é vislumbrado a partir da conduta dolosa de um agente do Estado que vem a causar dano a terceiro. Este poderá, em demanda civil, pretender a condenação do Estado em razão da recepção constitucional da teoria do risco administrativo. Se condenado, poderá o Estado ingressar com ação de regresso contra o verdadeiro causador do dano. Mudarão, em um e outro caso, os pressupostos para a responsabilização, pois no segundo, a constatação da culpa é fundamental. Ao mesmo tempo, nada impede que, dependendo do caso, o Ministério Público ingresse com ação criminal diretamente contra o agen-

---

[9] Art. 927, CCB: "Aquele que, por ato ilícito (arts. 186 e 187), causar dano a outrem, fica obrigado a repará-lo. Parágrafo único. Haverá obrigação de reparar o dano, independentemente de culpa, nos casos especificados em lei, ou quando a atividade normalmente desenvolvida pelo autor do dano implicar, por sua natureza, risco para os direitos de outrem."
[10] *A Eficácia Civil da Sentença Penal*, p. 17.

te, se sua conduta, em tese, preencher uma figura penal. E, ainda, poderá o Estado valer-se de uma demanda administrativa com o fito de expurgar de seus quadros o agente faltoso. Um mesmo episódio da vida, portanto, reclama a incidência de diversas normas.

A coordenação entre os processos civil e criminal, por vezes, apresenta-se tranqüila, como no caso do art. 584 do Código de Processo Civil, que inclui dentro do rol dos títulos executivos judiciais a sentença penal condenatória transitada em julgado (inciso II). Diante dessa norma, que não é contrariada por nenhuma outra, resta claro que a sentença proferida em sede criminal pode ser executada a bem do interessado de acordo com as regras do Código de Processo Civil.

Entretanto, poderá ocorrer que essa interação não se dê de maneira tão pacífica. É o caso de quando a discussão travada no juízo cível depender da verificação de fato delituoso. Na linha do *caput* do art. 110 do Código de Processo Civil, pode o juiz mandar sobrestar o andamento do processo até que se pronuncie a justiça criminal. Trata-se de decisão facultativa, executada segundo o prudente arbítrio do órgão judiciário, afinal as esferas gozam de relativa autonomia, nada impedindo que ocorra a absolvição no juízo criminal e a condenação no civil.[11]

Mais grave ainda será apontar de que forma uma sentença proferida em uma jurisdição terá o condão de afetar (e eventualmente de se fazer valer) na outra. Este último problema é enfrentado a partir do reconhecimento da eficácia civil da sentença penal.[12]

3. Eficácia civil da sentença penal

Diversas são as normas que intentam regular a influência do julgado criminal em sede civil. No Código Civil, por exemplo, a matéria é regulada

---

[11] A disciplina é semelhante àquela traçada pelo Código de Processo Penal, em seu art. 64, parágrafo único: "sem prejuízo do disposto no artigo anterior, a ação para ressarcimento do dano poderá ser proposta no juízo cível, contra o autor do crime e, se for caso, contra o responsável civil. Parágrafo único. Intentada a ação penal, o juiz da ação civil poderá suspender o curso desta, até o julgamento definitivo daquela."

[12] Sobre esse delicado tema dos efeitos civis de uma decisão criminal, WASHINGTON DE BARROS MONTEIRO sugere interessante solução: "o Código procura resolver a dificuldade, estabelecendo a independência da responsabilidade civil da responsabilidade criminal. É que são diversos os campos de ação da lei penal e da lei civil; busca a primeira combater o crime, considerado como violação da ordem social, enquanto a segunda apenas trata de salvaguardar os interesses de ordem privada; cada uma das duas responsabilidades (civil e criminal) tem âmbito que lhe é próprio, sendo natural, por isso, sejam independentes as duas jurisdições; a civil não depende da criminal e vice-versa; nessas condições, antes mesmo do procedimento criminal, pode o prejudicado reclamar satisfação do dano. O ideal seria até a completa independência das duas responsabilidades". (*Curso de Direito Civil*, v. 5, p. 469. 34. ed. Atualizado por Carlos Alberto Dabus Mahluf e Regina Beatriz Tavares da Silva. Rio de Janeiro: Saraiva, 2003)

a partir da leitura do art. 935: "a responsabilidade civil é independente da criminal, não se podendo questionar mais sobre a existência do fato, ou sobre quem seja o seu autor, quando estas questões se acharem decididas no juízo criminal".[13]

À luz do art. 91, I, do Código Penal, dúvidas não existem acerca do efeito do trânsito em julgado de decisão incriminadora em relação ao futuro feito civil. A condenação penal torna certa a obrigação de reparar o dano.

Contudo, tormentosa será a discussão, caso analisarmos os efeitos civis da sentença penal absolutória. Esta vem regulada no art. 386 do Código de Processo Penal, quando reza que o juiz absolverá o réu, mencionando a causa na parte dispositiva, desde que reconheça: (I) estar provada a inexistência do fato; (II) não haver prova da existência do fato; (III) não constituir o fato infração penal, (IV) não existir prova de ter o réu concorrido para a infração penal; (V) existir circunstância que exclua o crime ou isente o réu de pena (artigos 17, 18, 19, 22 e 24, § 1º, do Código Penal); e (VI) não existir prova suficiente para a condenação. Tendo em vista que cada uma dessas hipóteses ocasionará eficácia diversa no juízo civil, melhor analisá-las separadamente.

Caso seja demonstrada a inexistência do fato tido por delituoso, o réu será fatalmente absolvido no processo criminal. Mas qual será a eficácia dessa decisão no cível? Uma análise mais apressada poderia sugerir a transferência da coisa julgada, que obstaria o regular desenvolvimento da demanda reparatória. Esse argumento poderia ser agasalhado pelo art. 66 do Código de Processo Penal, quando afirma que não obstante a sentença absolutória no juízo criminal, a ação civil poderá ser proposta quando não tiver sido, categoricamente, reconhecida a inexistência material do fato. Em sentido contrário, portanto, se reconhecida a inexistência material do fato, incabível seria a ação civil.[14]

Todavia, essa não parece ser a melhor solução. Na maioria dos casos criminais, a ação é pública incondicionada. Somente por exceção mostra-se pública condicionada à representação da vítima ou privada. Dessa for-

---

[13] No Código anterior, de 1916, o art. 1.525 praticamente reproduzia a nova dicção: "a responsabilidade civil é independente da criminal; não se poderá, porém, questionar mais sobre a existência do fato, ou quem seja o seu autor, quando estas questões se acharem decididas no crime".

[14] É a opinião de TOURINHO FILHO: "absolvido o réu com fundamento numa causa excludente de antijuridicidade, essa decisão exerce notável influência na jurisdição civil, no campo da satisfação do dano ex delicto, podendo até impedir a propositura da ação civil tal como previsto no art. 65 do CPP, salvo as exceções estabelecidas nos arts. 1.519, 1.520, 1.540 do CC. Se o juiz absolver o réu, alegando a inexistência do fato, a ação civil não pode ser proposta (CPP, art. 66). Diga-se o mesmo se o Juiz penal reconhecer, categoricamente, não ter sido ele o autor do fato criminoso. A propositura da ação civil contra ele encontra empecilho no art. 1.525 do CC". (*In Processo Penal*, v. 4, p. 274. 21. ed. São Paulo: Saraiva, 1999).

ma, o autor é o Ministério Público, e não a vítima, a qual no processo criminal não assume o papel de parte (salvo na queixa).[15] Portanto, como vinculá-la à coisa julgada se sequer participa do contraditório? Essa perplexidade é dissipada pela doutrina de Araken de Assis, quando afirma acerca da absolvição fundada na inexistência do fato: "como quer que seja, pronunciamento desse conteúdo não repercute nocivamente no âmbito da ação civil. Em que pesem as disposições do art. 66 do Cód. de Proc. Penal e do art. 1.525, segunda parte, do Cód. Civil, o art. 472 do Cód de Proc. Civil erige veto à transferência da autoridade da coisa julgada em prejuízo de terceiro. Tal conclusão, coerente à doutrina predominante em tema de limites subjetivos da coisa julgada, é crismada pelas garantias constitucionais do processo, que não permitem privar alguém – no caso, a vítima – de hipotético direito, sem submetê-la ao contraditório e sem assegurar-lhe recursos inerentes à ampla defesa (art. 5º, LV e LVI, da CF/88)".[16] Portanto, nada impede a vítima de promover ação civil reparatória, ainda que haja absolvição calcada na inexistência do fato. Caberá a ela aportar novos elementos de convicção, ou melhor explorar o acervo probatório.Tal orientação valoriza o princípio do contraditório e as garantias individuais dos cidadãos, pois permitem que esses não sejam prejudicados com o resultado de demandas nas quais não intervieram.

A segunda hipótese prevista no Código de Processo Penal diz respeito à falta de prova da existência do fato. Aqui, ao contrário do que na situação descrita acima, a existência do fato tido por criminoso não é negada, mas tampouco reconhecida. Se antes não existia óbice para o manejo da ação civil, aqui com mais razão ainda o caminho há de ser franqueado à vítima.

A seguir, o texto legal apresenta a sentença absolutória fundada na inexistência de infração criminal. Neste caso, os efeitos civis não são relevantes, tendo em vista que nada impede que determinado comportamento seja jurídico aos olhos do direito penal e ao mesmo tempo ilícito no sentir do direito privado. O exemplo clássico é o de crime de dano, o qual segundo unívoco parecer doutrinário e jurisprudencial não prescinde da constatação de dolo. Dessa forma, absolvido o réu em razão de seu agir meramente culposo, não contará com garantia alguma de escapar de sentença de procedência civil para reparar o dano. É também o que se depreende da leitura do art. 67, III, do Código de Processo Penal, quando aduz que não impedirá a propositura da ação civil a sentença absolutória que decidir que o fato imputado não constitui crime.

---

[15] No máximo a vítima pode assistir à acusação.
[16] *Eficácia civil da sentença penal*, p. 102. 2. Ed. São Paulo: RT, 2000.

Mais interessante, e delicado, será o caso da absolvição por falta de provas, prevista no inciso IV. Nessa hipótese, as conseqüências civis irão variar de acordo com o teor da sentença absolutória. Uma primeira situação, de mais tranqüila interpretação, ocorre quando a sentença criminal expressa e categoricamente afasta a autoria. Neste caso, por incidência do art. 935 do Código Civil, restaria inviabilizada a ação civil reparatória contra o réu inocentado no crime, muito embora não tenha a vítima participado da demanda criminal, o que fere diversos princípios processuais, como o que estabelece os limites subjetivos da coisa julgada.[17] Daí a conveniência de facultar-se a vítima o direito de reclamar proteção jurisdicional, através de justo processo, a seu juiz natural, ou seja, o civil. Inviabilizar a possibilidade de nova discussão frutífera em sede civil equivale a, injustificadamente, ferir o princípio da inafastabilidade de lesão ou ameaça de direitos do controle jurisdicional.

Nessa linha, por seguro que, quando a decisão criminal não exclua por completo a participação do réu no delito, com maior razão o caminho civil estará franqueado à pretensa vítima.[18] Neste caso, se a sentença proferida no juízo criminal não excluir a autoria e tornar certa a existência material do fato, haverá plenas condições para o florescimento de ação reparatória no cível, isto porque o modelo probatório do processo criminal é bem diverso do civil, de modo que a insuficiência de provas naquele pode representar convicção distinta nesse.[19]

Neste ponto, uma particularidade há de ser registrada. Trata-se da discussão acerca da validade de se empregar a sentença proferida no juízo criminal como meio de prova no cível. Na realidade, a sentença, enquanto tal, apenas expressa a opinião do magistrado sobre o acervo probatório. O que irá importar no juízo civil são os depoimentos tomados, as perícias realizadas, a inspeção judicial, enfim, a prova lá produzida e que, aqui, poderá ensejar diversa valoração. Giuseppe Tarzia, nesse sentido, aduz que "il problema della sentenza come prova è un vecchio problema e giustamente sono state ricordate le sue nobili origini nella nostra dottrina processualistica. A me tuttavia questo pare un modo distorto per realizzare

---

[17] Art. 935, CCB: "A responsabilidade civil é independente da criminal, não se podendo questionar mais sobre a existência do fato, ou sobre quem seja o seu autor, quando estas questões se acharem decididas no juízo criminal".

[18] Nesse sentido, "Agravo interno. Direito civil. Indenização. Acidente de trânsito. Absolvição em sentença criminal. Ações independentes. Consoante dimana do artigo 1.525 do Código Civil, a responsabilidade civil é independente da criminal, não interferindo, pois, no andamento da ação de reparação de danos que tramita no juízo cível eventual absolvição por sentença criminal, que não ilide a autoria ou a materialidade do fato. Agravo a que se nega provimento." (STJ – AGA 314595 – MG – 3ª T. – Rel. Min. Castro Filho – DJU 01.07.2002)

[19] Recurso Especial nº 57.163/RS, Rel. Min. EDUARDO RIBEIRO, RSTJ v. 82, p. 195, j. 17.10.1995.

la utilizzazione delle prove raccolte in un altro processo. La sentenza di per sé non è una prova, contiene piuttosto una valutazione delle prove raccolte. La sua utilizzazione come prova si traduce in una acquisizione indiretta dei fatti, accertati in un altro processo, attraverso gli occhiali del giudice che lo ha deciso, invece che attraverso la diretta percezione".[20]

Com razão, a sentença, em si, nunca é um meio de prova, mas o resultado da análise de um sujeito imparcial sobre aquilo que foi aportado na instrução ao processo. Dessa forma, eventual influência de provas produzidas em um processo sobre outro, deve dar-se, ao menos no juízo civil, mediante as regras da prova emprestada (perícia, testemunho, depoimento, inspeção judicial, documentos, etc.).

Última hipótese dar-se-ia com o reconhecimento de excludente de ilicitude ou antijuridicidade. É o caso da legítima defesa, do estado de necessidade, e do exercício regular de um direito.

4. As circunstâncias eximentes de responsabilidade civil e criminal

Na linha do art. 65 do Código de Processo Penal, o ordenamento reconhece uma série de circunstâncias capazes de afastar a pretensão de responsabilidade civil. São as chamadas eximentes de responsabilidade. Segundo o dispositivo, "faz coisa julgada no cível a sentença penal que reconhecer ter sido o ato praticado em estado de necessidade, em legítima defesa, em estrito cumprimento de dever legal ou no exercício regular de direito".

Historicamente, é no Código Penal que, sob o título "da exclusão da ilicitude", aparece menção a essas figuras. Primeiro, o art. 23 salienta que não há crime quando o agente pratica o fato: I - em estado de necessidade; II - em legítima defesa; III - em estrito cumprimento de dever legal ou no exercício regular de direito. A seguir, no parágrafo único, complementa o raciocínio, ao consagrar o excesso punível, culposo ou doloso.

O novo Código Civil, em seu art. 188, reconheceu que não constituem atos ilícitos aqueles praticados em legítima defesa ou no exercício regular de um direito reconhecido, bem como a deterioração ou destruição da coisa alheia, ou a lesão à pessoa, a fim de remover perigo iminente. Aduziu, ainda, que nesta segunda hipótese, o ato será legítimo somente quando as circunstâncias o tornarem absolutamente necessário, não excedendo os limites do indispensável para a remoção do perigo.

---

[20] *Sui limitti della pregiudizialità ed efficacia della sentenza penale nel processo civile*, p. 123.

Dessa forma, a seguir analisaremos brevemente cada qual dessas eximentes, apontando o respectivo comportamento da jurisprudência brasileira.

4.1. Estado de necessidade

O estado de necessidade aparece definido no art. 24 do Código Penal. Segundo o dispositivo, "considera-se em estado de necessidade quem pratica o fato para salvar de perigo atual, que não provocou por sua vontade, nem podia de outro modo evitar, direito próprio ou alheio, cujo sacrifício, nas circunstâncias, não era razoável exigir-se. § 1º. Não pode alegar estado de necessidade quem tinha o dever legal de enfrentar o perigo. § 2º. Embora seja razoável exigir-se o sacrifício do direito quando ameaçado, a pena poderá ser reduzida de um a dois terços".

Por conseguinte, são requisitos legais para a configuração da descriminante: (a) perigo atual, não provocado voluntariamente pelo agente; (b) salvação de direito do próprio agente ou de outrem; (c) impossibilidade de evitar por outro modo o perigo e (d) razoável inexigibilidade de sacrifício do direito ameaçado. Por seguro, "deve tratar-se de perigo presente, concreto, imediato, reconhecido objetivamente, ou segundo *id quod plerumque accidit*, a probabilidade de tornar-se um dano efetivo".[21]

O art. 339 do Código Civil português apresenta como há de se dar o tratamento dispensado pelo Direito privado às ações oriundas de estado de necessidade do agente. Em primeiro lugar, não há dúvida de que "é lícita a acção daquele que destruir ou danificar coisa alheia com o fim de remover o perigo actual de um dano manifestamente superior, quer do agente, quer de terceiro". Todavia, como a segunda parte do dispositivo refere, "o autor da destruição ou do dano é, todavia, obrigado a indemnizar o lesado pelo prejuízo sofrido, se o perigo for provocado por sua culpa exclusiva; em qualquer outro caso, o tribunal pode fixar uma indemnização eqüitativa e condenar nela não só o agente, como aqueles que tiraram proveito do acto ou contribuíram para o estado de necessidade". Portanto, existe a possibilidade de o agente ser condenado, mesmo que não tenha dado causa ao estado de necessidade, conquanto o juízo esteja vinculado a fixar uma indenização eqüitativa. O direito brasileiro dispensa tratamento semelhante. Embora não seja tida por ilícita a ação praticada em estado de necessidade, o agente responde pelos danos causados, afinal, atingindo bens alheios, conseguiu salvar os seus.

---

[21] NELSON HUNGRIA, *Comentários ao Código Penal*, v. 1, t. 2, p. 220. 6. ed. Rio de Janeiro: Forense, 1983.

Essa orientação é fortemente criticada por Nelson Hungria, o qual ainda referindo-se ao Código brasileiro de 1916, criticou a opção do legislador: "é de notar-se que o nosso Código Civil, depois de declarar, no art. 160, II, que 'não constitui ato ilícito a deteriorização da coisa alheia, a fim de remover perigo iminente', dispõe (art. 1.519) que 'se o dono da coisa, no caso do art. 160, II, não for culpado do perigo, assistir-lhe-á indenização do prejuízo, que sofreu' e (art. 1.520 e seu parágrafo único) que por tal indenização responde o autor do dano, ainda que não culpado do perigo, apenas ressalvado direito regressivo contra o culpado ou beneficiário do fato. A solução lógica seria tão-somente a ação direta contra o culpado do perigo, mas... *legem habemus*".[22]

Na verdade, as perplexidades surgem quando o causador do estado de perigo não é identificado, pois do contrário sobre ele há de ser lançada a demanda indenizatória. Seria injusto que uma pessoa pudesse em qualquer hipótese salvar seus direitos em detrimento dos de terceiros. Essa situação é observada com nitidez quando tratamos de direitos patrimoniais.

Com razão, responsabilidade civil e penal possuem diferenças importantíssimas. Enquanto a primeira trata de reordenar o estado anterior, mediante a reparação do dano experimentado por alguém em virtude de conduta de outrem, na segunda o interesse está em coibir o próprio ato antijurídico, pela via da coação pessoal. Daí que na primeira pode desimportar a causa do comportamento que gerou dano, pois o objetivo da tutela civil é reparar, e não simplesmente punir.

Por isso, anda bem o art. 930 de nosso Código Civil, ao assegurar ao demandado uma ação regressiva contra a pessoa causadora do estado de necessidade e contra a que se beneficiou da salvação. Vale dizer, o autor do dano deve indenizar a vítima, mas preservará seu direito de reembolso. E a forma mais pronta para realizar esse direito é através da denunciação da lide, via art. 70, III, do Código de Processo Civil.[23] Faltaria apenas uma norma específica mitigadora, na linha do ordenamento português, a fim de evitar o depauperamento abusivo do causador do dano, quando manifesto que em nada colaborou para o surgimento do perigo.[24] No direito argenti-

---

[22] Op. cit. p. 226.

[23] Art. 70, CPC: "A denunciação da lide é obrigatória: I - ao alienante, na ação em que terceiro reivindica a coisa, cujo domínio foi transferido à parte, a fim de que esta possa exercer o direito que da evicção lhe resulta; II - ao proprietário ou ao possuidor indireto quando, por força de obrigação ou direito, em caso como o do usufrutuário, do credor pignoratício, do locatário, o réu, citado em nome próprio, exerça a posse direta da coisa demandada; III - àquele que estiver obrigado, pela lei ou pelo contrato, a indenizar, em ação regressiva, o prejuízo do que perder a demanda". A possibilidade de condenação direta entre autor e denunciado ofertaria novas cores a esta discussão.

[24] Enquanto essa norma específica não é editada, contamos com o parágrafo único do art. 944 do Código Civil, que mitigou o rigorismo da teoria da reparação integral do dano, ao estabelecer também o grau de culpa como critério estabilizador.

no, Guillermo Borda sugere que o juiz aprecie sempre com eqüidade tais situações, a fim de não onerar em demasia aquele que sem querer envolveu-se no evento danoso.[25]

No Brasil, sem tal norma específica, conta o operador com a norma geral, adiante estudada, que prevê a redução eqüitativa da indenização quando houver desproporção entre a gravidade da culpa e o dano produzido.[26] Embora, no caso do estado de necessidade, a presença da culpa seja desnecessária, pode a norma ser aplicada de maneira analógica, ofertando Justiça e segurança às relações sociais. Em última análise, seria repartido o prejuízo entre a pessoa cujos direitos foram salvos e o proprietário da coisa, em razão da eqüidade, afinal, a indenização do autor seria reduzida em razão de sua não-colaboração para o evento, e o mesmo poderia reembolsar-se da pessoa beneficiada. Solução diversa poderia inclusive desestimular a solidariedade social, na medida em que as pessoas, ao se arriscarem para salvar bens de terceiros, se tornariam ilimitadamente responsáveis pelos danos ocasionados nessa atividade. Isso sem contar com a própria natureza humana, cujo instinto de sobrevivência a todos os seres anima. Por isso, a conveniência da redução eqüitativa quando não identificado o causador do estado de emergência.

4.2. Legítima defesa

Outra causa excludente da ilicitude civil e penal é a legítima defesa, definida, no art. 25 do Código Penal, da seguinte forma: "entende-se em legítima defesa quem, usando moderadamente dos meios necessários, repele injusta agressão, atual ou iminente, a direito seu ou de outrem". Em linhas gerais, os requisitos para a configuração da situação justificadora seriam: agressão injusta, atual ou iminente; o uso moderado de meios; e a proteção do direito próprio ou de outrem. Também o Código Civil, em seu art. 188, I, isenta de ilicitude os atos praticados em legítima defesa.[27]

Comentando sua estrutura, Fernando Pessoa Jorge afirma que "o fundamento da legítima defesa não se encontra só na reacção contra o

---

[25] Refere o professor portenho: "no hay criterios fijos y seguros sobre la proporción en que el daño debe ser soportado por ambos; es un problema que debe ser resuelto por el juez con criterio circunstancial y sobre la base de la equidad". (*Manual de Obligaciones*, p. 443)

[26] Art. 944, CCB.

[27] Nesse sentido: "Responsabilidade civil. Homicídio. Tentativa. Absolvição criminal. Legítima defesa. Coisa julgada. Art. 65, do CPP. Dano moral. Indenização. Impossibilidade. Ação de Responsabilidade Civil visando indenização por danos morais. Tentativa de homicídio. Causador do dano absolvido na esfera criminal, por excludente de legítima defesa, com sentença penal já transitada em julgado. Hipótese em que a decisão criminal faz coisa julgada no âmbito cível. Aplicação do art. 65 do CPP. Impossibilidade de indenização por responsabilidade civil decorrente de ilícito, face a sua não-configuração. Desprovimento da apelação". (TJRJ, AC 4.302/1999, 10ª C.Cív., Rel. Des. Eduardo Sócrates Sarmento, j. 22.06.1999)

ilícito, mas na justificação do prejuízo causado ao agressor: aquela reacção faz-se não por meios inofensivos, mas por meios ofensivos, sacrificando bens do autor da agressão, o qual não pode com razão queixar-se. Isso mostra que quem envereda pela actuação ilícita, não só incorre nas sanções respectivas, como se vê diminuída até certo ponto a tutela jurídica dos próprios bens, na medida em que o agredido passa a merecer tutela especial".[28]

Mais uma vez, a aproximação com o Código Civil português é interessante. Este, em seu art. 337, define o tratamento dispensado à legítima defesa: "1. Considera-se justificado o acto destinado a afastar qualquer agressão actual e contrária à lei contra a pessoa ou património do agente ou de terceiro, desde que não seja possível fazê-lo pelos meios normais e o prejuízo causado pelo acto não seja manifestamente superior ao que pode resultar da agressão". Vai além, e afirma que "2. o acto considera-se igualmente justificado, ainda que haja excesso de legítima defesa, se o excesso for devido a perturbação ou medo não culposo do agente". Como afirma Pessoa Jorge, "é, pois, indispensável que os bens lesados pertençam ao agressor. Se na defesa contra um ataque ilícito são atingidos bens de terceiro, esta ofensa não pode justificar-se a título de legítima defesa, mas sim de estado de necessidade, sujeita aos pressupostos e efeitos deste".[29] Aliás, na doutrina portuguesa, o estado de necessidade é tido como elemento subsidiário em relação à legítima defesa, como se vê nesta passagem de Almeida Costa: "o traço fundamental de distinção assenta em que, na legítima defesa, se reage contra quem criou a situação de perigo e, no estado de necessidade, se salvaguarda o bem jurídico através da lesão de interesses de terceiro que nada contribuiu para a situação de perigo. Daí que se imponha concluir que o estado de necessidade seja subsidiário em relação à legítima defesa: compreende-se que o agente só possa proteger o seu direito com sacrifício da esfera jurídica de terceiro, quando não possa fazê-lo à custa da esfera jurídica do agressor".[30]

Aqui surge uma diferença no ordenamento brasileiro. Isto porque na nossa lei o excesso culposo ou doloso é sempre punível (art. 23, parágrafo único, do Código Penal). O bom-senso indica que a vítima deveria contar também com o abrigo legal no caso do excesso culposo, mormente quando afligida pelo medo e a perturbação causada pelo criminoso. Dessa forma, é de todo descabida a ação reparatória promovida pelo agressor lesionado pelo excesso culposo da vítima, pois nesses casos deve ser reconhecida sua culpa exclusiva como fator eximente de responsabilidade civil, pela quebra do nexo causal.

---

[28] *Ensaio sobre os pressupostos da responsabilidade civil*, p. 229.

[29] Idem, p. 231.

[30] *Direito das Obrigações*, p. 518. 8. ed. Coimbra: Almedina, 2000.

No Código Civil português, a legítima defesa putativa não é chancelada como eximente civil, salvo quando o erro é plenamente escusável. O art. 338, que versa sobre o erro acerca dos pressupostos da "acção directa" ou da legítima defesa, afirma "se o titular do direito agir na suposição errónea de se verificarem os pressupostos que justificam a acção directa ou a legítima defesa, é obrigado a indemnizar o prejuízo causado, salvo se o erro for desculpável".

No direito brasileiro, a doutrina inclina-se pela solução idêntica, cabendo ao acusado demonstrar a inexistência de violação a qualquer dever. Por isso, seu eventual reconhecimento no foro criminal não impede a responsabilização pelos efeitos civis da ação.[31] Nesta sede, a discussão guiar-se-á pelo art. 186, Código Civil. Sobre essa posição, aliás, narra Tourinho Filho interessante precedente, no qual a viúva conseguiu a condenação do algoz de seu marido, que fora anteriormente absolvido com fulcro na legítima defesa putativa.[32]

4.3. Exercício regular de um direito

Como o próprio nome diz, quando um direito é exercido de forma regular, não há que se falar em ilicitude. Ilicitude e exercício regular de direito são expressões antagônicas, afinal quem obra regularmente, por seguro, não atravessa as fronteiras do Direito, tampouco viola dever jurídico.

Uma das principais novidades do Código Civil brasileiro diz respeito à expressa previsão de duas cláusulas gerais de ilicitude, positivadas nos artigos 186 e 187. O primeiro, reza que: "aquele que, por ação ou omissão voluntária, negligência ou imprudência, violar direito e causar dano a outrem, ainda que exclusivamente moral, comete ato ilícito". A segunda,

---

[31] Nesse sentido: "Responsabilidade civil. Legítima defesa putativa. Repercussão na esfera civil. A absolvição por legítima defesa putativa não possui reflexos no cível, visto que apenas as excludentes de ilicitude interferem nesta esfera. Pelos elementos dos autos esta sobejamente provada a conduta culposa do réu, o dano causado e o nexo de causalidade entre aquela e este. Apelo desprovido". (AC nº 598190197, 5ª C.C., TJRS, Rel. Des. Carlos Alberto Bencke, j. 08/10/1998) No mesmo sentido, Recurso Especial nº 47.246, STJ, 3ª Turma, Rel. Min. Costa Leite, DJ: 27.03.1995, p. 7.157.

[32] Narrou TOURINHO FILHO: "Há algum tempo, a Folha de São Paulo publicou um acórdão do Excelso Pretório que se ajusta como uma luva à questão: em uma cidade do Estado de Minas Gerais, um indivíduo praticara um homicídio. Levado a julgamento pelo Tribunal do Júri foi absolvido pelo reconhecimento de legítima defesa putativa (CP, art. 17; hoje, inciso I do art. 20). A viúva da vítima ingressou com um pedido de ressarcimento de dano com fundamento no art. 1.537 do CC. O juiz de primeiro grau julgou a ação improcedente, com fundamento no art. 65 do CPP. Houve recurso, e o mais alto Tribunal mineiro reformou a decisão de primeira instância sob a alegação de que o reconhecimento de legítima defesa só impedia a propositura da actio civilis ex delicto quando própria, não na hipótese de legítima defesa putativa em face da redação do art. 1.540 do CC. Inconformado, o homicida interpôs recurso extraordinário ao Excelso Pretório, que, por unanimidade, conheceu do recurso, mas lhe negou provimento". (Prática Penal, v.2, p. 43)

inovadora, amplia os horizontes do operador, formatando uma interessante cláusula geral carecedora de concretização em cada caso concreto. Reza o dispositivo que "também comete ato ilícito o titular de um direito que, ao exercê-lo, excede manifestamente os limites impostos pelo seu fim econômico ou social, pela boa-fé ou pelos bons costumes".

De toda sorte, à luz do art. 65 do Código de Processo Penal, existe orientação jurisprudencial no sentido de que eventual decisão no juízo criminal que reconheça o exercício regular de um direito, terá eficácia positiva no juízo civil, impedindo a propositura da ação reparatória.[33] Essa, entretanto, não nos parece a melhor exegese, principalmente em razão dos já referidos limites subjetivos da coisa julgada, que como regra não pode prejudicar terceiros (como a vítima, em ação pública).[34]

Com efeito, no cotejo entre o agir inquinado de irregular e os direitos previstos no ordenamento, o raciocínio do juízo criminal é diferente do civil, ao menos em alguns aspectos. Enquanto no primeiro há a certeza de que, caso o demandado seja condenado, seu estado de liberdade e dignidade pode ser atingido, no segundo normalmente as coisas se resolvem no patrimônio dos envolvidos. Então, nessa ponderação necessária entre os interesses envolvidos, o rigor da argumentação de um caso é abrandado no outro. De todo conveniente, portanto, que o juiz civil avalie novamente, no plano concreto, a ocorrência do exercício regular de um direito, através do cotejo entre os interesses envolvidos.

5. Ação civil *ex delicto*

Como dito, pode o ofendido ingressar com ação civil antes mesmo de ofertada a ação penal. Em razão da independência relativa que gozam essas duas jurisdições, o juiz civil poderá, na linha do art. 110, CPC,

---

[33] Nesse sentido: "Processual Civil. Prova. Efeitos da coisa julgada no processo penal, refletindo em sede de processo civil. Hipótese do artigos 65 do código processo penal. II - Ação civil e ação penal contendo idênticas causas de pedir. Julgamento da ação penal, com força de coisa julgada, pelo Egrégio Superior Tribunal de Justiça, reconhecendo que o ato atribuído ao agente constituiu fato praticado no exercício regular de direito. (STJ-inquérito 152-DF (94.0036823-2), Rel. E. Ministro Garcia Vieira, publ. DJ 24.06.96). III - Incidência, por força da tipicidade, da regra do art. 65 do Código de Processo Penal. Faz coisa julgada no cível a sentença penal que reconhecer ter sido o ato praticado no exercício regular de direito. IV - Impossibilidade de reabertura da prova para a verificação e discussão, no cível, sobre a intercorrência dessa justificativa no caso concreto. V - Rejeição da proposta preliminar de reabertura da discussão sobre a matéria de fato pelo óbice advindo da coisa julgada. V - Sentença, judiciosa e bem lançada, proferida em perfeita sintonia com a coisa julgada, que se mantém na parte em que julgou improcedente a pretensão deduzida em juízo." (TRF 2ª R. AC 98.02.33557-6/ RJ, 3ª T, Rel. p/o Ac. Des. Fed. Luiz Antonio Soares, DJU 17.07.2001, p. 72/122)

[34] Sobre os limites subjetivos da coisa julgada, observar SÉRGIO GILBERTO PORTO, em preciosa monografia, *Coisa Julgada Civil*. Rio de Janeiro: AIDE, 1996.

decidir segundo seu prudente arbítrio (mas sempre motivadamente), em sobrestar o andamento da demanda reparatória até o desfecho do litígio criminal.[35]

Da mesma forma, pode a vítima optar por esperar o desfecho do processo criminal para ingressar com uma demanda ressarcitória. Nesse caso, como vimos anteriormente, poderá haver alguma influência da sentença proferida naquele juízo no processo iniciado no cível. Conforme o art. 91 do Código Penal, um dos efeitos da sentença condenatória é tornar certa a obrigação de indenizar o dano causado pelo crime. Nessa linha, Alvaro de Oliveira: "na hipótese da sentença penal condenatória, fácil é compreender que o seu trânsito em julgado há de ter como intuitiva conseqüência a determinação da responsabilidade civil do condenado e isto porque, *ex hipothesis*, se estabeleceu no juízo criminal a existência do fato e sua autoria, assim como a culpabilidade e imputabilidade do agente, tendo este participado do contraditório realizado em sede jurisdicional. Ora, o conjunto desses requisitos constitui a evidência pressuposto suficiente para configuração do *an debeatur*, da obrigação reparatória em sede civil, daí, a possibilidade de a lei atribuir sem ferir o bom senso tal eficácia ao trânsito em julgado do provimento jurisdicional de natureza penal".[36]

Portanto, a ação civil *ex delicto* parte do pressuposto de que, no juízo criminal, existe uma sentença condenatória, a qual torna certa autoria e materialidade do injusto. Por decorrência, a condenação criminal abrevia o caminho da indenização, no momento em que assegura o dever de indenizar, o qual já não poderá ser rediscutido.[37] No pólo passivo dessa demanda, por força do art. 64, pode figurar, além do autor do fato, também seu responsável legal, quando for o caso.[38] A justificativa para a criação da ação civil *ex delicto* é bem resumida na exposição de motivos do Código de Processo Penal.[39]

---

[35] Para TOURINHO FILHO, haveria uma obrigação em sobrestar o juízo civil: "a faculdade que o parágrafo único do art. 64 do CPP concede ao Juiz da ação civil de suspender a instância desta, até que seja definitivamente julgada a ação penal proposta contemporaneamente com aquela torna-se uma obrigação, pois que o Juiz, velando pelo decoro da Justiça, terá de evitar o conflito de decisões díspares, baseadas em um mesmo fato e na mesma ação antijurídica. E, para evitar essas conseqüências desastrosas, pelo atrito de julgados irreconciliáveis, a faculdade se há de converter em obrigação." (*Processo Penal*, v. 2, p. 36)

[36] *Efeitos extrapenais da sentença penal e necessidade de motivação*, p. 115.

[37] CPP, art. 63: "Transitada em julgado a sentença condenatória, poderão promover-lhe a execução, no juízo cível, para o efeito da reparação do dano, o ofendido, seu representante legal ou seus herdeiros".

[38] O *caput* do art. 64 reza "sem prejuízo do disposto no artigo anterior, a ação para ressarcimento do dano poderá ser proposta no juízo cível, contra o autor do crime e, se for o caso, contra o responsável civil."

[39] Consta: "O projeto, ajustando-se ao Código Civil e ao novo Código Penal, mantém a separação entre a ação penal e a ação civil ex delicto, rejeitando o instituto ambíguo da constituição de "parte civil" no processo penal. A obrigação de reparar o dano resultante do crime não é uma conseqüência

Como se vê, a ação civil *ex delicto* já começa com o *an debeatur* definido, em razão da eficácia civil da sentença penal condenatória. Por conseguinte, à vítima caberá tão-somente quantificar o dano experimentado, a fim de imputar a indenização ao agressor. Dessa forma, todas as provas requeridas pelas partes com o objetivo de analisar o dever de indenizar devem ser indeferidas em razão da ausência de relevância jurídica.

Para satisfazer essa pretensão civil, nada impede que a vítima, já no processo criminal, intente preservar seus direitos, assistindo à acusação. Sua função, enquanto assistente, é justamente "preservar o seu direito à satisfação do dano emergente do fato ilícito, em virtude de afirmar o nosso Direito ser efeito da sentença penal condenatória 'tornar certa a obrigação de indenizar o dano resultante do crime'".[40]

Proferida sentença criminal condenatória, a vítima, para instrumentalizar o pagamento, deve ingressar diretamente com a ação de liquidação, a fim de quantificar a soma devida. Tão logo líquida a dívida, que já é certa, todos os requisitos para o início do processo de execução estarão preenchidos.

---

de caráter penal, embora se torne certa quando haja sentença condenatória no juízo criminal. A invocada conveniência prática da economia de juízo não compensa o desfavor que acarretaria ao interesse da repressão a interferência de questões de caráter patrimonial no curso do processo penal. É indissimulável o mérito da argumentação de Sá Pereira na "Exposição de Motivos" do seu "Projeto de Código Penal", refutando as razões com que se defende o deslocamento da reparação do dano *ex delicto* para o campo do direito público: "A meu ver, o que há de verdade nessas alegações não atinge os dois pontos seguintes: 1) que a reparação do dano é matéria de direito civil, e 2) que a repressão sofreria, se, no crime, a pleiteássemos. Se há lesão patrimonial, a reparação há de ser pedida a um outro patrimônio, e se me afigura impossível deslocar esta relação entre dois patrimônios do campo do direito privado para o direito público, como querem os positivistas. Abrir no processo-crime a necessária margem à ação reparadora seria ou fazer marcharem simultaneamente as duas ações no mesmo processo, o que se tornaria tumultuário, ou paralisar o processo-crime para que o cível o alcançasse no momento final de pronunciamento da sentença que aplicasse a pena e fixasse a indenização. Não creio que a repressão ganhasse com isto alguma coisa; ao contrário, perderia muito de sua prontidão e rapidez". Limita-se o projeto a outorgar ao juiz da *actio civilis ex delicto* a faculdade de sobrestar no curso desta até o pronunciamento do juízo penal. Desde que exista julgamento definitivo no processo-crime, prevalece o disposto no artigo 1.525 do Código Civil, isto é, a prejudicialidade daquele sobre o julgamento no cível, relativamente à existência do fato, ou quem seja o seu autor. É expressamente declarado que faz coisa julgada no cível a sentença penal que reconhecer, no caso concreto, qualquer das hipóteses do artigo 19 do Código Penal. Não será prejudicial da ação cível a decisão que, no juízo penal: 1) absolver o acusado, sem reconhecer, categoricamente, a inexistência material do fato; 2) ordenar o arquivamento do inquérito ou das peças de informação, por insuficiência de prova quanto à existência do crime ou sua autoria; 3) declarar extinta a punibilidade; ou 4) declarar que o fato imputado não é definido como crime. O projeto não descurou de evitar que se torne ilusório o direito à reparação do dano, instituindo ou regulando eficientemente medidas assecuratórias (seqüestro e hipoteca legal dos bens do indiciado ou do responsável civil), antes mesmo do início da ação ou do julgamento definitivo, e determinando a intervenção do Ministério Público, quando o titular do direito à indenização não disponha de recursos pecuniários para exercê-lo. Ficará, assim, sem fundamento a crítica, segundo a qual, pelo sistema do direito pátrio, a reparação do dano *ex delicto* não passa de uma promessa vã ou platônica da lei."
[40] TOURINHO FILHO, *Prática Penal*, p. 133.

Um ponto interessante sobre a legitimação para a propositura da ação civil que brota do crime diz respeito à possibilidade de o Ministério Público patrocinar a defesa da vítima na seara civil. O art. 68 do Código de Processo Penal prevê expressamente a possibilidade de o *Parquet*, mediante requerimento, promover a ação competente, desde que o titular do direito à reparação for pobre.

Após 1988, foi questionada a constitucionalidade da norma do procedimento penal. Todavia, a jurisprudência do Supremo Tribunal Federal e do Superior Tribunal de Justiça firmou correto entendimento no sentido de que o Ministério Público, com supedâneo na redação atual do inciso IX do art. 129 da Constituição Federal, ainda detém legitimidade ativa extraordinária e concorrente para propor ação civil *ex delicto* em prol de vítima carente, pelo menos enquanto não suficientemente organizada a presença e a atuação da Defensoria Pública nos Estados.[41]

Portanto, ostenta o Ministério Público legitimidade para promover a ação de reparação do dano oriundo de crime. Esta legitimação permanece inclusive com a morte da vítima, hipótese na qual o *Parquet* agirá como substituto processual pelos interesses dos sucessores (art. 6º, CPC).[42]

6. Dos novos critérios para a quantificação do dano indenizável

Ultrapassada a fixação do *an debeatur*, que deve seguir o regramento das cláusulas gerais de ilicitude civil (artigos 186 e 187) e a de responsabilidade civil (art. 927), restará ainda apontar o *quantum* devido, isto é, verificar a extensão do dano indenizável. Nesse sentido, o novo Código Civil dedica alguns artigos para a reparação do injusto criminal.

---

[41] Nessa linha, o seguinte aresto: "Legitimidade. Ação *ex delicto*. Ministério Público. Defensoria Pública. Artigo 68 do Código de Processo Penal. Carta da República de 1988. A teor do disposto no artigo 134 da Constituição Federal, cabe à Defensoria Pública, instituição essencial à função jurisdicional do Estado, a orientação e a defesa, em todos os graus, dos necessitados, na forma do artigo 5º, LXXIV, da Carta, estando restrita a atuação do Ministério Público, no campo dos interesses sociais e individuais, àqueles indisponíveis (parte final do artigo 127 da Constituição Federal). Inconstitucionalidade progressiva. Viabilização do exercício de direito assegurado constitucionalmente. Assistência jurídica e judiciária dos necessitados. Subsistência temporária da legitimação do ministério público. Ao Estado, no que assegurado constitucionalmente certo direito, cumpre viabilizar o respectivo exercício. Enquanto não criada por lei, organizada - e, portanto, preenchidos os cargos próprios, na unidade da Federação - a Defensoria Pública, permanece em vigor o artigo 68 do Código de Processo Penal, estando o Ministério Público legitimado para ação de ressarcimento nele prevista. Irrelevância de a assistência vir sendo prestada por órgão da Procuradoria Geral do Estado, em face de não lhe competir, constitucionalmente, a defesa daqueles que não possam demandar, contratando diretamente profissional da advocacia, sem prejuízo do próprio sustento." (STF - RE 135328 - TP - Rel. Min. Marco Aurélio - DJU 20.04.2001 - p. 00137).

[42] Nessa linha, TJSP - AI 200.654-4/7 - 5ª CDPriv. - Rel. Des. Marcus Andrade - J. 20.12.2001.

O ressarcimento do dano causado no homicídio, por exemplo, vem regulado no art. 948, que traça parâmetros para o cálculo da indenização, quando engloba, sem excluir outras reparações: I - o pagamento das despesas com o tratamento da vítima, seu funeral e o luto da família; II - a prestação de alimentos às pessoas a quem o morto os devia, levando-se em conta a duração provável da vida da vítima. São dois nortes objetivos, portanto, que auxiliam o magistrado a determinar o valor da indenização.

A vítima de lesão à sua integridade corporal ou à saúde, de seu turno, conta com a incidência do art. 949, que reputa devidas as despesas do tratamento e os lucros cessantes até ao fim da convalescença, além de algum outro prejuízo que o ofendido prove haver sofrido. A norma vem complementada pelo art. 950, que versa sobre a seqüela permanente, estendendo a indenização "à importância do trabalho para que se inabilitou, ou da depreciação que ele sofreu".[43]

Os ofendidos por crime contra o patrimônio, à luz do art. 952 e seu único parágrafo, têm direito ao lucro cessante, além da restituição da coisa, acrescida do valor referente à sua eventual deterioração. Faltando o bem, deve-se reembolsar o seu equivalente ao prejudicado. Nessa análise, por seguro que não apenas o preço de mercado será relevante, mas principalmente seu valor de afeição.

Ainda no Código Civil, vai regulada a indenização por injúria, difamação e calúnia, que consistirá, segundo expressa dicção do art. 953, na reparação do dano que delas resulte ao ofendido. Por sorte, a complementação do raciocínio vem disposta no parágrafo único do mesmo dispositivo que reza: "se o ofendido não puder provar prejuízo material, caberá ao juiz fixar, eqüitativamente, o valor da indenização, na conformidade das circunstâncias do caso". Essa norma abriga a pretensão de dano extrapatrimonial.

Por fim, o Código ainda trata da indenização decorrente de ofensa à liberdade pessoal. Consideram-se ofensivos à liberdade pessoal: (I) o cárcere privado; (II) a prisão por queixa ou denúncia falsa e de má-fé e (III) a prisão ilegal. Quantos às duas primeiras hipóteses, doutrina e jurisprudência já se encarregaram de extrair as potencialidades. No que toca à prisão ilegal, entretanto, não se observa idêntico amadurecimento.

---

[43] Assim: "Se da ofensa resultar defeito pelo qual o ofendido não possa exercer o seu ofício ou profissão, ou se lhe diminua a capacidade de trabalho, a indenização, além das despesas do tratamento e lucros cessantes até ao fim da convalescença, incluirá pensão correspondente à importância do trabalho para que se inabilitou, ou da depreciação que ele sofreu. Parágrafo único. O prejudicado, se preferir, poderá exigir que a indenização seja arbitrada e paga de uma só vez". O art. 951 ainda estende a aplicação dos dispositivos citados para as vítimas de prestadores de serviço (ex. médico). Entretanto, deve ser registrado que a condenação civil desses últimos deve ser precedida com ampla cautela, e mediante o preenchimento objetivo (e não presumido) de sua falta ao agir, tendo em vista a natureza da obrigação de meio.

Com efeito, em um país no qual ainda é prática usual a prisão de pessoas antes mesmo de sentença condenatória, ao sabor da opinião pública, quem sabe esta última hipótese não irá finalmente acender o debate acerca das conseqüências civis da prisão, mesmo que provisória, equivocada? Como há de se dar a reparação do erro judiciário?

Certamente, o dispositivo deve ser interpretado de acordo com o espírito das normas constitucionais que regulam fenômenos semelhantes. Exemplificativamente, dentre as garantias individuais, consta que o Estado indenizará o condenado por erro judiciário, assim como o que ficar preso além do tempo fixado na sentença (art. 5º, LXXV). E se o princípio da dignidade da pessoa humana é o núcleo do sistema constitucional, o bom-senso está a indicar que quando o Estado falha na administração de seu direito de punir, privando o particular de uma vida digna e livre, o mínimo que se espera é a condenação daquele, ainda que pelo prisma patrimonial.

Sobre o tema, o Superior Tribunal de Justiça apreciou interessante questão, envolvendo demanda indenizatória promovida por pessoa que, após 9 meses detida em razão de prisão preventiva, foi absolvida no processo criminal. O Ministro-Relator, LUIZ FUX, bem ponderou os inúmeros interesses e direitos que colidem no caso concreto, mantendo decisão do Tribunal de origem que condenou o Estado a indenizar o preso preventivo que veio a ser inocentado em sentença. No próprio corpo da ementa, consta a valiosa *ratio decidendi*: "assemelha-se à hipótese de indenizabilidade por erro judiciário, a restrição preventiva da liberdade de alguém que posteriormente vem a ser absolvido. A prisão injusta revela ofensa à honra, à imagem, mercê de afrontar o mais comezinho direito fundamental à vida livre e digna. A absolvição futura revela a ilegitimidade da prisão pretérita, cujos efeitos deletérios para a imagem e honra do homem são inequívocos (*notoria non egent probationem*)".[44]

De toda sorte, em casos tais, a indenização por ofensa à liberdade pessoal consistirá no pagamento das perdas e danos que sobrevierem ao ofendido, e se este não puder provar prejuízo, tem aplicação o mesmo raciocínio exposto quando dos crimes contra a honra (apreciação eqüitativa).[45] O dano moral aqui decorre do próprio fato, dispensando o lesado de prova de efetivo prejuízo (*res ipsa loquitur*).

Ao lado desses critérios específicos, mostra-se interessante analisar os limites do art. 944 do Código Civil, que intenta regular o cálculo da indenização. No *caput*, consta a regra geral, pela qual a indenização mede-se pela extensão do dano. Nesse ponto, nenhuma novidade, afinal o princípio da reparação integral dos prejuízos de há muito se encontra

---

[44] STJ, 1ª Turma, RESP 427560/TO, Rel. Min. LUIZ FUX, DJ: 30/09/2002, p. 204.
[45] É o que reza o art. 954, CCB.

consagrado na experiência jurídica brasileira. A novidade nos é trazida pelo parágrafo único, ao aduzir que "se houver excessiva desproporção entre a gravidade da culpa e o dano, poderá o juiz reduzir, eqüitativamente, a indenização". Em tese, a norma pode ter aplicação tanto nas demandas que versam sobre responsabilidade delitual, quanto naquelas em que discutido ilícito contratual. Novamente, a semelhança com o art. 494 do Código português é latente: "quando a responsabilidade se fundar na mera culpa, poderá a indemnização ser fixada, equitativamente, em montante inferior ao que corresponderia aos danos causados, desde que o grau de culpabilidade do agente, a situação económica deste e do lesado e as demais circunstâncias do caso o justifiquem". O legislador lusitano oferece interessantes vetores ao brasileiro, quando apresenta o critério da situação econômica das partes envolvidas e as demais circunstâncias do caso (p. ex. estado de necessidade).

Já se vê que, ao lado da extensão do dano, também o grau de culpa do agente é um critério que deve nortear a atividade do julgador no que toca à precisão do *quantum debeatur*. Também a culpa concorrente da vítima afirma-se como importante vetor de apoio para o cálculo da indenização.[46] Nessa linha, o art. 945 vem para corroborar e sistematizar entendimento jurisprudencial pacífico, no sentido de que, uma vez reconhecida a colaboração da vítima para a ocorrência do evento danoso, a indenização deve ser mitigada.[47] Se demonstrada a culpa exclusiva, então em razão da quebra do liame de causalidade, a responsabilidade civil é afastada.

Uma particularidade de todo interessante referente à responsabilidade aquiliana diz respeito ao termo inicial dos juros moratórios. Tal se dá em razão do firme entendimento no sentido de que quando a obrigação provém de ato ilícito, a mora surge desde o momento de sua ocorrência. O novo Código Civil, tal como seu antecessor, tem norma específica aduzindo que "nas obrigações provenientes de ato ilícito, considera-se o devedor em mora, desde que o praticou".[48] Essa nada mais é do que a clara redação do art. 398.

---

[46] Vale transcrever teor do art. 945: "Se a vítima tiver concorrido culposamente para o evento danoso, a sua indenização será fixada tendo-se em conta a gravidade de sua culpa em confronto com a do autor do dano".

[47] Nesse sentido: "Ação de indenização. Dano moral. Acidente de trânsito. Culpa concorrente. Condutor de automóvel que corta a frente de motocicleta, causando a morte dos seus tripulantes, já condenado criminalmente pelo evento danoso. Obrigação de reparar civilmente o dano inequívoca. Culpa concorrente da vítima, que conduzia a moto em alta velocidade e com o freio dianteiro desativado. Mitigação do valor da indenização arbitrado a título de danos morais aos pais do piloto da motocicleta. Distribuição dos ônus de sucumbência em face do decaimento parcial da pretensão dos autores, que receberam indenização em valor inferior ao que pretendiam. Primeiro apelo improvido. Segundo apelo parcialmente provido." (TJRS, APC 70003834447, 2ª C.Cív.Esp. Rel. Des. Ney Wiedemann Neto, j. 26.03.2002)

O Superior Tribunal de Justiça, instado com freqüência a manifestar-se acerca do termo inicial dos juros moratórios nos casos de responsabilidade delitual, havia firmado idêntico entendimento. No enunciado 54 de sua Súmula, é referido que "os juros moratórios fluem a partir do evento danoso, em caso de responsabilidade extracontratual".

Embora a clareza das normas legislativa e jurisprudencial, é certo que sua aplicação ainda traz sérios problemas na vida dos jurisdicionados. A razão desses desconfortos reside no fato inconteste de que, em situações não raras, será muito difícil identificar com segurança de antemão a ocorrência do ilícito civil. Imaginemos a hipótese do pedestre que, preterindo a segurança da passarela ou do semáforo, intenta atravessar uma via de tráfego intenso e, nesse interregno, é colhido por um automóvel. O condutor (quiçá com razão) argumentará que a responsabilidade pelo evento da vítima. Enquanto determinados juízes admitirão no máximo a concorrência de culpas, outros poderão excluir a ilicitude da conduta, à luz dos elementos de convicção. E caso seja admitida a ilicitude dessa conduta (que se apresentava dúbia), os juros serão devidos desde o evento danoso, tal como se estivesse manifesto desde então o dever de indenizar. Nesses casos, pode ocorrer que os juros sejam de tal monta que ofereçam desproporcional depauperamento ao devedor. Essa meditação é de rigor, em razão da importância social do tema. Logicamente, não se está aqui criticando a condenação acrescida de juros, mas salienta-se que esses, se arbitrados irracionalmente, podem ofertar resultados sociais nocivos. Em casos excepcionais, aliás, seria conveniente contá-los a partir da citação ou mesmo da sentença, como forma de harmonizar os interesses envolvidos. Essa, aliás, a solução do Código para a responsabilidade contratual, quando, em seu art. 405, refere que se contam os juros de mora desde a citação inicial. Mas a solução aqui prezada depende de revisão normativa.

A situação poderá se agravar ainda mais, a partir da interpretação a ser dada ao art. 406 do Código Civil, o qual prescreve que, quando não convencionados juros moratórios, eles serão fixados "segundo a taxa que estiver em vigor para a mora do pagamento de impostos devidos à Fazenda Nacional".[49]

É interessante registrar que a taxa Selic traz em si duas variáveis: a expectativa de atualização monetária mais os juros reais. Isto é, quem

---

[48] No Código de 1916, o art. 962 dispunha que "nas obrigações provenientes de delito, considera-se o devedor em mora desde que o perpetrou".

[49] Reza o art. 406 "Quando os juros moratórios não forem convencionados, ou o forem sem taxa estipulada, ou quando provierem de determinação da lei, serão fixados segundo a taxa que estiver em vigor para a mora do pagamento de impostos devidos à Fazenda Nacional". Lembre-se que o art. 192 da Constituição Federal, que fixava o limite dos juros reais de 12% ao ano, foi revogado expressamente pela Emenda Constitucional nº 40, de 29.05.2003.

investe em títulos públicos com rentabilidade atrelada à Selic sabe que, ao final do período, não perceberá correção monetária acrescida do valor nominal da Selic. Por isso, na prática, a aplicação da taxa Selic traria insegurança, na medida em que definida pelo Poder Executivo e mensalmente passível de alteração em face da visão de futuro da equipe econômica. Ou seja, a taxa Selic não se refere precipuamente ao passado, mas sim, serve de instrumento para o alcance de metas no futuro. Dessa forma, descabida sua aplicação no campo obrigacional. Neste, a fixação dos juros ao patamar de 12% ao ano (acrescida da atualização monetária), a despeito da revisão constitucional, é suficiente para oferecer satisfação a ambas as partes, devendo servir de eficiente meio para resolução dos litígios, somente cedendo (em caráter excepcional) em caso de manifesta injustiça no caso concreto (p. ex. quando o credor aguarda indefinidamente para ingressar com a demanda, de modo que os juros atingem níveis exorbitantes, por sua integral responsabilidade).

II. Cconclusões

1. Ocorre a incidência múltipla quando um episódio da vida é recepcionado por normas jurídicas que facultam a extração de resultados diversos;

2. Enquanto a preocupação principal da responsabilidade civil é analisar o dever de indenizar com o objetivo de restaurar a harmonia das coisas (via reposição do estado anterior), a responsabilidade criminal guia-se pela segurança social, que se dá pela coação pessoal;

3. O Código Civil ampliou os horizontes da ilicitude civil, admitindo que também comete ato ilícito o titular de um direito que, ao exercê-lo, excede manifestamente os limites impostos pelo fim social e econômico do mesmo, bem como a boa-fé e os bons costumes;

4. Também o microssistema de responsabilidade civil sofreu interessante inovação, quando o legislador anota que poderá haver dever de indenizar independentemente da presença de culpa, quando a atividade desenvolvida pelo autor do dano implicar, por sua natureza, risco para os direitos de outrem;

5. A condenação criminal torna certa a obrigação de indenizar o prejuízo, em vista da participação do réu sob contraditório. Sua absolvição, entretanto, não vincula como regra o juízo civil em razão de a vítima não ser parte na demanda criminal, salvo no caso de queixa;

6. A legítima defesa, conquanto afaste a pretensão de responsabilidade civil, quando reconhecida sob a modalidade putativa, não exclui a

incidência da combinação dos arts. 186 e 927 do Código Civil, podendo a vítima obter indenização do prejuízo;

7. Embora reconhecido o estado de necessidade, pode a vítima acionar civilmente o causador do dano, facultando-se a este exercer seu direito de reembolso frente ao responsável pelo perigo ou ao beneficiado pelo socorro. Nestes casos, entretanto, ao fixar a indenização, o magistrado deve fazê-lo com o máximo de eqüidade, a fim de não empobrecer injustamente o devedor que em nada colaborou para o estado de perigo;

8. Em razão dos valores e interesses envolvidos nas distintas jurisdições, ainda que afirmado o exercício regular de um direito em sede criminal, pode o juiz civil reavaliar a conduta, a partir do cotejo da teoria do abuso de direito insculpida no art. 187, Código Civil;

9. A ação civil *ex delicto* parte da certeza do *an debeatur*, devendo-se apenas apurar o *quantum* devido, sendo que o Ministério Público ostenta legitimidade para sua propositura em benefício da vítima quando esta não tenha condições financeiras;

10. Ao prever a reparação da prisão ilegal, a Constituição e o novo Código Civil ampliam seu conceito que não se limita àquela decorrente de sentença condenatória equivocada, mas também àquela ordenada provisoriamente em processo que culmina com a absolvição do acusado;

11. Dois são os princípios que guiam o cálculo da indenização: a reparação integral do dano e a gravidade da culpa do agente, podendo o juiz arbitrá-la eqüitativamente a fim de evitar o empobrecimento desproporcional de uma parte;

12. Identificada a culpa concorrente da vítima, a indenização há de ser reduzida. Caso se trate de culpa exclusiva da vítima, desaparece o dever de indenizar, pela quebra do liame de causalidade;

13. Os juros de mora na responsabilidade delitual, a partir da leitura do art. 398, devem ser contados a partir do evento danoso. Essa solução, entretanto, pode ocasionar resultados sociais nocivos. Em casos excepcionais, para evitar o depauperamento excessivo do devedor, seria interessante aplicar via analogia a previsão do art. 405, que impõe como marco inicial para incidência de juros em responsabilidade contratual a citação do devedor;

14. Sobre o valor dos juros de mora decorrentes de ato ilícito, o Código Tributário Nacional, em seu art. 161, 1º, os prescreve em 1% ao mês. Já a taxa Selic, ajustada mensalmente pelo Comitê de Política Monetária, em função de expectativas futuras (e não da realidade passada) traz em si duas previsões: juros reais acrescidos de correção monetária. Dessa forma, o melhor critério para limitar os juros ainda é o vetor do Código Tributário, independentemente da correção monetária.

III. Referências bibliográficas

ALMEIDA COSTA, Mário Júlio. *Direito das Obrigações*. 8.ed. Coimbra: Almedina, 2000.
ALVARO DE OLIVEIRA, Carlos Alberto. Efeitos extrapenais da sentença penal e necessidade de motivação. *Ajuris* n° 54/107.
ANTUNES VARELA, João de Mattos. *Direito das Obrigações*, v. 1. 10. ed. Coimbra: Almedina, 2000.
ASSIS, Araken. *Eficácia civil da sentença penal*. 2. ed. São Paulo: RT, 2000.
BORDA, Guillermo A. *Manual de Obligaciones*. 11. ed. Buenos Aires: Abeledo Perrot, 1998.
COUTO E SILVA, Clóvis do. *Dever de Indenizar*. Porto Alegre: Livraria do Advogado, 1997.
FERRONI, Francesco. *Azione penale e azione civile*: autonomia o subordinazione? In Nuovi profili nei rapporti fra processo civile e processo penale. Milano: Giuffrè, 1995.
GOMES, Orlando. Culpa e risco. *Revista Forense*, setembro, 1940, p. 19.
HUNGRIA, Nelson. *Comentários ao Código Penal*, v.1, t.2. Rio de Janeiro: Forense, 1995.
JOSSERAND, Louis. *Evolução da Responsabilidade Civil*. Trad. Raul Lima. Revista Forense, junho, 1941, p. 52.
LIMA, Alvino. *Culpa e risco*. 2. ed. São Paulo: RT, 1999.
LUISO, Francesco Paolo. I rapporti tra processo civile e processo penale. *In Nuovi profili nei rapporti fra processo civile e processo penale*. Milano: Giuffrè, 1995.
MARTINS-COSTA, Judith. *Fundamentos da Responsabilidade Civil*. RTJERS, v. 93, p. 29.
MONTEIRO, Washington de Barros. *Curso de Direito Civil*, v. 5, p. 469. 34. ed. Atualizado por Carlos Alberto Dabus Mahluf e Regina Beatriz Tavares da Silva. São Paulo: Saraiva, 2003.
PESSOA JORGE, Fernando. *Ensaio sobre os pressupostos da responsabilidade civil*. Reimpressão. Coimbra: Almedina, 1999.
PORTO, Sérgio Gilberto. *Coisa Julgada Civil*. Rio de Janeiro: AIDE, 1996.
TARZIA, Giuseppe. Sui limiti della pregiudizialità ed efficacia della sentenza penale nel processo civile. *In Nuovi profili nei rapporti fra processo civile e processo penale*. Milano: Giuffrè, 1995.
TOURINHO FILHO, Fernando da Costa. *Processo Penal*, v. 4. 21. ed. São Paulo: Saraiva, 1999.
——. *Processo Penal*, v. 2. 20. ed. São Paulo: Saraiva, 1998.
——. *Prática de Processo Penal*. 20. ed. São Paulo: Saraiva, 1998.

— 4 —

O aborto eugênico

DELIO SPALDING DE ALMEIDA WEDY
Desembargador Aposentado, advogado, Especialista em
Ciências Penais pela Universidade Federal do Rio Grande do Sul

GABRIEL TEDESCO WEDY
Juiz Federal em Novo Hamburgo

Sumário: 1. Introdução; 2. O dilema do magistrado; 3. Dos requisitos para a autorização do aborto eugênico.

1. Introdução

Durante muito tempo o aborto não foi considerado um ato delituoso. Em Roma, nos seus primórdios, não era punida a morte dada ao feto. O produto da concepção era tido como parte do corpo da gestante. Só no reinado do imperador *Septimius Severus* (193-211 d.C.), o aborto passou a ser considerado como uma lesão ao direito de paternidade. Se praticado pela mãe, o aborto era punido com o desterro. Caso presente o propósito de lucro, podia ser aplicada inclusive a pena de morte.[1]

Porém, com o avanço do cristianismo, a aborto passou a ser equiparado ao próprio homicídio, após a reformulação legislativa dos imperadores Adriano, Constantino e Teodósio.[2]

Para Santo Agostinho, o aborto só seria crime se o feto fosse animado, o que ocorria cerca de 5 a 10 semanas após a concepção. A igreja,

---
[1] PRADO, Luiz Régis. *Curso de Direito Penal Brasileiro*, Vol. II, São Paulo, RT, 2000, p. 85.
[2] Idem.

durante longo período, pendulou entre a possibilidade de aborto e a sua impossibilidade. Só com o Papa Pio IX, em 1869, a Igreja aboliu a distinção entre feto animado e inanimado, exigindo penas idênticas para ambos os casos de aborto.[3]

Após o advento do iluminismo, abandonou-se a equiparação entre aborto e homicídio. O Código Criminal do Império de 1830, por exemplo, de tendência flagrantemente liberal, não punia o aborto praticado pela gestante.

Atualmente, a legislação brasileira não pune o aborto necessário, aquele que é praticado pelo médico a fim de salvaguardar a vida da mãe, e o aborto sentimental, aquele decorrente do estupro.

A tormentosa questão que se quer realçar em discussão nestas breves linhas diz respeito à possibilidade de utilização do aborto eugênico, isto é: a possibilidade de aborto quando existirem riscos evidentes de que o embrião ou o feto sejam portadores de irrecuperáveis anomalias genéticas de qualquer natureza ou de outras deficiências físicas ou psíquicas decorrentes da gestação, de tal monta que inviabilizem a sua vida por não mais de poucos dias ou horas.

Embora o Código Penal não acolha tal espécie de aborto, inúmeros doutrinadores de elevado quilate, como Alberto Silva Franco, Paulo José da Costa Júnior e Juarez Cirino dos Santos,[4] defendem na atualidade a legalização do aborto eugênico pela via legislativa.

Também a jurisprudência acaba por aceitar o aborto eugênico, caso presentes algumas condições, conforme salienta Fernando Capez:[5]

> "... Não é permitido pela nossa legislação e, por isso, configura crime. No entanto, mediante prova irrefutável de que o feto não dispõe de qualquer condição de sobrevida, consubstanciada em laudos subscritos por juntas médicas, *o Poder Judiciário tem autorizado a prática do aborto*, embora, conforme alerta Júlio Fabbrini Mirabete, os alvarás concedidos não encontram apoio no direito material nem no direito processual. Tecnicamente considerado, o aborto eugenésico dirá com a excludente de culpabilidade da inexigibilidade de conduta diversa, tanto por parte da gestante, considerando o dano psicológico a ela causado, em razão de uma gravidez cujo feto sabidamente não sobre-

---

[3] FRAGOSO, Heleno Cláudio. *Lições de Direito Penal*, parte especial, v. I, Rio de Janeiro, Forense, 1995, p. 77.

[4] Alberto Silva Franco (Aborto por indicação eugênica. *Estudos em Homenagem a Manoel Pedro Pimentel*, São Paulo: RT, p. 80-108, 1992), Paulo José da Costa Júnior (Aborto eugênico ou necessário? *Revista Jurídica*, Porto Alegre: Síntese, v. 229, p. 27-29, 1996) e Juarez Cirino dos Santos (Aborto, a política do crime. *Revista de Direito Penal*, Rio de Janeiro: Forense, v. 25, p. 13-24, 1979).

[5] CAPEZ, Fernando. *Curso de Direito Penal*, parte especial, Vol. II, São Paulo, Saraiva, 2003, p. 123.

viverá, como por parte do médico, que não pode ser compelido a prolongar o sofrimento da mulher"

Não assiste razão a Mirabete quando diz que o aborto eugênico não encontra consonância no direito material. Na verdade, o direito material não é apenas aquele que está legislado. Ora, o direito vai além da lei, razão pela qual o juiz poderá decidir até contra a lei, mas estribado no direito, como dizia Pontes de Miranda, *"a subordinação é ao direito, e não à lei, por ser possível a lei contra o direito"*. Veja-se o caso do aborto eugênico sob o abrigo da inexigibilidade de conduta diversa.

2. O Dilema do Magistrado

No ano de 2003, a 2ª Câmara Criminal do Tribunal de Justiça do Estado do Rio Grande do Sul foi chamada a decidir um caso raro: o feto apresentava anomalia denominada *anencefalia*, ou seja, "uma anomalia no sistema nervoso central, que se caracteriza pela ausência de abóbada craniana e massa encefálica reduzida a vestígios de substância cerebral, sendo que freqüentemente a gravidez não alcança o termo, podendo tornar-se trabalhosa a extração do feto, que não sobrevive, atingindo excepcionalmente dois a três dias de vida", e era requerida a interrupção da gravidez.[6] No caso, tinha-se que decidir: autorizar ou não o aborto eugênico.

Naquela oportunidade, ante a ausência da oitiva da gestante, uma adolescente, ante a impossibilidade de se conhecer sua vontade pessoal, ante a desinformação sobre se a mesma gestante sabia dos riscos da intervenção médica que sofreria a fim de interromper a gravidez e, como se não fosse pouco, em razão da falta de assistência psicológica à gestante, restou por ser indeferido o pedido de autorização para a prática abortiva.[7] Na ocasião, a gestante já estava com 32 semanas de gravidez, ou seja, tratar-se-ia já de um parto prematuro.

---

[6] REZENDE, Jorge de. *Obstetrícia*, 3ª edição, 1974, Ed. Guanabara-Koogan, p. 805-807.

[7] Diz a ementa do acórdão da apelação-crime n.º 70006255608, de 15.05.2003: "APELAÇÃO-CRIME. AUTORIZAÇÃO PARA REALIZAÇÃO DE ABORTO. NECESSIDADE DE SUBSÍDIOS FORTES À CONCESSÃO DA PRETENSÃO, EM ESPECIAL, À OITIVA DA GESTANTE ACERCA DA VONTADE NA INTERRUPÇÃO DA GRAVIDEZ E SOBRE OS RISCOS DA INTERVENÇÃO CIRÚRGICA. ESTADO DE GESTAÇÃO QUE SE APROXIMA DE 32 SEMANAS, TORNANDO-SE TEMERÁRIA A AUTORIZAÇÃO PARA REALIZAR – SE O ABORTO". De conteúdo assemelhado a decisão a seguir, do Tribunal de Justiça do Estado do Mato Grosso do Sul: "APELAÇÃO CÍVEL. ALVARÁ JUDICIAL PARA INTERRUPÇÃO DE GRAVIDEZ....Não cabe deferir o aborto eugênico, por hidrocefalia, quando o estado gestacional é superior a 22 semanas, pois, a partir daí a interrupção implica parto prematuro. Não se admite o aborto eugênico, se existe a possibilidade de vida extra-uterina, ainda que vegetativa, pois o nascimento com vida gera direitos..." (TJMS – AC 2002.000466-0/00000-00-4.ª T. Cív. – Rel. Des. João Maria Lós – j. 25.02.2002).

3. Dos Requisitos Para a Autorização do Aborto Eugênico

A conseqüência do ato jurisdicional, no caso do aborto eugênico, pode redundar na cessação de uma vida, ainda que possivelmente vegetativa, razão pela qual alguns requisitos gerais e específicos devem ser exigidos para que se autorize tal espécie abortiva, que seria então uma conduta confortada por uma excludente de culpabilidade, *a inexigibilidade de conduta diversa*.

Segundo Luiz Régis Prado, são requisitos gerais do aborto eugênico: a) ser ele praticado por médico; b) ser realizado em hospital público ou particular creditado pela administração pública; c) o consentimento expresso da gestante, ou seja, é preciso que a mulher, *o que não houve no caso antes relatado*, tenha a capacidade de compreender o alcance da decisão de abortar, o que pressupõe o entendimento da natureza da intervenção cirúrgica e de sua finalidade (destruição do feto). É claro, caso a mulher não tenha tal capacidade, cabe ao seu representante legal consentir ou não.[8]

O emérito professor de Maringá vai além, e também faz referência aos requisitos específicos do aborto eugênico, tais como: a) o diagnóstico indiscutível de anomalia física ou psíquica grave, que inviabilizará a vida futura do feto; b) prazo hábil para a realização de aborto eugênico, por volta da 22º semana de gravidez; c) a apresentação do parecer de dois especialistas distintos dos executores da prática abortiva, vinculados a algum estabelecimento público ou privado creditado pela administração pública.[9]

O tema é tão polêmico que não se circunscreve ao Brasil. A discussão sobre a possibilidade de adoção do aborto eugênico no caso de fetos anencéfalos também ocorre em outros países, como na Argentina, em relevantes colóquios na Universidade Católica e na Universidade Austral.[10]

No Brasil, o Tribunal de Justiça do Estado do Rio Grande do Sul tem autorizado a interrupção da gravidez quando o feto em gestação apresenta *anencefalia*, e os elementos de prova são robustos de modo a comprová-la.[11]

---

[8] PRADO, Luiz Régis. *Curso de Direito Penal Brasileiro*, Vol. II, São Paulo, RT, 2000, p. 105.

[9] Idem.

[10] Diário da Justiça de 14 de agosto de 2003.

[11] Agravo 70.002.099.836, 09.03.2001, Câmara Criminal de Férias, Rel. Des. Carlos Cini Marchionatti e Apelação nº 70.005.037.072, de 12.09.2002., 3ª Câmara Criminal, Rel. Des. José Antonio Hirt Preiss. Também o Mandado de Segurança nº 70005577424, julgado em 20.02.2003, que teve como relator o Des. José Antonio Cidade Pitrez e como revisor o Desembargador Antonio Carlos Netto de Mangabeira: "MANDADO DE SEGURANÇA. AUTORIZAÇÃO JUDICIAL PARA INTERRUPÇÃO

Saliente-se, porém, que em caso de ocorrência de risco de morte para a gestante, estaremos diante de uma excludente de ilicitude, seja da parte especial (art. 128, inciso I), seja da parte geral do Código Penal, o estado de necessidade (art. 24), daí por que não se poderá falar em aborto eugênico, mas em aborto necessário.

Assim, caso estejam presentes os requisitos gerais (aborto praticado por médico, em hospital creditado e com o consentimento da gestante) e específicos (comprovação da anomalia que impeça a vida futura do feto por intermédio de especialistas distintos dos responsáveis pela prática abortiva e, finalmente, que a interrupção se dê em prazo hábil), antes expostos, razão não haverá para rejeitar a interrupção da gravidez de feto anencefálico, pois se estará agindo conforme o Direito, sob o abrigo de uma excludente de culpabilidade, a inexibilidade de conduta diversa.

TERAPÊUTICA DA GRAVIDEZ (fetotomia). É de se deferir tal autorização, ainda que o caso não se enquadre nas hipóteses previstas pelo art. 128, do CP. A vida da gestante corre sério risco, levando a gravidez a termo, além do que é nula a possibilidade do concepto sobreviver, tendo em vista a anencefalia diagnosticada. SEGURANÇA CONCEDIDA". Por fim, também o egrégio Tribunal de Alçada de Minas Gerais tem aceitado tal espécie de aborto, com a interrupção da gravidez, no caso de má formação do feto, ante o diagnóstico de acrania fetal, com previsão de óbito intra-uterino ou neonatal, apesar de não estar permitido expressamente por lei (Apelação nº 0264255-3, 3ª Câmara Cível, Rel. Dr. Duarte de Paula).

— 5 —

Carta aberta a um amigo

GUDBEN BORGES CASTANHEIRA
Advogado Criminalista, Conselheiro Aposentado do Tribunal de Contas
e Ex- Secretário do Interior e Justiça

Distinguido por familiares e amigos do ilustre homenageado, que completa noventa anos de laboriosa atividade, para exprimir os sentimentos que animam o nosso respeito e culto a tão grande personalidade, longe estaria, como estou, de acreditar na possibilidade do desempenho, ainda que sofrível, dessa honrosa incumbência.

Não que me falte o que dizer, mas precisamente porque é imenso, extraordinário e fulgurante o tema que oferece uma vida de mais de meio século de nobres e fecundas atividades. Uma vida que se desdobra nos Tribunais, quer militando na advocacia, quer ocupando, com elevação, a tribuna do Ministério Público, na qualidade de brilhante promotor, quer como escritor, quer como magistrado, enfim, "uma vida inteira de ação, de peleja e de apostolado".

Seja qual for o cenário, em que essa vida tenha resplandecido, foi sempre incomensurável a sua projeção.

É o jurista que viveu a vida dramática do Direito, do Direito vivo, do Direito em pugna, do Direito resistindo, do Direito combatendo, do Direito sangrando, no foro, como uma espécie de verdadeiro cavaleiro medieval, defendendo a honra, a liberdade, e até a própria vida dos seus cidadãos, lutando palmo a palmo, como se defendesse o próprio galardão.

Foi um advogado heróico, fez da lei e da consciência os dois únicos poderes humanos, aos quais a dignidade profissional se inclui. É um orador de altos vôos, empolgante, dominador, conquistador. A palavra escorreita, no timbre metálico da voz, ganhava a altura dos astros, nos arroubos demostênicos da formosura da linguagem e da grandeza do pensamento.

Ele é, sem dúvida, uma personalidade polivalente, que honra não somente o mundo jurídico, do qual faz parte desde a sua mocidade, quer como advogado, promotor e magistrado de alto quilate.

Como juiz, em Soledade, sempre agiu com moderação, seriedade e energia, quando necessário. Sempre manteve com os advogados uma respeitosa e sincera relação, exigindo, sempre, uma colaboração, para a consecução do objetivo comum: a verdade. Nunca, jamais, alimentou idéias de superioridade, acreditando-se num plano mais elevado que o advogado. Sempre demonstrou um ânimo delicado, equânime e justo. Quando presidia uma sessão de julgamento no Tribunal do Júri ou durante as audiências, dava exemplo de moderação e acatamento aos órgãos da acusação e da defesa.

Ele sempre proclamava: "não se deve esquecer que muito deve um bom corpo de advogados a uma boa magistratura". Os bons juízes repelem os maus advogados. Esses não medram, no terreno onde aqueles lavram, com zelo, as sementes sãs da justiça intemerata. O advogado não faz o juiz, mas a qualidade do juiz influi na do advogado.

Ele jamais usou poderes discricionários e nem teve atitudes arrogantes. Ele sempre teve a longanimidade necessária para ouvir, com paciência, as queixas, as reclamações, as réplicas que as partes opunham, aos seus despachos e sentenças. Ele achava um direito do advogado assim proceder, direito do qual o advogado não poderia abrir mão, sob pena de comprometer a causa do seu patrocínio. Teve sempre, com os advogados, uma alta prova de compreensão.

Feliz do advogado que se depara com juízes desse estofo moral. A verdade é que esse seu procedimento, essa sua conduta, sempre tornou mais digna a sua magistratura.

Nas horas vagas, nunca deixou de prestar uma homenagem à figura paterna, fazendo *jus* ao sangue campesino que circula em suas veias, dedicando-se às atividades pastoris, na Fazenda do Posto.

Além dos princípios de Justiça, ele sempre adorou o seu torrão natal. Exigia uma Soledade grande e livre, coesa e forte, legitimamente representada e nobremente defendida. Uma Soledade onde a indústria das facções não desarticulasse a correlação orgânica do seu progresso, nem dividisse seus filhos, nas competições pequeninas de ódio, da perfídia e da vingança. Uma Soledade de todos e para todos, onde todos pudessem trabalhar, produtivamente, garantidos pelo pálio sagrado da lei e pela liberdade indestrutível de opinião; uma Soledade digna da memória honrada dos seus antepassados que ajudaram a construí-la; digna da sinceridade dos seus coevos que serviram ao seu progresso, digna da prosperidade dos seus pósteros que mais deveriam elevar o seu nome.

Além disso, ele sempre tratou seus colegas juízes, membros do Ministério Público, advogados, serventuários da Justiça, todos, com fidalguia e cavalheirismo, pois entendia que todos, indistintamente, faziam parte da máquina que movimentava o Direito, postulado indispensável para o progresso e a firmeza da Justiça, pois ele seguia o princípio já dito pelo meigo Padre Manoel Bernardes: "sem Justiça a República não será República, senão uma nova e pior confusão babilônica, de muitas vontades e discórdias, como aquelas de muitas línguas incógnitas, porque assim como a Justiça se abraça, com paz, assim se abraça a discórdia com a injustiça".

Desculpe-me, meu amigo, a fraqueza e a humildade do trabalho acima apresentado, eis que a missão que me foi incumbida estava acima das minhas condições. Todavia, procurei, dentro da escassez de meus parcos conhecimentos, fazer a radiografia de um grande Cidadão Soledadense. Aceite, juntamente com as minhas sinceras felicitações, nesta data memorável, um abraço efusivo da Dulce e do Manoel Pedro.

— 6 —

Processo Civil e Processo Penal: algumas inter-relações

GUSTAVO PAIM
Advogado. Professor de Direito Civil na ULBRA/RS.
Mestrando em Processo Civil na PUC/RS.

Sumário: Introdução; 1. O direito probatório no processo civil e no processo penal; 2. Direitos disponíveis e indisponíveis; 3. A responsabilidade civil e criminal; 3.1. O crime e o dever de indenizar; 3.2. A condenação criminal e o título executivo judicial; 3.2.1. Indenização pelo fato morte; 3.2.2. Indenização pelos danos à pessoa; 3.2.3 Indenização pelo crimes contra à honra; 3.3. a absolvição criminal e seus efeitos no direito civil; 3.3.1. Negativa de autoria e ausência de materialidade; 3.3.2. As excludentes de ilicitude; 3.3.3. Fundamentos da absolvição; 3.3.4. Tribunal do júri; Bibliografia.

Introdução

Quando recebi o convite para participar dessa obra coletiva, em homenagem ao Desembargador Garibaldi Almeida Wedy, confesso que tive um pouco de receio em aceitar. Não pela homenagem, que é mais do que merecida a esse ícone do direito e do Judiciário gaúcho, mas sim pela responsabilidade que é escrever um artigo à altura desse reconhecimento a um exemplo de jurista a ser seguido, bem como pelo tema, tendo em vista que o Desembargador Garibaldi notabilizou-se por sua atuação na seara penal, enquanto, atualmente, desenvolvo meus estudos no direito processual civil.

Entretanto, não há como negar que vivenciamos uma época de superação das dicotomias. Nesse sentido, não há que se falar mais em direito público e direito privado como duas esferas totalmente distintas e incomunicáveis. Isso ocorre também em relação às jurisdições civil e criminal, que muitas vezes influenciam-se mutuamente.

Assim, podemos verificar alguns aspectos do direito probatório a ensejar ligação entre um ramo do direito público, como o direito penal, e um ramo do direito privado, como o direito civil. Pode-se perquirir, nesse diapasão, a diferença entre a busca da certeza jurídica no direito civil e penal, tendo em vista os princípios da verdade formal e real, principalmente ao tratarmos dos direitos disponíveis e indisponíveis.

Como ápice dessa comunicação entre os dois juízos, tem-se a reprovação social de uma conduta tipificada como criminosa, que traz claras conseqüências para o direito privado. É cristalina a influência do *decisum* penal sobre o juízo cível, tendo em vista os preceitos existentes da eficácia cível da sentença penal condenatória, bem como pela relativa independência do julgado criminal em relação ao civil quando tratamos de sentença absolutória, principalmente em razão do processo penal preocupar-se com o réu e o processo civil com a vítima.[1]

Não há como negar que um mesmo fato pode gerar múltiplas conseqüências.[2] Bem se compreende que, sendo o mesmo o ato ilícito, um choque entre as decisões proferidas pelo juízo cível e pelo juízo criminal, apreciando esse mesmo fato, seria um rude golpe para a dignidade do direito, um verdadeiro abalo para a segurança da justiça, com funestas conseqüências sociais.[3]

Impossível, pois, desvincular totalmente o estudo do direito penal e do direito civil. A sentença penal poderá, muitas vezes, trazer influência determinante ao julgado cível. É nesse contexto que se nota, fortemente, a necessidade do estudo das relações entre a seara penal e a civil.

Portanto, é com muito orgulho e honra que escrevo esse singelo ensaio em homenagem ao Desembargador Garibaldi Almeida Wedy, figura de uma educação e simpatia ímpar, e que, ao relatar suas sempre estimulantes vivências nas lides jurídicas, muito me incentivou a estudar e a ensaiar esses primeiros passos no estudo do direito e das letras jurídicas.

---

[1] "Numa sociedade realmente justa, todo dano injusto deve ser reparado. Cabe ao direito penal preocupar-se com o agente, disciplinando os casos em que deve ser criminalmente responsabilizado. Ao direito civil, contrariamente, compete inquietar-se com a vítima". FACCHINI NETO, Eugênio. Da responsabilidade civil no novo código. In *O Novo Código Civil e a Constituição*. Porto Alegre: Livraria do Advogado, 2003, p. 161.

[2] Sempre que o fato (em latíssimo sentido) corresponde ao *tipo* previsto em alguma regra jurídica, assim colorido jurídico, passa à categoria de fato jurídico (ainda *lato sensu*). Por outras palavras, configura o *suporte fático* (*fattispecie, Tatbestand*) da norma jurídica cuja incidência atrai. Freqüentemente essa incidência é *múltipla*, no sentido de que o fato dá suporte não a uma, mas a várias normas de Direito. FABRÍCIO, Adroaldo Furtado. Absolvição criminal por negativa de existência ou de autoria do fato limites de sua influência sobre o juízo civil. *Revista da Ajuris*, nº 55, p. 35.

[3] ESPÍNOLA FILHO, Eduardo. *Código de Processo Penal Brasileiro Anotado*, v. II, atual. por José Geraldo da Silva e Wilson Lavorenti, Campinas: Bookseller, 2000, p. 49.

1. O Direito Probatório no Processo Civil e no Processo Penal[4]

Discute-se muito, no tocante ao direito probatório, a suposta diferenciação de seu âmbito no processo penal e no processo civil. Para muitos autores, o processo penal buscaria a "verdade real", enquanto o processo civil conformar-se-ia com a "verdade formal". Entretanto, compartilhamos do entendimento defendido por Sentís Melendo, para quem "hay que plantearlo sin la preocupación de si la prueba es la civil o la penal, porque creo que se incurre en el mayor de los errores al distinguir entre ellas: la prueba es la misma en la justicia civil que en la justicia penal, en la del trabajo que en la administrativa; y hasta puede decirsi que es la misma en la actividad judicial que fuera de ella. Soy absolutamente unitarista".[5]

Esse entendimento de Sentís Melendo é acompanhado por grande parte da doutrina estrangeira,[6] bem como pelos doutrinadores pátrios, salientando-se Ada Pellegrini Grinover e Barbosa Moreira. Ademais, no que tange às garantias dadas aos litigantes, e em especial à licitude da prova, a Constituição Federal não estabelece distinção entre processo civil e penal, equiparando-os, como se percebe no art. 5º, LVI, que não admite as provas obtidas por meios ilícitos no *processo*, em geral.

Quanto à diferenciação entre "verdade real" e "verdade formal", esta dá-se em relação aos direitos indisponíveis e os disponíveis, que tanto podem ser encontrados em sede de processo penal como civil, afinal, no processo civil também encontramos direitos relevantíssimos na vida das pessoas, não tratando apenas de aspectos patrimoniais, das relações jurídicas de caráter privado. É na seara civil, conforme bem salienta Barbosa Moreira, que se discutem pleitos atinentes a matérias reguladas pelo Direito Público (constitucional, administrativo e tributário), em regra subtraídas, não menos que as de Direito Penal, ao poder de disposição das partes.[7]

Afirmar que o processo penal busca a "verdade real", e o processo civil, a "verdade formal" é um equívoco, visto que a verdade é uma e

---

[4] Estudo retirado do artigo de minha autoria "As garantias da licitude das provas e o princípio da proporcionalidade no direito brasileiro", *in* PORTO, Sérgio Gilberto. *As Garantias do Cidadão no Processo Civil: relações entre Constituição e processo*. Porto Alegre: Livraria do Advogado, 2003.

[5] *Apud* Danilo Knijnik. A doutrina dos "frutos da árvore venenosa" e os discursos da Suprema Corte na decisão de 16.12.93. *Revista da Ajuris*, nº 66, p. 61.

[6] Nesse sentido, ressalta Vicenzo Vigoriti que "non è rilevante, a mio avviso, che la prova illecita debba essere utilizzata in un processo civile o amministrativo invece che penale".

[7] BARBOSA MOREIRA, José Carlos. A Constituição e as provas ilicitamente adquiridas. *Revista Ajuris*, nº 68, p. 23.

interessa a qualquer processo. É claro que, tanto na esfera civil como na penal, pode-se (e até deve-se), em determinados casos, renunciar à busca da verdade em atenção a outros valores de igual importância, como o direito à privacidade e à honra, por exemplo.[8]

A grande diferença entre processo civil e processo penal quanto à prova ilícita, salienta Ada Pellegrini Grinover, é em relação à prova penal colhida com infringência aos direitos da personalidade do réu, mas que viesse por fim beneficiá-lo. Admite-se a prova ilícita frente à predominância do direito constitucional de defesa. Afora essa hipótese, a matéria apresenta-se exatamente da mesma maneira, atentando-se que a diferença entre "verdade real" e "verdade formal" reflete apenas a distinção entre processo disponível e indisponível.[9]

Entretanto, a Constituição da República Federativa do Brasil, em seu art. 5º, XII, *in fine*, estabelece a possibilidade de violação do sigilo das comunicações telefônicas, por ordem judicial, nas hipóteses em que a lei estabelecer para fins de investigação *criminal* ou instrução *processual penal*. Aqui fez-se uma clara ressalva quanto a possibilidade de interceptação de comunicação telefônica autorizada por juiz criminal, no âmbito das investigações e do processo penal, não sendo admitido no processo civil.

Esse "privilégio" concedido à esfera criminal de poder usar gravações telefônicas autorizadas, posteriores à Lei 9.296/96, suscita uma série de questões relevantes do ponto de vista teórico e prático. Afinal, como ficaria a utilização dessa prova lícita no processo penal como "prova emprestada" para o processo civil? E em relação à utilização da sentença criminal condenatória, com base numa prova lícita apenas no juízo penal, transitada em julgado, como título executivo na esfera civil?

Em relação ao segundo questionamento, a resposta parece ser evidente, pois mesmo que a prova que sustenta a condenação criminal seja considerada ilícita no processo civil, estaria ela acobertada pelo manto da coisa julgada material. O art. 584, II, do Código de Processo Civil é cristalino ao expressar que a sentença penal condenatória transitada em julgado é título executivo judicial no processo civil, fazendo coisa julgada, também, na esfera cível. Nesse caso, o executado não poderia questionar o fato da condenação criminal repousar em prova inadmissível no processo civil, tendo em vista a eficácia preclusiva da coisa julgada material. A coisa julgada tem o efeito de subtrair a relevância das questões enfrentadas

---

[8] BARBOSA MOREIRA, *op. cit.*
[9] GRINOVER, Ada Pellegrini. *O Processo em sua Unidade II.*

e resolvidas no processo de conhecimento (e até as questões que nele se poderiam ter enfrentado e resolvido).[10]

A primeira questão parece mais espinhosa, em face da utilização de uma interceptação telefônica lícita no processo penal, porque autorizada judicialmente, como "prova emprestada" no processo civil. Poder-se-ia concluir que essa prova seria inadmissível na área civil pela exclusão do Texto Constitucional, eis por que o constituinte fez uma restrição, admitindo sua utilização tão-somente na área penal. Pode-se argumentar em dois sentidos, como faz Barbosa Moreira, ao expor que "uma vez rompido o sigilo, e por conseguinte sacrificado o direito da parte à preservação da intimidade, não faria sentido que continuássemos a preocupar-nos com o risco de arrombar-se um cofre já aberto. Mas por outro lado, talvez se objete que assim se acaba por condescender com autêntica fraude à Constituição. A prova ilícita, expulsa pela porta, voltaria a entrar pela janela",[11]

No entanto, a doutrina brasileira tem admitido a prova obtida licitamente (porque autorizada pela Constituição) para a investigação criminal ou instrução processual penal, como prova emprestada no processo civil. A natureza da causa civil seria irrelevante para a admissão da prova. Desde que a escuta fosse determinada para servir de prova direta na esfera criminal, poderia ser emprestada ao processo civil.[12]

Ainda em relação ao direito probatório, é evidente que se orienta diversamente no processo penal a perquirição da culpa, tendo em vista que no processo penal a dúvida em relação a qualquer discriminante interpreta-se favoravelmente ao réu, consagrada pelo brocardo *in dubio pro reo*. No juízo cível, ao contrário, aquilo que, no juízo criminal é discriminante, é fato impeditivo do direito do autor, cuja prova compete ao réu, e, neste caso, a dúvida contra ele se interpreta.[13]

2. Direitos disponíveis e indisponíveis[14]

Conforme exposto anteriormente, não há que se falar em busca da "verdade material" ou da "verdade formal", tendo em vista que o processo busca a verdade única, busca uma segurança jurídica. O que se pretende,

---

[10] BARBOSA MOREIRA, *op. cit.*, p. 25.

[11] Idem. p. 24-25.

[12] NERY JÚNIOR, Nelson. *Princípios do Processo Civil na Constituição Federal*, p. 145-6.

[13] SANTOS, Ernane Fidelis dos. Da coisa julgada penal no juízo cível. *Revista do Curso de Direito da Universidade Federal de Uberlândia*, v. 10, n. , 1981, p. 159-160.

[14] Estudo retirado do artigo de minha autoria "As garantias da licitude das provas e o princípio da proporcionalidade no direito brasileiro", *in* PORTO, Sérgio Gilberto. *As Garantias do Cidadão no Processo Civil: relações entre Constituição e processo*. Porto Alegre: Livraria do Advogado, 2003.

como bem salienta Carlos Alberto Alvaro de Oliveira, é extrair do processo a verdade provável e possível.[15]

Obviamente não se pode exigir que o processo forneça sempre a fiel representação da verdade histórica, principalmente em razão do ordenamento jurídico apresentar, com freqüência, garantias em conflitante oposição, o que não permite a plenitude de sua realização. Por isso, muitas vezes, a justiça pode renunciar à completa reconstituição da verdade, em atenção a outros valores de igual grandeza. Esse entendimento encontra guarida na afirmação de Mittermaier, para quem é "essa certeza da razão que o legislador quis que fosse a base para o julgamento. Exigir mais seria querer o impossível; porque em todos, os fatos que dependem do domínio da verdade histórica jamais se deixa atingir a verdade absoluta".[16]

Não se está, com isso, defendendo a "verdade formal" como a verdade buscada pelo processo civil, mas apenas referendando o entendimento de que o direito à prova, e a conseqüente busca de uma verdade substancial, encontram, sim, obstáculos. Dentre os limites enfrentados na persecução da verdade histórica, o principal é a garantia da licitude das provas.

Não podemos olvidar, no mesmo sentido, que ainda que consigamos reproduzir em juízo a verdade empírica, ela pode ser interpretada de maneiras diferentes. Esse é o grande problema da avaliação das provas, pois "o mesmo objeto pode ser interpretado de tantas maneiras quanto interlocutores houver, ou seja, mesmo a mais inequívoca prova, pode ter seu aspecto inequívoco contestado, afinal o que parece induvidoso a alguém, pode não o parecer a outrem".[17]

É com esse fundamento que se deve entender que a verdade não é um fim em si mesma, mas é necessário buscá-la enquanto condição para que haja uma "justiça mais justa".[18]

O valor verdade não pode ser absolutizado, encontrando a garantia à prova limitações como a vedação da prova ilícita, assistindo razão a Jayme Vegas Torres, que ensina que "ahora, ya no basta el convencimiento subjetivo del juzgador para que sea posible la condena. Debe tratarse de un convencimiento obtenido determinada manera: basado en elementos que puedan considerarse prueba, que hayan sido obtenidos de forma lícita y/o introducidos en el proceso de forma respetuosa con las garantías constitucionales y legales".[19]

---

[15] OLIVEIRA, Carlos Alberto Alvaro. Problemas atuais da livre apreciação da prova. *Revista da Faculdade de Direito da Ufrgs*, nº 17, p. 49.

[16] MITTERMAIER, C. J. A. *Tratado da Prova em Matéria Criminal*. Bookseller, 1997, p. 66.

[17] USTÁRROZ, Daniel. *Provas ilícitas lícitas?* Publicado no site www.faroljuridico.com.br.

[18] MICHELI; TARUFFO. A prova. Trad. Teresa Arruda Alvim. *Revista de Processo*. nº 16, 1979, p. 168.

[19] TORRES, Jayme Vegas *Apud* KNIJNIK. *op. cit.*, p. 69.

A garantia da licitude da prova é, por conseguinte, um limite à busca desenfreada da verdade, não sendo o processo um campo de batalha em que são permitidas todas as armas para buscar a vitória, em desrespeito a valores de superior grandeza que comprometam o Estado de Direito, como bem salienta Hernando Devis Echandia.[20]

Percebe-se, pois, a existência de limites ao direito à prova, devendo o processo ser feito dentro de uma escrupulosa regra moral, que rege a atividade das partes e do magistrado. A verdade que não seja, então, substancial, deve ser antes de tudo uma verdade judicial, prática e, sobretudo, não uma verdade obtida a qualquer preço, mas sim uma verdade processualmente válida,[21] tanto na esfera penal como na civil.

3. A responsabilidade civil e criminal

No tocante à responsabilidade civil e criminal, inúmeras relações são perceptíveis entre as duas jurisdições. O ilícito penal pressupõe um ilícito não-penal, razão pela qual a condenação criminal transitada em julgada constitui-se em título executivo judicial para reparação do dano civil, quando, evidentemente, existirem danos decorrentes do ilícito penal.

Entretanto, mesmo havendo uma área de influência entre os referidos juízos, percebe-se que o enfoque dado por um e outro diferenciam-se nitidamente. O foco atual da responsabilidade civil, pelo que se percebe da sua evolução histórica e tendências doutrinárias, tem sido no sentido de estar centrada cada vez mais no imperativo de reparar um dano do que na censura do seu responsável. Cabe ao direito penal preocupar-se com o agente, disciplinando os casos em que deva ser criminalmente responsabilizado. Ao direito civil, contrariamente, compete inquietar-se com a vítima.[22]

O direito penal vê, por trás do crime, o criminoso, e o considera um ente anti-social, que é preciso adaptar às condições da vida coletiva; o direito civil vê, por trás do ato ilícito, não simplesmente o agente, mas, principalmente, a vítima, e vem em socorro dela, a fim de, tanto quanto lhe for permitido, restaurar o seu direito violado.[23]

O direito civil não visa, como o direito penal, a reagir frente ao fato culpável, mas sim a levar a cabo uma justa distribuição dos danos; afinal,

---

[20] ECHANDIA, Hernando Devis. *Tratado de la Prueba*. p. 539: "El proceso contencioso no es un campo de batalla en el cual sean permitidos todos los medios útiles para triunfar; por el contrario, es un trámite legal para resolver jurídicamente los litigios en interés de la colectividad y secundariamente para tutelar los derechos particulares que en él se discuten".

[21] GRINOVER, Ada Pellegrini. *As Nulidades no Processo Penal*, p. 130.

[22] FACCHINI NETO, op. cit., p. 155.

[23] BEVILAQUA, Clóvis. *Teoria Geral do Direito Civil*, 2ª ed. Rio de Janeiro: Francisco Alves, 1976, p. 272/273.

quem causa um dano a outrem por meio de um ato antijurídico, ainda que de modo apenas "objetivamente" negligente, está mais sujeito a ter que suportar o dano do que aquele que diretamente o sofreu, sem ter contribuído para o evento.[24]

Percebe-se claramente, em relação à responsabilidade civil e criminal, que um mesmo fato poderá ensejar uma ação penal, buscando-se a condenação de um réu, por exemplo, por um homicídio, e esse mesmo ilícito penal causar dano patrimonial às pessoas que eram economicamente dependentes do *de cujus*, bem como dano moral às que lhe estavam ligadas afetivamente, podendo-se, então, instaurar uma ação civil para que se busque a reparação.

A relevância da relação entre o ilícito penal e o dever de indenizar, no direito civil, resta evidenciada em diversos artigos do Código Penal. Nesse sentido, a reparação do dano, antes do julgamento da acusação, constitui circunstância que sempre atenua a pena. Esta mesma reparação constitui pressuposto do livramento condicional, bem como da reabilitação. Não obstante, a não-reparação do dano dá causa à revogação do *sursis*.

A reparação do dano, apesar de relação jurídico-privada, não pode deixar de sofrer os influxos publicísticos da relação jurídico-penal que lhe é conexa. Exerce o Estado verdadeira tutela administrativa dos interesses privados atingidos pelo crime, conforme dispositivos do CP, tendendo a tornar efetiva a reparação do dano.[25] É nesse diapasão que o art. 68 do CPP expressa que, sendo pobre o titular do direito à reparação, "a execução da sentença condenatória ou a ação civil será promovida, a seu requerimento, pelo Ministério Público".

Mesmo percebendo esses reflexos gerados pela sentença proferida no juízo criminal sobre a jurisdição civil, não podemos admitir que se fale em superioridade de uma sobre a outra, como alguns doutrinadores sustentam.[26]

---

[24] LARENZ, Karl. *Derecho justo. Fundamentos de etica juridica*. Madrid: Civitas, 1990, p. 118/119.

[25] MARQUES, José Frederico. *Instituições de Direito Processual Civil*, v. 4, 3ª ed. rev. Rio de Janeiro: Forense, 1969, p. 357.

[26] SILVA, José Hipólito Xavier da. A supremacia do julgado criminal sobre o civil para os fins do artigo 1.525 do Código Civil Brasileiro. *Revista da Associação dos Magistrados do Paraná*, nº 44, out/dez, 1986, p. 121-123: "Na prática se origina a necessidade da preferência da decisão de uma jurisdição sobre a outra. No intuito de obstar essa colisão de julgados, é que se deve concluir pela necessidade de se atribuir força predominante a uma das decisões sobre o mesmo fato submetido a jurisdições distintas, nascendo, daí, exata e especificamente, as relações de preferência entre os julgados criminal e civil. Em se tratando de atos ilícitos tem-se concluído pela supremacia e predominância do julgamento criminal sobre o civil, pois a criminalidade do fato é fundamento da reparabilidade do dano, e deve, portanto, exercer predominância o julgamento da jurisdição a que compete decidir dessa criminalidade, bem como em razão das decisões da jurisdição criminal serem proferidas mediante provocação da sociedade, representada pelo órgão do Ministério Público que age em nome da coletividade, ao passo das decisões da jurisdição civil serem proferidas mediante provocação das partes interessadas e somente sobre estas exercem sua autoridade".

Em verdade, tratam-se de duas jurisdições de igual nível hierárquico, não havendo razão para que se considere uma superior a outra.[27] Ademais, muitas vezes, a jurisdição civil envolve direito público, como nas questões de direito tributário ou administrativo. Também não há que se falar em provocação da sociedade ou das partes, tendo em vista que, nos casos de ação penal privada, a jurisdição criminal somente atuará mediante queixa formulada pela vítima. Não podemos esquecer, ainda, da ação civil pública, em que o Ministério Público, representando a sociedade, atua na esfera civil.

3.1. O crime e o dever de indenizar

Certo é que o *decisum* criminal poderá trazer importantes repercussões na seara cível, tendo em vista, por exemplo, constituir a sentença penal condenatória título executivo judicial para reparação do dano. Assim, em havendo dano advindo de um ato considerado ilícito pelo direito penal, ensejador de uma condenação do réu, poderá a vítima valer-se dessa sentença de condenação proferida naquela jurisdição, para se ressarcir dos prejuízos por meio de ação, civil, de indenização.

3.2. A condenação criminal e o título executivo judicial

A sentença penal condenatória constitui-se título executivo judicial, fazendo coisa julgada no juízo cível, consoante se depreende dos arts. 63 do CPP, 584, II, do CPC e 91, I, do CP. Ou seja, a condenação criminal torna certa a obrigação de indenizar. Assim, sobretudo quando a sentença penal é condenatória, seria sem dúvida um exagero e um desperdício a reabertura na área civil de toda a discussão sobre a existência do fato e suas circunstâncias, porque a verificação do fato enquanto infração penal, submetida a garantias e formalidades mais rigorosas (*reus res sacra*) do que as do processo civil, assegura a certeza mais do que bastante à dispensa de novas investigações. Para a configuração da responsabilidade civil, a certeza do crime (vale dizer, do fato e de sua ilicitude) é suficiente, *embora não necessária*.[28]

---

[27] ASSIS, Araken de. *Eficácia Civil da Sentença Penal*. 2ª ed. rev. atual. e ampl. São Paulo: Revista dos Tribunais, 2000, p. 25-26: "censurável que seja a circunstancial dessemelhança no alcance dos interesses tutelados, visto almejar-se a unificação, a dicção do art. 1525, 1ª parte, do Cód. Civil de 1917, parece exata, um degrau antes das diversidades sancionatórias e muitas escadas depois dos acidentes no curso dos processos autônomos que se instaurem, num e noutro caso: a responsabilidade civil prescinde da criminal".

[28] FABRÍCIO, Adroaldo Furtado. Absolvição criminal por negativa de existência ou de autoria do fato limites de sua influência sobre o juízo civil. *Revista da Ajuris*, nº 55, p. 37. Nesse sentido, também, ver TORNAGHI, Hélio. *Instituições de Processo Penal*, v. 2. 2ª ed. rev. e atual. São Paulo: Saraiva, 1977, p. 401.

Essa sentença vale como título executivo judicial incompleto, não estando prontamente aparelhado para um processo de execução, eis por que não contém o *quantum debeatur*, o valor da indenização. Nesse sentido, deverá a vítima do ato ilícito, gerador da sentença de condenação, propor liquidação da sentença, para que se chegue ao quanto é devido.

Condenado o réu, e tornando-se imutável, pela *res judicata*, essa condenação, não mais se discute o *an debeatur*: a obrigação de reparar e ressarcir os danos advindos da infração penal se torna certa pela só condenação criminal.[29] A sentença penal condenatória torna certo o dever de reparar, trazendo em si o reconhecimento de que foi praticado um ato penalmente ilícito, e essa ilicitude penal pressupõe uma ilicitude extrapenal.

A sentença penal condenatória será título executivo judicial somente contra o réu. Assim, para que se obtenha indenização de qualquer outro co-obrigado – v. g. patrão, responsável legal, Estado –, dever-se-á mover ação civil, de conhecimento, pois a execução só pode ser dirigida contra o obrigado, assim entendido aquele que consta como tal do título executivo (réu condenado no processo penal).[30]

Como o ilícito penal pressupõe o ilícito não-penal, a vítima do crime, seu representante legal ou seus herdeiros podem propor a ação civil para reparação do dano, independentemente da existência de sentença penal condenatória.

Mesmo a sentença penal condenatória fazendo coisa julgada no cível, não se podendo mais questionar acerca do seu acerto ou improcedência, o ofendido não precisa esperar o desfecho da ação criminal, conforme se depreende do art. 64 do CPP, para propor ação de indenização. Poderá, entretanto, o juiz da ação cível suspender o curso desta até o julgamento definitivo da ação penal já intentada (art. 64, parágrafo único, do CPP), sendo *questão prejudicial penal facultativa*.[31]

Com relação à sentença penal que aplica medida de segurança, é irrelevante, no juízo cível, que se tenha reconhecido a prática de fato penalmente ilícito. Isto quer dizer que a sentença penal com esse conteúdo não tem a qualidade de título executório na jurisdição civil. Aplicar-se-á, então, o disposto no art. 64 do CPP, visto que o reconhecimento do fato ilícito, na sentença penal, autoriza a propositura da ação civil para ressarcimento do dano.[32] Ademais, quando o juiz criminal entender ser caso de

---

[29] MARQUES, José Frederico. *Instituições de Direito Processual Civil*, v. 4, 3ª ed. rev. Rio de Janeiro: Forense, 1969, p. 354.

[30] NERY JÚNIOR, Nélson; NERY, Rosa Maria de Andrade. *Código Civil Anotado: e legislação extravagante*. 2ª ed. rev. e ampl. São Paulo: Revista dos Tribunais, 2003, p. 493.

[31] NORONHA, Edgard Magalhães. *Curso de Direito Processual Penal*, 17ª ed. atual. por Adalberto José de Camargo Aranha. São Paulo: Saraiva, 1986, p. 42.

[32] MARQUES, *op. cit.*, p. 356.

aplicação de medida de segurança, ele deverá absolver o réu e aplicar a medida.

Em relação à condenação criminal, cumpre referir alguns crimes que possuem regras indenizatórias expressamente positivadas no Código Civil, como o homicídio, a lesão corporal, e os crimes contra a honra.

3.2.1. Indenização pelo fato morte

O art. 948 do CC/2002 reproduz substancialmente o art. 1.537 do CC/16, expressando que, em caso de homicídio, a indenização consistirá no pagamento das despesas com o tratamento da vítima, seu funeral e o luto da família, bem como na prestação de alimentos às pessoas a quem o morto os devia, levando-se em conta a duração provável da vida da vítima. Tal indenização não exclui *outras reparações*.

Essa expressão "sem excluir outras reparações" constitui acolhimento, por parte do legislador, da orientação jurisprudencial já consolidada do princípio da *restitutio in integrum*, em que todo e qualquer dano que se demonstrasse derivar do fato da morte deveria ser reparado.

Em relação à expressão "levando-se em conta a duração provável da vida da vítima", tem-se que ela corresponde à expectativa média da vida do brasileiro em geral, devendo-se reajustar de acordo com os indicadores do IBGE.[33]

3.2.2. Indenização pelos danos à pessoa

Em conformidade com o Código Civil de 1916, a indenização deveria abranger as despesas de tratamento e os lucros cessantes até o fim da convelescença, além da importância da multa no grau médio da pena criminal correspondente. O Código Civil de 2002 suprimiu a referência à multa criminal, substituindo pela expressão "além de algum outro prejuízo que o ofendido prove haver sofrido".

Para que se identifiquem os outros prejuízos, impõe-se recorrer ao direito comparado, onde encontraremos o prejuízo sexual, o prejuízo juvenil, o prejuízo à capacidade matrimonial (mal-estar, insônia, sentimento de inferioridade, diminuição dos prazeres da vida, produzida sobretudo pela impossibilidade de dedicar-se a certas atividade de lazer, conforme

---

[33] CIVIL. RESPONSABILIDADE CIVIL. PENSÃO MENSAL. Quando a indenização dos danos é fixada à base de pensão mensal, o termo final desta se dá na data em que a vítima completaria sessenta e cinco anos. Mas, após a data em que a vítima atingiria os vinte e cinco anos, presume-se, segundo a jurisprudência do Superior Tribunal de Justiça, que contrairia matrimônio, diminuindo a ajuda para a família originária – circunstância que autoriza, a partir daí, a redução do montante da pensão. Recurso especial conhecido e provido em parte. (STJ – 3ª Turma – Rel. Min. Ari Pargendler – REsp 291120/RJ – j. 20/04/2001)

expresso na Resolução nº 75-7 do Conselho da Europa, art. 11). Nesse sentido, por exemplo, o direito inglês traz a chamada *loss of enjoyment of life*, ou seja, a perda de gozar alguns prazeres mundanos, como a prática de esportes. Também no direito francês o *préjudice d'agrément* (indenização pela perda da posibilidade de gozar dos prazeres da vida, próprios da idade, cultura, meio social).[34]

3.2.3. Indenização por crime contra a honra

A indenização por injúria, difamação ou calúnia consistirá na reparação do dano que delas resulte ao ofendido, consoante disposto no art. 953 do CC/2002. Na impossibilidade de se demonstrar o prejuízo material, caberá ao juiz fixar, eqüitativamente, o valor da indenização, na conformidade das circunstâncias do caso. É necessária a análise do caso concreto, para que se possa, da melhor maneira possível, reparar os prejuízos decorrentes da ofensa à honra.

3.3. A absolvição criminal e seus efeitos no direito civil

Em princípio, a absolvição criminal não produz efeitos na esfera civil, pelo que dispõe a parte inicial dos arts. 66 do CPP e 935 do CC/2002. O princípio geral entre as jurisdições civil e criminal quanto à absolvição é o da separação, vale dizer, da independência entre os dois juízos, afirmado em sintonia e coerência com um sistema que sequer admite a denominada 'parte civil' a intervir no processo penal.[35]

Assim, quando seja recusado o caráter delituoso à ação ou omissão, ou haja sido proclamada a exclusão da responsabilidade criminal do agente, a absolvição penal não impedirá a propositura, no cível, da ação de reparação dos prejuízos porventura sofridos pela vítima.

Tal independência é relativa, pois haverá influência da sentença penal absolutória quando reconhecida categoricamente a inexistência material do fato ou exclusão da autoria imputada, ou quando presente alguma das excludentes de ilicitude, havendo, ainda, nesta última hipótese, algumas ressalvas.

Portanto, mantém-se a independência quando a absolvição funda-se na recusa de caráter delituoso à ação ou omissão, ou quando proclama a exclusão da responsabilidade criminal do agente, o arquivamento inicial do inquérito, da representação ou da peça de informações, não tendo esse efeito impediente da promoção, no cível, da responsabilidade pela reparação do prejuízo causado à vítima.[36]

---

[34] FACCHINI, *op. cit.*, p. 188.

[35] FABRÍCIO, *op. cit.*, p. 38.

[36] ESPÍNOLA FILHO, Eduardo. *Código de Processo Penal Brasileiro Anotado*, v. II, atual. por José Geraldo da Silva e Wilson Lavorenti, Campinas: Bookseller, 2000, p. 75.

Se a absolvição se funda em dirimente ou excludente de culpa (em sentido lato), conforme dispõem os arts. 20, 22, 26 e 28 do CP, não está o autor do ilícito penal livre de indenizar a vítima, pois seu ato pode não ser civilmente lícito, conforme proclama Magalhães Noronha.[37] Igualmente a sentença absolutória, fundada na inexistência de culpa penal (*stricto sensu*), não impede a propositura da ação civil, mesmo porque a culpa civil difere daquela.

Em caso de indulto, perdão, anistia, considerações de política criminal, de conveniência social, intuitos de grande eqüidade capazes de levar o poder público a dispensar ao criminoso os efeitos penais do seu procedimento injurídico, não se justificaria nunca fosse o dano privado definitivamente sacrificado, a ação civil sofrendo influência daquelas liberalidades; e, pois, a despeito de indultado, perdoado, anistiado o infrator, a sua responsabilidade civil continuará nos termos da legislação comum.[38]

A responsabilidade criminal é inteiramente pessoal, cessando em caso de morte do autor do ato ilícito, mas não extingue a ação de indenização. A extinção da ação pública não acarreta a da ação civil. Por exemplo, os sucessores universais do autor de um ato ilícito assumem a responsabilidade civil decorrente do mesmo.[39]

Até mesmo a anistia, cujo efeito é apagar completamente a existência do crime, ou o perdão do ofendido, renúncia do direito de queixa ou desistência da ação, extinguindo a punibilidade, para Espínola Filho, nenhuma influência tem sobre a efetivação da ação, pela qual é o autor do ato ilícito chamado a reparar o dano que causou.[40]

3.3.1. Negativa de autoria e ausência de materialidade

O Código Civil de 1916, em seu art. 1.525, propugnava a independência entre responsabilidade civil e criminal, trazendo, entretanto, que não seria possível questionar mais sobre a existência do fato ou quem fosse o seu autor, quando estas questões se achassem decididas no crime.

Evidente, pois, que, não obstante a independência como regra geral, a decisão no juízo criminal acerca da autoria e materialidade faria coisa julgada no cível, não se podendo mais questionar estas questões.

Ocorre que, em 1941, foi promulgado o Código de Processo penal, que, em seu art. 66, expressa que não poderá ser proposta ação civil quanto

---
[37] ESPÍNOLA FILHO, Eduardo, *op. cit.*, p. 43.
[38] Idem, p. 51.
[39] Idem, p. 51-52.
[40] Idem, p. 76.

tiver sido, categoricamente, reconhecida a inexistência material do fato. O CPP, então, contemplou apenas a inexistência material do fato, nada dispondo sobre a autoria.

Posteriormente, em 2002, o novo Código Civil praticamente reproduziu, em seu art. 935, o que o CC anterior dispunha no art. 1.525. Tem-se aqui que o Código Civil de 2002, nesse ponto, trouxe uma importante inovação, muito embora não tenha inovado textualmente. Por mais que pareça um devaneio tal assertiva, ela é facilmente explicável.

Adroaldo Furtado Fabrício, por exemplo, entendia que o Código de Processo Penal, de 1941, em seu art. 66, teria derrogado parte do art. 1.525 do Código Civil, eis por que este era anterior, de 1916. Assim, a quebra da regra de irrelevância da absolvição criminal restringir-se-ia à inquestionabilidade, em sede de juízo civil, das conclusões estabelecidas pelo juiz do crime quanto à existência do fato.[41]

O art. 66 do CPP reafirmou a norma geral de independência entre as jurisdições civil e penal, mantendo apenas em termos mais restritos a exceção trazida pelo CC/16, reduzindo-a quantitativa e qualitativamente. Quantitativamente, pois a indiscutibilidade do juízo civil reduzir-se-ia à hipótese de "inexistência material" do fato (assim, não se fala em autoria, razão pela qual a sentença penal absolutória fundada em negativa de autoria em nada influiria na esfera civil). Qualitativamente, pois, mesmo a negativa de materialidade deve ser *categórica* (a insuficiência de prova da materialidade, suficiente para ensejar sentença penal absolutória, igualmente deixaria aberta a porta à ação de indenização).[42]

Assim, entende o conceituado jurista gaúcho que a manifestação jurisdicional sobre a autoria do fato, *categórica ou não*, contida na sentença penal absolutória, nenhuma eficácia projeta e nenhuma influência exerce sobre a jurisdição civil. Nem mesmo o pleno convencimento do julgador de não haver o réu contribuído para o advento do fato, por exemplo o álibi plenamente provado, influenciaria na viabilidade da ação civil.[43]

Fundamenta-se, tal entendimento, com base no art. 2º, § 1º, da LICC, que se trata de um princípio geral de direito, versando que, sendo leis de mesma hierarquia, a lei posterior revoga a anterior quando expressamente o declare, quando seja com ela incompatível ou quando regule inteiramente a matéria de que tratava a lei anterior.

Portanto, para Fabrício, o art. 66 do CPP teria derrogado a parte disposta no art. 1.525 do CC/16 que tratava da autoria. Nesse sentido, a

---

[41] *Op. cit.*, p. 38.
[42] Idem, p. 39.
[43] Idem, p. 40-41.

decisão existente no juízo criminal sobre autoria em nada influenciaria na responsabilidade civil.

Entretanto, o Código Civil de 2002, posterior portanto ao CPP, passou ao largo da controvérsia, mantendo praticamente o mesmo texto do CC/16, em seu art. 935. Assim, pela mesma regra anteriormente exposta, o art. 935 teria novamente introduzido a autoria como inquestionável no juízo cível, quando já decidida no juízo criminal.[44]

Percebe-se, pois, que a sentença absolutória somente prejudica a ação civil de reparação do dano, quando nega a existência material do fato ou exclui a autoria imputada ao réu, ou quando dá de justificada a ação deste, pelo estado de necessidade, legítima defesa estrito cumprimento do dever ou exercício regular de direito, conforme veremos a seguir.

Nesse sentido, a Jornada de Direito Civil do STJ, ocorrida em 2002, em seu ponto 45, expressa que "no caso do art. 935, não mais se poderá questionar sobre a existência do fato ou sobre quem seja o seu autor se essas questões se acharem categoricamente decididas no juízo criminal". Portanto, quando houver decisão categórica do juízo criminal acerca da existência material do fato e autoria, tais questões não mais poderão ser discutidas no cível.

Corroborando com esse entendimento, Ernane Fidélis dos Santos assevera, sob a égide do CC/16, que, na hipótese de reconhecer a sentença criminal a inexistência do fato ou a negativa de autoria, os Tribunais têm admitido a plena aplicação da 2ª parte do art. 1.525 do CC (atual art. 935). Mas o art. 66 do CPP, posterior ao CC, não se contenta em falar de prova de existência ou de autoria, senão que exige qualificação do reconhecimento sentencial. Ou seja, não basta que a inexistência material do fato (por extensão a não-autoria) seja reconhecida, mas que o seja categoricamente.[45]

3.3.2. As excludentes de ilicitude

Dispõe o art. 65 do CPP que a sentença absolutória que reconhecer causa excludente da antijuridicidade faz coisa julgada no cível, isto é, não pode aí ser discutida.

---

[44] FACCHINI NETO, *op. cit.*, p. 181: A legislação processual penal havia inovado substancialmente, pois enquanto o diploma civil admitia que a decisão criminal que definisse a questão da autoria influenciasse também na esfera civil, o art. 66 do CPP somente atribuía tal eficácia às decisões penais que decidissem sobre a materialidade do fato. Decisões sobre a autoria, portanto, não repercutiriam no cível. Além disso, não mais qualquer decisão sobre a materialidade do fato teria influência no cível, mas somente aquela que tivesse, "categoricamente, reconhecido a inexistência material do fato". Como o CPP (D. L. 3.689, de 03.10.41) foi editado posteriormente ao CC de 1916, obviamente derrogou o CC naquilo que com ele era incompatível. O novo diploma civil passou ao largo de tal controvérsia, reproduzindo o disposto no art. 1525. Daí por que se tem, agora, que derrogado restou o disposto no art. 66 do CPP, o que acarreta uma substancial inovação sobre o tema.
[45] *Op. cit.*, p. 160. Assim, percebe-se que caso a decisão do juízo criminal decida categoricamente a questão da autoria e materialidade, não se poderá mais discuti-las no juízo civil.

Casos há em que o ato ilícito, resultante de um crime, é justificado, de tal forma que se chega a excluir a ilicitude, não podendo, evidentemente, cogitar-se de efetivar sanção por um procedimento considerado justo pela própria lei. Assim, o próprio Código Penal, em seu art. 23, diz não haver crime quando o agente pratica o fato em estado de necessidade, legítima defesa, estrito cumprimento do dever legal ou exercício regular de um direito.

Também assim prevê nosso Código Civil, ao considerar lícito, no art. 188, o ato praticado em estado de necessidade, legítima defesa ou exercício regular de direito (não há como negar que aqui também se inclui o estrito cumprimento do dever legal, até porque poderia ser considerado um exercício regular de direito). Assim, a absolvição fundada em reconhecimento de justificativa penal faz com que, no juízo cível, considere-se o réu isento da obrigação de indenizar, pois praticou ato civilmente lícito.[46]

Entretanto, quando o art. 65 do CPP dispõe que faz coisa julgada no cível a sentença penal que reconhecer uma das excludentes de ilicitude do art. 23 do CP, não está dizendo que o réu fica isento de responsabilidade civil. O que nele se contém é regra apenas de vinculação ao julgado criminal: os efeitos civis da decisão absolutória fundada nas justificativas penais que elidem a antijuridicidade do fato típico, quem os determina é a lei de direito privado.[47]

Quem pratica as condutas previstas no art. 188 do Código Civil não comete ato ilícito, como expressamente refere o legislador. Apesar da licitude da conduta, se a vítima tiver sofrido um dano injusto, por não ter dado causa ao seu infortúnio, o agente causador do dano deverá repará-lo, uma vez preenchidos os suportes fáticos dos artigos 929 e 930 do novel estatuto.[48]

No juízo cível não será possível renovar a discussão sobre a realidade de ter o ato sido praticado em legítima defesa, estado de necessidade, estrito cumprimento de dever legal ou exercício regular de direito, se a questão já tiver sido resolvida no juízo criminal. Mas, dando como ponto assente essa inocência do ato, não pode, *ipso facto*, considerar o agente isento da responsabilidade de reparação do dano. Cumpre-lhe examinar se a inexistência de crime e de ato ilícito tem o alcance de excluir a indenização do dano real e efetivo, que o ato proporcionou a outrem. E desde que este não tenha provocado a ofensa, mas haja sofrido as conseqüências de ação, a que foi perfeitamente estranho, não há desconhecer o seu direito de ter reparado o prejuízo.[49]

---

[46] MARQUES, *op. cit.*, p. 358-359.
[47] Idem, p. 358.
[48] FACCHINI NETO, *op. cit.*, p. 174.
[49] ESPÍNOLA FILHO, Eduardo. *Código de Processo Penal Brasileiro Anotado*, v. II, atual. por José Geraldo da Silva e Wilson Lavorenti, Campinas: Bookseller, 2000, p. 71-72.

O ato penalmente lícito nem sempre o é fora desses domínios. O art. 188, II, do CC/2002 trata do estado de necessidade, e para ele é remetido quando da leitura dos arts. 929 e 930 do CC/2002, os quais tornam ciente de que se a pessoa lesada ou o dono da coisa não forem culpados, têm direito a indenização paga por quem agiu em estado de necessidade, cabendo a este ação regressiva contra terceiro, se deste foi a culpa.

Todo o ato ilícito é danoso e cria para o agente a obrigação de reparar o dano causado. Mas nem toda a obrigação de ressarcir o dano provém de ato ilícito, de ato praticado sem direito. A força maior, em regra, exclui a responsabilidade do autor dos prejuízos (art. 1.058); não a exclui, porém, nos casos de necessidade e de legítima defesa, quando há diminuição do patrimônio de terceiro isento de culpa.[50]

Claro é, pois, que o Código ordena a reparação sempre que do delito resultar dano a outrem, embora seja justificável o ato, só não havendo obrigação de indenizar se o ofensor praticou o crime em repulsa de agressão do ofendido.[51]

Todo dano deve ser reparado, independente de culpa ou dolo. Intervindo culpa ou dolo, tem-se o ato ilícito, e o agente culpado responde pelo prejuízo causado. Não havendo culpa ou dolo, o agente é, ainda assim, obrigado a indenizar, salvo quando a outrem se deve atribuir a culpa do fato danoso.

O ato ilícito não esgota as causas da responsabilidade civil, não derivada do contrato, ou da declaração unilateral de vontade, pois há casos em que ela decorre também do ato lícito, de que resulta o dano, tais os casos de necessidade e de legítima defesa, quando para a eficiência desta se faz necessário danificar alguma coisa.[52]

Os atos praticados em legítima defesa são lícitos e não obrigam a indenizar o ofensor. Quem mata ou fere o próprio agressor nas condições previstas no art. 34 do CP, não fica obrigado a indenizar. É isto uma verdade evidente. A indenização aí prevista refere-se ao dano sofrido por um terceiro, estranho à agressão injusta que deu causa à repulsa.[53]

Apesar de o fato agressivo ser considerado lícito, eximido não se encontra o seu autor de indenizar os prejuízos causados.[54] Embora lícito

---

[50] BEVILACQUA, Clóvis. *Código Civil do Brasil Comentado*, vol. 5º, 1926, p. 294.
[51] ESPÍNOLA FILHO, *op. cit.*, p. 69.
[52] Idem, p. 70.
[53] Idem, p. 71.
[54] Responsabilidade Civil. Acidente de trânsito. Colisão com veículo regularmente estacionado. Fato de terceiro. "Fechada". Estado de necessidade. Licitude da conduta do causador do dano. Ausência de culpa demonstrada. Circunstância que não afasta a obrigação reparatória (arts. 160, II e 1.520, CC. Recurso conhecido e provido.
I - O motorista que, ao desviar de "fechada" provocada por terceiro, vem a colidir com automóvel

o ato, isto é, praticado em conformidade com o direito, cria, não obstante, para o agente, a obrigação de indenizar, por isso que causa dano, diminui o patrimônio de outrem.[55]

A aplicação dos arts. 929 e 930 do CC/2002, depois de absolvido criminalmente o acusado em virtude do estado de necessidade, não significa violação do art. 65 do CPP. O juiz civil aceita o que reconheceu o juiz penal; todavia, mesmo em estado de necessidade, mesmo praticando um ato lícito, o causador do prejuízo deve repará-lo, porque assim o determina o CC.[56]

3.3.3. Fundamentos da absolvição

Para que se verifique a influência da absolvição criminal sobre o juízo civil, impõe-se a análise dos fundamentos da absolvição, em consonância com o que dispõe o art. 386 do CPP.

O inciso I do art. 386 do CPP traz o reconhecimento de estar provada a inexistência do fato. Neste caso, a absolvição criminal faz coisa julgada no juízo cível, visto que há reconhecimento categórico da inexistência material do fato, enquadrando-se no art. 66 do CP. Não se poderá, pois, intentar ação de reparação civil, eis por que a matéria já estará categoricamente decidida no juízo criminal.

Em relação ao inc. II do art. 386 do CPP, versa ele sobre a ausência de prova da existência do fato. Aqui não haverá qualquer influência sobre o juízo civil, pois se trata de mera ausência de provas da existência do fato, não havendo o reconhecimento categórico da inexistência do mesmo.

Também não exercerá qualquer influência em relação ao intento da ação civil a absolvição com base no inc. III do art. 386 do CPP, que versa sobre a não-constituição do fato infração penal. Isso ocorre, pois o fato, mesmo não sendo considerado ilícito na seara penal, poderá o ser na civil, conforme previsto no art. 67 do CP.

O inc. IV do art. 386 do CPP expressa a inexistência de prova de ter o réu concorrido para a ainfração penal. Aqui também não influenciará a aproposição da ação reparatória, pois não há o reconhecimento categórico da não autoria, mas tão-somente ausência de prova.

---

que se encontra regularmente estacionado responde perante o proprietário deste pelos danos causados, não sendo elisiva da obrigação indenizatória a circunstância de ter agido em estado de necessidade. II - Em casos tais, ao agente causador do dano assiste tão-somente direito de regresso contra o terceiro que deu causa à situação de perigo. (STJ – 4ª Turma –Rel. Min. Sálvio de Figueiredo Teixeira – Resp 12840/RJ – j. 22/02/1994. Publicado na LEXSTJ, v. 84, p. 71)

[55] FERNANDES, Alceu Cordeiro. Da influência do julgado criminal sobre a ação civil. *Revista dos Tribunais*, vol. 191, p. 565.

[56] MARQUES, *op. cit*, p. 362.

O art. 386, V, do CPP, traz como fundamento da absolvição o reconhecimento de circunstâncias que excluam o crime ou isentem o réu de pena. As causas excludentes de ilicitude do art. 23, por força do disposto no art. 65 do CP, tornam vinculativa, para o juiz civil, a decisão do juiz criminal. A absolvição que tenha como base as dirimentes ou excludentes de criminalidade, nenhuma influência exercerá sobre a responsabilidade civil.

Por fim, o art. 386, VI, do CPP prevê a não-existência de prova suficiente para a condenação, o que, por óbvio, não trará maiores conseqüências para uma futura ação de reparação civil.

3.3.4. Tribunal do júri

A sentença penal condenatória, assim a do Tribunal do júri, como qualquer outra, torna certo o dever de indenizar no juízo cível, fazendo coisa julgada. Portanto, não há dúvidas que a sentença condenatória do júri opera os mesmos efeitos que qualquer outra sentença condenatória, aplicando-se a regra geral anteriormente exposta.

Em relação à decisão de impronúncia, trata-se de decisão simplesmente terminativa, não podendo ter eficácia imutável fora do processo em que foi proferida. A impronúncia não pode projetar-se, fora do processo, como contendo decisão da justiça penal, a respeito da existência do fato ou quem seja seu autor. A impronúncia deixa aberta a via da acusação, que pode ser renovada. É decisão de conteúdo unicamente processual, limitando-se a declarar inadmissível a acusação. Na parte dispositiva da sentença inexiste pronunciamento sobre o mérito da acusação, pois que ali só se contém apreciação de ordem processual, a respeito da admissibilidade de julgamento de mérito sobre a pretensão definitiva.[57]

Quando, porém, o juiz da formação da culpa absolve sumariamente o acusado, aí há decisão de mérito. Seus reflexos são indiscutíveis na jurisdição civil, desde que a absolvição tenha como base alguma das justificativas penais do art. 23 (aplica-se o art. 65 do CPP). Se o fundamento da absolvição sumária do art. 411 do CPP for alguma dirimente ou excludente de culpabilidade, nenhum reflexo tem para impedir o reexame da questão no juízo cível.[58]

A sentença de pronúncia apenas declara admissível a acusação, havendo preclusão *pro judicato*, e não coisa julgada. Seus efeitos restringem-se ao âmbito exclusivo do processo em que foi proferida, razão pela qual nenhuma influência exerce cobre a ação civil.[59]

---

[57] MARQUES, José Frederico. *Op. cit.*, p. 363.
[58] Idem, p. 364.
[59] Ibidem.

A absolvição por negativa do fato principal, decisão não motivada, não permite saber se a negativa é categórica ou não, podendo os jurados negar a prática do fato principal por ausência de prova, o que não inviabilizaria a propositura da ação civil. Ademais, o quesito sobre o fato principal envolve a indagação sobre a autoria e a materialidade, não se podendo afirmar o sentido da negativa do júri, razão pela qual a absolvição, no júri, em nada influi sobre a responsabilidade civil,[60] tendo em vista, principalmente, a não-fundamentação.[61]

Nesse mesmo sentido propugna Ernane Fidélis dos Santos, ao considerar que, quando não há fundamentação, em nenhuma hipótese poderá haver extensão de coisa (julgada) do juízo criminal para o juízo cível. As sentenças penais não fundamentadas (júri) mesmos transitadas, nenhuma influência poderão ter no cível.[62]

Para que a absolvição criminal faça coisa julgada no cível, é mister que reconheça, categoricamente, a inexistência material do fato ou a negativa de autoria. Tal reconhecimento deve ser taxativo, o que não sucede no julgamento pelo júri.

Bibliografia

BARBOSA MOREIRA, José Carlos. A Constituição e as provas ilicitamente adquiridas. *Revista da Ajuris*. nº 68, p. 13-27.

BEVILAQUA, Clóvis. *Teoria Geral do Direito Civil*, 2ª ed. Rio de Janeiro: Francisco Alves, 1976.

——. *Código Civil do Brasil Comentado*, vol. 5º, 1926.

DEVIS ECHANDIA, Hernando. *Teoria General de la Prueba Judicial*. 3ª ed., 1974.

——. Pruebas ilícitas. *Revista de Processo*, nº 32, p. 82-93. 1983.

ESPÍNOLA FILHO, Eduardo. *Código de Processo Penal Brasileiro Anotado*, v. II, atual. por José Geraldo da Silva e Wilson Lavorenti, Campinas: Bookseller, 2000.

FABRÍCIO, Adroaldo Furtado. Absolvição criminal por negativa de existência ou de autoria do fato limites de sua influência sobre o juízo civil. *Revista da Ajuris*, nº 55, p. 34-59.

FACCHINI NETO, Eugênio. Da responsabilidade civil no novo código. *In O Novo Código Civil e a Constituição*. Porto Alegre: Livraria do Advogado, 2003, p. 151-198.

---

[60] FABRÍCIO, *op. cit.*, p. 52: "não se pode admitir influência alguma da absolvição pelo júri sobre a admissibilidade da ação civil".

[61] MARQUES, *op. cit.*, p. 365. Nesse sentido, Adroaldo Furtado Fabrício assevera a "completa impossibilidade de apuração do motivo preciso da absolvição, sabido que as razões do convencimento de cada um dos Juízes de fato permanecem encerradas no foro íntimo de cada qual, não se podendo saber sequer se todos os jurados percorreram ou não o mesmo *iter* lógico para chegar à conclusão prevalente", p. 52.

[62] *Op. cit.*, p. 160-161.

FERNANDES, Alceu Cordeiro. Da influência do julgado criminal sobre a ação civil. *Revista dos Tribunais*, vol. 191.

GOMES, Orlando. *Obrigações*, 11ª ed. rev. e atual. por Humberto Theodoro Júnior. Rio de Janeiro: Forense, 1997.

GRINOVER, Ada Pellegrini. *O Processo em sua Unidade II*. Rio de Janeiro: Forense, 1984.

GRINOVER, Ada Pellegrini; SCARANCE FERNANDES, Antônio; GOMES FILHO, Antônio Magalhães. *As Nulidades no Processo Penal*. 6ª ed. São Paulo: Revista dos Tribunais, 1998.

KNIJNIK, Danilo. A "doutrina dos frutos da árvore venenosa" e os discursos da Suprema Corte na decisão de 16.12.93. *Revista da Ajuris*, n° 66, p. 61-84.

LARENZ, Karl. Derecho justo. Fundamentos de etica juridica. Madrid: Civitas, 1990.

LIMA, Alvino. *Culpa e Risco*. 2ª ed. rev. e atual. pelo Prof. Ovídio Rocha Barros Sandoval. São Paulo: Revista dos Tribunais, 1999.

MARQUES, José Frederico. *Instituições de Direito Processual Civil*, v. 4, 3ª ed. rev. Rio de Janeiro: Forense, 1969.

MICHELI, Gian Antonio; TARUFFO, Michele. A prova. Trad. Teresa Arruda Alvim. *Revista de Processo*. n° 16, 1979.

MITTERMAIER, C. J. A. *Tratado das Provas em Matéria Criminal*. Bookseller, 1997.

NERY JÚNIOR, Nélson. *Princípios do Processo Civil na Constituição Federal*. São Paulo: Revista dos Tribunais, 1992.

——; NERY, Rosa Maria de Andrade. *Código Civil Anotado: e legislação extravagante*. 2ª ed. rev. e ampl. São Paulo: Revista dos Tribunais, 2003.

NORONHA, Edgard Magalhães. *Curso de Direito Processual Penal*, 17ª ed. atual. por Adalberto José de Camargo Aranha. São Paulo: Saraiva, 1986.

OLIVEIRA, Carlos Alberto Alvaro. Problemas atuais da livre apreciação da prova. *Revista da Faculdade de Direito da UFRGS*, v. 17, 1999.

RODRIGUES, Sílvio. *Direito Civil: responsabilidade civil*, v. 4, 14ª ed. atual. São Paulo: Saraiva, 1995.

SANTOS, Ernane Fidelis dos. Da coisa julgada penal no juízo civil. *Revista do Curso de Direito da Universidade Federal de Uberlândia*, v. 10, n. , 1981, p. 157-162.

SARLET, Ingo Wolfgang (organizador). *O Novo Código Civl e a Constituição*. Porto Alegre: Livraria do Advogado, 2003.

SILVA, José Hipólito Xavier da. A supremacia do julgado criminal sobre o civil para os fins do artigo 1.525 do Código Civil Brasileiro. *Revista da Associação dos Magistrados do Paraná*, n° 44, out/dez, 1986, p. 119-125.

TORNAGHI, Hélio. *Instituições de Processo Penal*, v. 2. 2ª ed. rev. e atual. São Paulo: Saraiva, 1977.

USTÁRROZ, Daniel. *Provas Ilícitas Lícitas?* Disponível no site www.faroljuridico.com.br, no dia 15 de agosto de 2002.

VIGORITI, Vicenzo. Prove illecite e Costituzione. *Rivista di Diritto Processuale*. v. 23, 1968.

— 7 —

Violência e Criminalidade: o resgate do pacto federativo como proposta de solução

JOSÉ ANTÔNIO PAGANELLA BOSCHI
Foi Promotor e Procurador de Justiça no RS.
É aposentado no cargo de Desembargador do TJRS.
Foi diretor da Escola Superior da Magistratura.
É mestre em ciências criminais e professor universitário.
Atualmente exerce a advocacia criminal em Porto Alegre.

Sumário: Introdução; As leis penais são brandas?; Há impunidade no Brasil?; Os Juízes trabalham pouco?; A Justiça é lenta demais?; Por que há violência e criminalidade violenta?; Violência e criminalidade: pelo resgate do pacto federativo como proposta de solução.

Introdução

Violência e criminalidade em geral são dados de um mesmo fenômeno, muito embora uma possa existir ou aparecer independente da outra. Há violências explícitas e/ou subliminares – sem correspondente como crime assim como podem existir condutas criminosas desprovidas de violência física.

Sob essa perspectiva fenomenológica, pode-se falar, ainda, em violência sem dor física, apta a causar, inobstante isso, grandes prejuízos sociais (como ocorre ao nível da macrocriminalidade econômica e financeira), sem contarmos, ainda que o fenômeno da violência pode ser encarado pelo prisma positivo, pois ela atua como fonte de mudanças e de crescimento econômico nas sociedades, tantas são, por exemplo, as pessoas e as empresas envolvidas em atividades ou na construção de equipamentos de segurança.

Pelo prisma negativo, a que mais atormenta é, entretanto, a violência física, ou seja, aquela das ruas, visível nas chacinas, nos roubos à mão armada, nos assaltos. É a violência em condutas tipificadas, sejam elas praticadas por alguém em particular, ou por diversas pessoas em grupo, às vezes organizadamente.

Buscando conhecer o nível do medo que essa espécie de violência causa, uma pesquisa encomendada, neste ano, pela Prefeitura de Porto Alegre indicou que 60% dos moradores da capital tinham medo de sair às ruas. Esse índice, comparativamente, foi maior que o do Rio (26%), que o de Santiago do Chile (26%), de Cali (46%) e que o de Caracas (33%), conforme dados fornecidos pela Activa, transcritos por Roberto Briceno-León,[1] comentando pesquisas de campo.

Ante essa arquitetura de medo,[2] o comportamento humano, nas principais cidades brasileiras, vem se modificando continuamente. O estresse causado pela violência e pela criminalidade violenta tem provocado a perda da qualidade de vida, bastando lembrar que muitas pessoas, no dizer de TÚLIO KHAN, "saem menos de casa, deixam de freqüentar cinemas, bares, restaurantes, ... e para evitar os ladrões, ... deixam em casa seus carros e passam a andar de táxi. Empresários e industriais estão trocando seus automóveis de luxo por veículos modestos. Outros passaram a blindar os carros fazendo com que aumentassem em 50% a procura pela blindagem no começo de 1999, em comparação com 1988".[3]

Na conformação desse quadro de medo, atuam muitos políticos profissionais, que fazem da violência e do crime seus palanques em épocas de eleição, clamando por leis mais duras, por penitenciárias na Amazônia, por redução da imputabilidade penal, por pena de morte. Desse modo, intencionalmente ou não, acabam por superdimensionar o problema e por reduzir, cada vez mais mais, o *espaço público* nas ruas das cidades. "As pessoas, apressadas e agarradas aos seus pertences, não param mais para responder a ninguém e quando o fazem é de maneira aflita e desconfiada. Em determinados locais e horários, motoristas não obedecem mais à sinalização de trânsito com medo de assalto e os transportes públicos também não se mostram como a alternativa segura para o cidadão amedrontado".[4]

Outrossim, abrindo largos espaços à violência e à criminalidade violenta, a mídia brasileira cumpre seu papel mas, de outro lado, causa um

---

[1] BRICENO-LEÓN, Roberto, *La Nuena Violência Urbana de América Latina,* Sociologias, Violências, América Latina, Porto Alegre, UFRGS, 1999, p. 43.

[2] PASTANA, Débora Regina, *Cultura do Medo, Reflexões sobre Violência Criminal, Controle Social e Cidadania no Brasil*, São Paulo: IBCCRIM, 2003, p. 63.

[3] KAHN, Túlio, *A Expansão da Segurança Privada no Brasil: Algumas Implicações Teóricas e Práticas*. São Paulo, Boletim Conjuntura Criminal, ano 2, n. 5, jun. 1999, cit. por PASTANA, Débora Regina, ob. cit. p. 64.

[4] PASTANA, Débora Regina, obra citada, p. 65.

efetivo perverso que é o de propagar ainda mais e para além do necessário essa cultura de medo. Os jornais e televisões cuidam em organizar pautas priorizando os fatos mais dramáticos e aterrorizantes do cotidiano, muitas vezes ocorridos em lugares muito distantes, que o mundo cibernético e eletrônico colocam ao nosso lado, reforçando a opção pelo enclausuramento na própria casa, para dormir, assistir a fitas de vídeo, navegar na internet, falar horas ao telefone, ou não fazer nada.

Em interessante entrevista, o jornalista americano Michael Kepp, autor do livro *Sonhando com sotaque - Confissões e Desabafos de um Gringo Brasileiro* – acentuou que "a cobertura da imprensa de Primeiro Mundo sobre a violência no Brasil tende a ser sensacionalista, não apenas porque esse tipo de notícia vende, mas porque faz o público pensar que vive no melhor dos mundos possíveis".[5] Embora não seja o melhor dos mundos, o jornalista afirmou que o Brasil ainda é melhor do que o mundo de onde veio!

Conquanto na sociologia já não haja qualquer objeção à tese de que a violência e o crime são fenômenos naturais e culturais, ante a percepção de que nem todos os indivíduos partilhariam com a mesma intensidade dos sentimentos coletivos, como explicou Débora Regina Pastana, apoiada em Durkheim,[6] é indiscutível que nessa arquitetura do medo coletivo concorrem causas efetivas e reais, sendo suficiente lembrar que, em nosso país, entre 1980 e 1990, o número de homicídios cresceu 209%, consoante comentário de Sérgio Adorno.[7]

Aliás, em Porto Alegre, a bem refletir essa realidade, segundo pesquisa divulgada por Zero Hora,[8] o número de homicídios, no período de 98 a 2002, cresceu 445%, o de furtos, 67%, o de roubos, 220% e o relacionado a drogas cresceu 208%.

Esses dados são ainda mais dramáticos e preocupantes se considerarmos as conhecidas *cifras negras*, que camuflam ou encobrem a violência e a criminalidade violenta que não chegam ao conhecimento das autoridades para as providências com inquéritos e processos.

Uma pesquisa realizada por Ignácio Cano[9] apontou, por exemplo, que, no Rio de Janeiro, de 100 homicídios, menos de 10 foram objetos de processos judiciais.

Esse quadro de violência (seja a violência simbólica, seja a violência real), vem gerando reações perversas na sociedade brasileira. Em São

---

[5] *Revista Superinteressante*, outubro, 2003, p. 106.
[6] obra citada, pp.23-24.
[7] ADORNO, Sérgio, *Exclusão Socioeconômica e Violência Urbana*, Sociologias, Violências, América Latina, Porto Alegre, UFRGS, 1999, p. 84.
[8] ZERO HORA, ed. de 12.8.2003, tendo por fonte a Polícia Civil.
[9] citada no Jornal do Magistrado, mar/jun. 2002, p. 5.

Paulo, segundo relato de Débora Regina Pastana, o IBOPE, a pedido da Comissão Justiça e Paz, apurou que apenas 26% dos entrevistados rejeitaram totalmente as graves violações dos direitos humanos, e que a prática da tortura foi apoiada por 54% dos entrevistados.[10]

Na população, o sentimento é o de que bandido bom é bandido morto, na falsa sensação de que os brasileiros são classificáveis em grupos rivais: de um lado, os que são bons, e, de outro lado, aqueles que são maus, sobre quem as ações das autoridades públicas, inclusive da Justiça, devem ser implacáveis, como propõe o movimento da Lei e da Ordem.

Em represália à chacina de um casal de namorados, em São Paulo, atribuída a um adolescente, milhares de pessoas participaram de passeata contra a violência convocada por parentes e amigos das vítimas e nessa ocasião os discursos mais aplaudidos foram precisamente aqueles que "defendiam penas mais severas para crimes como o praticado contra o casal de namorados. Em todos os discursos a principal reivindicação era pela redução da maioridade penal, de 18 para 16 anos".[11]

A reivindicação foi publicamente endossada pelo Cardeal Dom Aloísio Lorscheider, sob o argumento de que adolescentes "sabem o que fazem".[12]

A denotar o altíssimo grau de irracionalidade com que a violência e a criminalidade das ruas vem sendo discutida, uma conhecida apresentadora de televisão, poucos dias atrás, ainda sobre o duplo homicídio ocorrido em São Paulo, afirmou, ao vivo, no programa por ela comandado, que *mataria* o adolescente dado pelas autoridades como o responsável pelo fato.[13]

O mesmo fato levou, também, o rabino da Congregação Israelita Paulista a criticar o Estatuto da Criança e do Adolescente e a posicionar-se expressamente a favor da *pena de morte*,[14] conduta que revela, *data venia,* um grande paradoxo.

Essa linha de discurso não destoa da política brasileira em curso, voltada para a priorização da repressão, e não para a elaboração e execução de estratégias em condições de responder às grandes demandas sociais, esta a verdadeira causa do flagelo.

---

[10] Obra citada, p. 109.
[11] Jornal Zero Hora, ed. de 24.11.2003.
[12] Jornal Zero Hora, ed. 14.11.2003.
[13] Jornal Zero Hora, ed. de 19.11.2003. Assim declarou a jornalista: "Eu vou fazer uma entrevista com você. Vou mesmo. Se me deixarem, eu vou. Mas eu vou armada. Eu saio de lá e vou para a cadeia. Mas ele não fica vivo. Pouco Antes, ... havia dito que gostaria de cortar o adolescente em pedaços...".
[14] Jornal Zero Hora, ed. 24.11.2003.

Costuma-se dizer, ainda, que as leis penais do Brasil são muito brandas. No Rio Grande do Sul, aliás, um eminente magistrado ocupou a imprensa para reclamar cadeia para os usuários de droga![15] As leis penais não são tão leves como dizem, e aqueles que reclamam o endurecimento legislativo enganam-se em pensar que o problema da violência e da criminalidade passa *prioritariamente* pelo direito penal.

Nos debates no parlamento e nos espaços da sociedade civil, culpa-se também, e muito, o próprio Poder Judiciário pela onda de violência e de criminalidade, sob o argumento de que a Justiça é ineficaz e lenta, pois os juízes ganham muito e trabalham pouco.

A demora no julgamento dos processos também vem sendo invocada por isso mesmo como pretexto para uma ampla Reforma do Poder Judiciário, embora o projeto, há bastante tempo paralizado no Senado Federal (não estaria havendo demora ???) nada diga quanto à urgente reinstrumentalização desse Poder para que os litígios sejam resolvidos com maior velocidade e presteza.

Nesse contexto, aliás, as diversas leis pontuais editadas nos últimos tempos, em todas as áreas do Direito, tem contribuído para tumultuar ainda mais os sistemas jurídicos e não para ajudar a resolver os problemas inerentes à realização da Justiça.

O mito da *impunidade associada à morosidade* da Justiça deve ser desfeito o mais depressa possível, para que, em nome dele, o projeto de Reforma do Judiciário, delineado sob a inspiração do Banco Mundial, não se venha a eliminar ou a reduzir as garantias da magistratura, como desejam os políticos, pois, sem juízes independentes, é falacioso falar-se em democracia em qualquer lugar do planeta.

Esses são os temas que discutiremos neste artigo, na expectativa de podermos apontar as verdadeiras causas da violência e da criminalidade violenta em nosso país.

As leis penais são brandas?

Em nível de governo e, também, nos debates travados no âmbito da sociedade civil pelo rádio e pela televisão, mesmo sem tempo suficiente para a boa dialética, o argumento mais invocado para a justificação da política de *endurecimento penal* é o de que as leis brasileiras são muito brandas e que, por isso, o direito penal não consegue cumprir sua função *intimidatória*.

---
[15] Zero Hora, ed. 31.07.2003.

É falso esse argumento, pois a legislação penal pós-1988 é, paradoxalmente, muito mais severa que a do período imediatamente anterior à Constituição Cidadã. Desde o Império até 1988, o direito penal comum avançou no sentido da preservação das liberdades fundamentais mas, paradoxalmente, após a promulgação da atual Constituição Federal esse mesmo direito se expandiu e infletiu na direção contrária.

O Código Penal de 1890, refletindo a formação jusnaturalista que Bernardo Pereira de Vasconcelos recebeu em Coimbra, substituindo o Livro V das Ordenações Filipinas, foi saudado como síntese das idéias liberais que varriam o continente europeu, a ponto de servir de parâmetro à elaboração do Código Espanhol[16] e de Códigos Penais latino-americanos,[17] constando que o famoso Hans Mittermayer teria aprendido português só para lê-lo no original![18]

Os aperfeiçoamentos viriam com os Códigos Penais de 1890 e de 1940, conquanto este último tenha se inspirado no Código Rocco. O que não se costuma dizer é que esse Código, sem embargo da inspiração, procurou harmonizar as duas grandes correntes do pensamento científico em que se dividiam os penalistas à época: de um lado os clássicos e, de outro lado, os positivistas! O Código de 1940, vigente até hoje, com modificações, consolidou a garantia da individualização da pena como nenhum outro, ao conferir ao juiz amplo espaço de manobra para estabelecer a medida certa e justa da pena.

O atual Código sofreria modificações extraordinariamente liberais até o advento da atual Constituição Federal, seja pela Lei 6.416/77, dispondo sobre a progressão nos regimes, seja assegurando a liberdade provisória ao preso em flagrante, quando ausentes os motivos exigidos para a prisão preventiva, seja pela Reforma da Parte Geral, operada em 1984 – quando houve a introdução em nosso sistema da então recentíssima teoria finalista da ação.

Isso tudo, para não precisarmos referir à Lei 7.210/84, que jurisdicionalizou a execução e estabeleceu limites com direitos e garantias nas relações entre Estado e Condenado.

Todavia, após 1988, a produção legislativa bem expressou a proposta de maior severidade punitiva e de combate ao crime e à violência às custas do enfraquecimento das garantias individuais.

---

[16] CEREZOMIR, José, *Curso de Derecho Penal Español. Parte General*, 3. ed., Madrid, Tecnos, 1990, p. 190.

[17] ZAFFARONI, Raúl, Manual, p.123, e TOLEDO, Francisco de Assis, *Princípios Básicos de Direito Penal*, São Paulo, Saraiva, 1986, p. 52.

[18] GAUER, Ruth M. Chittó, *Influência da Universidade de Coimbra no Moderno Pensamento Jurídico Brasileiro*, Revista do M.Público do RS,vol. 40.

Basta citar a Lei 8.072/90, que veio proibir a progressão nos regimes instituída pela Lei 6.416/77; a Lei 9.034/95, autorizando o juiz a realizar investigações e julgamentos em procedimentos secretos, colocando-nos de volta à inquisição e ao sistema inquisitivo da Idade Média; a Lei 7.960/89, autorizando a prisão para investigar, em contraste com o princípio de que primeiro investiga-se e, só depois, comprovada a autoria e existência de crime, é que, por ordem judicial, pode-se prender ...; a Lei 9.437/97, sancionando, com duras penas, a posse e o porte de arma de fogo; a lei 9.099/95, definindo os crimes de menor potencial ofensivo e, desse modo, trazendo, de volta para o sistema penal, a grande clientela constituída pela população mais pobre, que dele vinha se alforriando com base no princípio da bagatela; o novo Código de Trânsito e a fantástica gama de proibições, ensejando multas e mais multas, como se o direito penal pudesse atuar como instrumento arrecadatório, dentre outros diplomas legais.

O endurecimento legislativo continua em pleno curso. Aliás, no Brasil, não edita-se uma lei sem regras penais, sendo suficiente lembrar, em abono à tese, a de nº 10.741/2003, dispondo sobre o Estatuto do Idoso, que contém 14 tipos penais, todos construídos com abuso de elementos normativos em textos exageradamente abertos, em contraste com os princípios que disciplinam o direito penal de garantias.

No Congresso, tramitam Projetos na linha da priorização da repressão, como se pode ver do PEC 26/2002, visando à redução da idade penal para 16 anos; do PEC 46/2001, pretendendo ampliar rol crimes imprescritíveis; do PL 6.599/2002, colimando definir como hediondos os crimes contra crianças; do PL 7017/02, pretendendo elevar as penas para corrupção ativa e passiva; do PL 6776/02, visando a aumentar as penas nos crimes de seqüestro e cárcere privado; do PL 5073/01, já aprovado, que criou o regime disciplinar diferenciado, cognominado por Nilo Batista de cela surda, como a prevista no Código Penal de 1890, embora a visível ofensa ao princípio da dignidade da pessoa humana;[19] do PL 6113/2002, pretendendo instituir prisão obrigatória quando das sentenças por crimes hediondos, e, dentre outros, do PL 3473/000, visando a alterar a Parte Geral do CP com a eliminação do regime aberto e o aumento dos prazos para a progressão (1/3) e o livramento condicional (1/2).

Sem embargo das leis penais severas[20] e desse fantástico instrumental repressivo, há, como todos sabem, violência e crime em todos os lugares

---

[19] *In* Juízes para a Democracia, *Manifesto do Movimento Antiterror,* ano 6, n. 31, jan/mar 2003.
[20] A redução da idade penal para 16 anos e a fixação de penas mais rigorosas para os crimes mais graves foram admitidas respectivamente por 57,4% e 84,3% de 1.017 dos mais de 15.000 magistrados associados à AMB em pesquisa encomendada por essa entidade nacional. A pesquisa reflete, portanto, o pensamento de um número reduzido de magistrados do grande universo que poderia ser novamente questionado.

do mundo. É que o grande equívoco da política que joga todas as fichas no combate à violência e à criminalidade *pela via exclusiva do direito penal* decorre da falsa suposição de que as *penas, mesmo as elevadas,* carregam aptidão para prevenir a violência e a criminalidade.

Os maiores estudiosos afirmam que a intimidação do criminoso pela pena também não passa de um mito. Os criminosos habituais, com efeito, continuam praticando ilícitos, muitas vezes como modo ou estilo de vida. Aqueles que estão determinados a cometer um crime, por outro lado, não costumam ler os Códigos antes do início dos atos de execução, para avaliarem os riscos, sendo certo, bem ao contrário disso, que confiam em não ser apanhados pelo sistema de Justiça penal.

Isso tudo sem falar no conteúdo antidemocrático e injusto dessa política que instrumentaliza o criminoso para o alcance da finalidade de prevenção geral. Como ensina Roxim, por todos, é muito "difícil compreender que possa ser justo que se imponha um mal a alguém para que outros omitam cometer um mal".[21]

Dizendo de outro modo: mais vale a certeza da punição do que a gravidade da pena! A quantidade de leis penais severas em nosso país não conseguiu produzir a redução da violência e da criminalidade violenta, como se esperava, porque, simplesmente, como sabe o aluno da cadeira de Direito Penal ou de Criminologia, a lei, sozinha, não consegue alterar a realidade e muitas vezes, como diria Spota,[22] acaba chegando tarde, pois nem toda a conduta está tipificada!

Se a pena severamente cominada no preceito secundário da norma fosse, sozinha, a solução para todos os males sociais produzidos pela violência e pela criminalidade, naqueles países onde, por exemplo, a morte é a pena para os homicidas, não haveria mais assassinatos. Do mesmo modo, se as altas penas para os seqüestros fossem, por si, o meio para a prevenção dos seqüestros e outros crimes hediondos, certamente, em nosso país, não mais teríamos esses crimes e todos os outros arrolados pela 8.072/90, quando sabemos que a realidade indica exatamente o contrário!

Há impunidade no Brasil?

O Secretário dos Direitos Humanos do Governo Federal recentemente afirmou pela imprensa de todo o país, com grande estardalhaço, que a impunidade no Brasil está diretamente ligada à atuação dos juízes.

---

[21] ROXIM, Claus, *Política Criminal y Estructura del Delito*, Barcelona, Ppu, 1192, p. 27.
[22] SPOTA, *Alberto G. O Juiz, o Advogado e a Formação do Direito através da Jurisprudência*. Porto Alegre, Fabris, 1987.

A afirmação – a par de irresponsável – revela o absoluto desconhecimento em torno do assunto proposto, sendo suficiente observar que o extraordinário aumento da população carcerária no país, na última década, foi, por óbvio, resultado das sentenças criminais condenatórias em muito maior número.

Em razão da incidência e da efetiva *aplicação pelos órgãos do Poder Judiciário* da legislação penal vigente, a população carcerária brasileira que, em 1995 era de 148.760 pessoas (ou seja, 95,4 delas para cada 100.000 habitantes), passou, em 2003, para 248.685 indivíduos (isto é, 146,5 de pessoas presas, para cada 100.000 habitantes).[23]

Insta observar que há, ainda, para serem cumpridos, milhares de mandados de intimação de sentenças condenatórias, nos mais diversos Estados da Federação, como é do amplo conhecimento de todos. Se esses mandados fossem imediatamente cumpridos, nós não teríamos onde colocar os condenados, eis que a rede prisional há muito chegou à exaustão.

No que pertine ao Rio Grande do Sul, que, reconhecidamente, tem um dos melhores Sistemas Penitenciários do País, o jornal Zero Hora, edição de 31 de outubro de 2003, estampando números e mais números, abriu a seguinte manchete: "Presídios Gaúchos Estão à beira de um Colapso".[24]

Nem mesmo se diga para explicar-se a onda de violência e de criminalidade que o país padece de punição ao nível da criminalidade não-convencional, cometida, de regra, sem nenhuma dor física, por membros das altas camadas da população brasileira. Nos últimos tempos, a imprensa tem noticiado a abertura de processos e de condenações de magistrados, de políticos, de empresários, *só não registrando, infelizmente, que essas condenações foram possíveis graças,* também, *ao trabalho dos juízes e dos tribunais brasileiros.*

No presente momento e ainda porque o Poder Judiciário deu o prévio consentimento inclusive para interceptação telefônica pela polícia, pendem de solução inquéritos e processos já instaurados contra fiscais de rendas, magistrados, políticos, advogados, policiais e outros servidores públicos, etc., a denotar que a magistratura não compactua com a impunidade, independentemente de quem sejam os envolvidos.

Se não há mais processos, isso é algo que extrapola o âmbito das funções do Poder Judiciário. Felizmente, depois do desaparecimento dos

---

[23] Censo Penitenciário: Ministério da Justiça – in Manifesto do Movimento antiterror, publicado como Editorial no Jornal Juízes para a Democracia (jan/mar 2003).
[24] Conforme a reportagem, no Rio Grande do Sul, em outubro de 2003, estavam encarcerados 18.863 homens e 742 mulheres, ou seja, quantidade de pessoas maior do que a população de 150 municípios gaúchos, tendo-se por base pesquisa feita pelo Instituto Brasileiro de Geografia e Estatística.

Tribunais do Santo Ofício e de seus procedimentos inquisitoriais, os órgãos do Poder Judiciário só agem provocados, isto é, por ação do Ministério Público ou da vítima, nas ações penais de iniciativa privada.

E a inércia do Judiciário – sublinhe-se - é valor a ser defendido com energia, por ser ela a condição para o exercício equilibrado, sereno, independente e justo da atividade jurisdicional.

Os Juízes trabalham pouco?

Outro argumento muito invocado para tentar explicar o problema da violência e da criminalidade violenta – associado ao anterior – é o de que os juízes, em geral, ganham muito e trabalham pouco.

Não é o objetivo deste artigo discutir os salários dos magistrados nem o de dizer se ganham demais, até porque o *muito* e o *pouco* dependem do grau de importância que uma sociedade pretender conferir aos seus magistrados, na defesa dos direitos dos cidadãos, sendo certo que as enormes exigências para o acesso ao cargo e a exclusividade e particularidade das funções não autoriza, seriamente, qualquer comparação com outras funções igualmente relevantes que outras pessoas possam ocupar na sociedade brasileira.

Cumpre destacar, no entanto, que a afirmação de baixa produtividade dos juízes brasileiros não corresponde à realidade. Nesse sentido, pensamos que a sensação social de inoperância da magistratura tem a ver com os *déficits* de comunicação do próprio Poder Judiciário com a mesma sociedade.

É por causa dessa sensação e da distância que separa o juiz do jurisdicionado associada à onda maximizada pela mídia de violência e criminalidade, que o Judiciário, conforme pesquisa recente, ficou com a pior imagem, perdendo para a Igreja, para a Imprensa e para a própria Presidência da República,[25] embora dessa última devessem partir, por óbvio, políticas públicas capazes de atuar na contenção da produção da usina de violências e de criminalidade que infernizam a vida das pessoas.

O curioso, nessa pesquisa, em que a manchete é "Congresso e Judiciário tem a pior imagem", é que o percentual de 38% dos entrevistados que afirmou ter desconfiança na Justiça foi tecnicamente igual aos entrevistados que *afirmaram confiar na Instituição* (39%).

---

[25] Jornal Zero Hora, ed. de 11.11.2003.

Não é preciso ser gênio para concluir, então, que esses números não autorizariam a construção da manchete jornalística acima reproduzida, pois se, de um lado, 38% do universo de entrevistados tem visão negativa e 39% *tem visão positiva do Poder Judiciário,* a manchete deveria ser no sentido de que *a MAIORIA* das pessoas ouvidas *CONFIA,* isto sim, na magistratura!

Sem precisar dizer que a função dos juízes não é a de agradar as pessoas nem esclarecer que, em face da peculiaridade das funções da magistratura, em toda a demanda, impregnada de litigiosidade e de incivilidade, há, sempre, um perdedor, que fica insatisfeito com a sentença, cumpre ressaltar, mais uma vez, que os números a seguir bem demonstram o altíssimo grau de operosidade e de efetividade da magistratura brasileira. Os juízes, como pode-se ver, trabalham muito, sim, o que bem explica, como salientamos antes, nomeadamente na área criminal, o grande aumento do número de condenações e de prisões em nosso país.

Conforme pesquisa independente da Fundação Konrad Adenauer, comentada por Maria Teresa Sadek,[26] em 1990, quando a população brasileira era de 144.764.945 pessoas entraram na justiça comum 3.617.133 processos, dos quais foram julgados 2.411.847. No ano de 1998, quando a população era de 161.171.902 brasileiros, ingressaram na mesma justiça 7.467.189 processos, dos quais foram julgados 4.938.083. Dizendo de outro modo e ainda com a ilustre autora, "enquanto a população no período cresceu 11,33%, a procura pela Justiça de 1º grau aumentou 106,44%", ou seja, na média de 1 processo para cada 31 habitantes, aspecto que *desmitifica* e *desconstrói* o argumento de que a população *não confia* na magistratura!

Para orgulho da magistratura gaúcha, a mesma autora, no seu extraordinário estudo, afirma, como que para confirmar os dados abaixo reproduzidos, que no sul do Brasil, a *melhor média (com um processo para cada 20 habitantes)* foi a do *Rio Grande do Sul, Estado onde foram julgados (em média) 95% dos processos ajuizados, ou seja,* "o mais alto percentual do país e bastante acima da média nacional".[27]

Com efeito, de acordo com o Relatório do Ano Judiciário, divulgado pelo Poder Judiciário do Estado do Rio Grande do Sul, pode-se ver que em 1990 (quando existiam no Estado só 493 juízes) foram julgados 282.722 processos no primeiro grau de jurisdição, número que, em 2001, quando haviam 587 magistrados em exercício, saltou para 617.722.[28]

---

[26] SADEK, Maria Tereza, *Acesso à Justiça*, São Paulo, Konrad-Adenaur-Stiftung, Pesquisas, 21, 2001, p. 14 e 15.
[27] Idem, p. 24.
[28] Relatório de 2001 do TJRS, p. 172.

Quer dizer: embora o aumento quase imperceptível do número de juízes em atividade, a magistratura gaúcha, em 2001, conseguiu *aumentar extraordinariamente a sua produtividade,* julgando com a mesma força de trabalho *dois terços a mais de processos do que na década de 1990.*

Aliás, o Relatório de 2001 do Poder Judiciário gaúcho atestou que tanto no primeiro quanto no segundo grau a média de sentenças-ano e de acórdãos-ano, por juiz e desembargador, respectivamente, chegou à 1.000!

A alegação de baixa operosidade da magistratura brasileira é outro mito, portanto, que precisa ser desfeito, na tentativa séria e honesta de discutir as causas das mazelas da nossa sociedade, nomeadamente a violência e a criminalidade.

A justiça é lenta demais?

Sendo verdade que a Justiça é demorada, nem assim é lícito afirmar que a demora no julgamento dos processos é a grande culpada pelo aumento da violência e da criminalidade no Brasil.

Aliás, em relação à lentidão do Poder Judiciário, existem alguns mitos que precisam ser desmanchados o mais depressa possível para que os segmentos da população brasileira que teimam em acusar o Judiciário possam fazer, de uma vez por todas, justiça aos juízes.

O primeiro mito é o de que a demora do Poder Judiciário é um fenômeno exclusivamente brasileiro. Como afirmou o jurista José Carlos Barbosa Moreira, "sem de longe insinuar que isso nos sirva de consolo, ou nos permita dormir o sono da boa consciência", o problema, em verdade, é "universal e alarma não poucos países do chamado primeiro mundo".[29]

Observe-se que na Espanha, segundo explicou Mauro Capeletti,[30] o tempo de duração de um processo é de aproximadamente 5 anos e 3 meses.

Nos Estados Unidos da América do Norte, conforme pesquisa feita por John Gierdt,[31] o tempo médio de tramitação dos processos em Nova Orleãs é de 1.215 dias no cível e de 1.0645 dias no crime e em Washington de 1.333 dias no cível e 886 dias no crime.

Na Itália, conforme estudos feitos pro Piccardi,[32] a tramitação média dos processos é de 1075 dias no cível. Barbosa Moreira noticiou relatório

---

[29] MOREIRA, José Carlos Barbosa, *O Futuro da Justiça: Alguns Mitos*, Revista da Escola Paulista da Magistratura, v. 2, n. 1, p. 71-83.

[30] CAPELETTI, Mauro, *Acesso à Justiça*, Porto Alegre, Fabris, 1988, p 20.

[31] GIERDT, John, The Justice System Journal, Vols. 14/3 e 15/1, p. 294 e 295, apud BENETTI, Sidnei, Jornal A Cidade de Ribeirão Preto.

[32] PICCARDI, *Revista de Direito Processual*, 1982, vol. 4, p. 711.

elaborado pelo Procurador-Geral da República junto à Corte de Cassação italiana dando conta que a tramitação média dos processos entre 1991 e 1997, no primeiro grau de jurisdição, no citado país, foi de quatro anos!

Na Bélgica, segundo pesquisa feita por José Eduardo Faria,[33] o tempo médio de vida dos processos é de 2 anos e 3 meses.

No Japão, afirma José Carlos Barbosa Moreira,[34] reportando-se a um dos vice-presidentes da Associação Internacional de Direito Processual, antes da entrada em vigor do novo Código, em 1998, não era raro um feito se arrastar por alguns anos na primeira instância e levar mais de um decênio até a eventual decisão da Suprema Corte.

Vê-se, então, que a demora não é exclusividade da Justiça brasileira.

Se o Judiciário brasileiro não é mais rápido, inobstante seu desempenho não destoar do desempenho dos Judiciários dos países do primeiro mundo, isso se deve, em grande parte, à falta de recursos humanos e materiais, às antigas fórmulas sacramentais e, basicamente, aos recursos em excesso.

Mais: é bom frisar que a demora na prestação jurisdicional muitas vezes é buscada deliberadamente pelas partes no processo.

É ingênuo supor, como afirma José Carlos Barbosa Moreira, que todas as partes clamam por uma justiça rápida, em qualquer circunstância. "Basta alguma experiência da vida forense para mostrar que, na maioria dos casos, o grande desejo de pelo menos um dos litigantes é o de que o feito se prolongue tanto quanto possível. Ajunto que os respectivos advogados nem sempre resistem à tentação de usar todos os meios ao seu alcance, lícitos ou ilícitos que sejam, para procrastinar o desfecho do processo: os autos retirados deixam de voltar a cartório no prazo legal, criam-se incidentes infundados, apresentam-se documentos fora da oportunidade própria, interpõem-se recursos, cabíveis ou incabíveis, contra todas as decisões desfavoráveis, por menos razão que se tenha para impugna-las, e assim por diante".[35]

Por último, ainda com Barbosa Moreira, é preciso desfazer o mito que hiperdimensiona a malignidade da lentidão. "Para muita gente, na matéria, a rapidez constitui *o valor* por excelência, quiçá o único. Seria fácil invocar aqui um rol de citações de autores famosos, apostados em estigmatizar a morosidade processual. Não deixam de ter razão, sem que isso implique – nem mesmo, quero crer, no pensamento desses próprios autores – hierarquização rígida que não reconheça como imprescindível, aqui e ali, ceder o passo a outros valores. Se uma justiça lenta demais é

---

[33] FARIA, José Eduardo, *Direito e Justiça – A Função Social do Judiciário*, p. 47.
[34] Artigo citado, p. 71.
[35] Artigo citado, p. 74/75.

decerto uma Justiça má, daí não se segue que uma Justiça muito rápida seja necessariamente uma Justiça boa".[36]

A agilização da Justiça não pode ser a qualquer preço, com o sacrifício das garantias da igualdade das partes, do contraditório, da ampla defesa e do direito ao recurso, pois isso implicaria ignorar os avanços da civilização e a negar a modernidade.

Por que há violência e criminalidade violenta?

Se a legislação brasileira é intensamente punitiva, e o Poder Judiciário vem, com eficiência, respondendo à altura as demandas criminais intentadas pelo Ministério Público e pelos acusadores privados, como explicar, então, a persistência dos elevados índices de violência e de criminalidade violenta?

Sem pretender, por óbvio, ter o dom de anunciar a verdade, mas com a pretensão de contribuir com uma idéia para com o debate sobre a matéria, ousamos afirmar que o fracasso da política criminal brasileira (se é que há, efetivamente, uma!) decorre, primeiro, dessa aposta ilimitada na eficiência do direito penal como instrumento de combate ao crime e à violência.

A política que usa simbolicamente o direito penal e o transforma em *primeira solução,* e não em *ultima ratio,* ao contrário dos países mais desenvolvidos e sérios, produz créditos ao Poder Executivo e, perversamente, débitos, pré-anunciados, ao Poder Judiciário, porque, simplesmente, a realidade não pode ser modificada por decreto.

Em segundo lugar, a política de conter violência e crime *com direito penal* despreza *as intensas desigualdades sociais e as enormes demandas públicas por saúde, educação, trabalho, moradia, educação,* que geram ansiedades por expectativas frustradas numa sociedade de consumo, são causas de tensões, de violências e, no passo seguinte, de criminalidade.

Numa entrevista para o Jornal da Pontifícia Universidade Católica do RS o sociólogo e economista argentino Bernardo Kliksberg, que mora em Washington e atua como Coordenador da Iniciativa Interamericana de Capital Social, Ética e Desenvolvimento do BID e presta assessoria às Nações Unidas, à OIT, à UNESCO e à UNICEF, autor de 33 livros sobre a luta e a pobreza, confirmou que "o principal inimigo da América Latina é a desigualdade".[37]

---

[36] Idem, ibidem, p. 75.
[37] Jornal da PUC, ano XXV, n. 117, nov.dez-2003, p. 24 e 25.

Também para ele, a América Latina é um enigma, porque sendo "um continente com potencialidades imensas, tem as maiores reservas do planeta em matérias primas-estratégicas, fonte de energia barata, excelente capacidade de produção de alimentos e, ao mesmo tempo, um de cada dois habitantes é pobre".[38]

É claro que ao invocarmos o pensamento desse ilustre latino-americano não estamos querendo, por óbvio, atribuir aos pobres a responsabilidade pela violência e pela criminalidade violenta, pois, se assim o fizéssemos, estaríamos, mais uma vez, sendo injustos com todas as pessoas que lutam com dificuldades para viver. A tese que sustentava a causalidade entre pobreza, delinqüência e violência está hoje bastante contestada em inúmeros estudos, conforme explica Sérgio Adorno.[39] Sabidamente, a maioria da população pobre é honesta e nunca praticou crimes.

O que estamos, isto sim, querendo dizer, apoiados, nesse particular, em Briceño-León,[40] é que *o empobrecimento* e a *desigualdade* atuam fortemente como causas de violência e de criminalidade.

Esse autor lembra, com efeito, que em 1998, 13 dos 18 países latino-americanos tinham salário mínimo inferior ao de 1980, com um número de pobres superando a casa de 220 milhões de pessoas. Estudos recentes do Banco Mundial dão conta de que 24% da população da América Latina e do Caribe vive com menos de um dólar por dia e, conforme a CEPAL, em levantamento feito em 1999, o desemprego, na região, passou de 5,7% em 1990 para 9,5% em 1999, mas o que chama a atenção *não é só o incremento dos desocupados, senão a particularidade dos novos trabalhos, pois de cada dez empregos que se criaram na região entre 1990 e 1997 sete (6,9, mais precisamente), se originaram do setor informal.*[41]

Ora, num quadro como esse, como pretender que as pessoas vivam em clima de absoluta harmonia e ordem? O aumento do processo estrutural de exclusão pode sim vir a gerar a expansão das práticas de violência como norma social particular, "vigente em vários grupos sociais enquanto estratégia de resolução de conflitos, ou meio de aquisição de bens materiais e de obtenção de prestígio social, significados esses presentes em múltiplas dimensões da violência social e política contemporânea", como nos ensinar José Vicente Tavares dos Santos.[42]

---

[38] Jornal da PUC, cit. p. 25.
[39] ADORNO, Sérgio, artigo e obra citada, p. 109.
[40] Artigo citado, p. 36.
[41] Idem, p. 36-37.
[42] SANTOS, José Vicente Tavares, *Violências, América Latina: a Disseminação de Formas de Violência e os Estudos sobre Conflitualidades*, Sociologias, Violências, América Latina, Porto Alegre, UFRGS, p. 18.

A questão, portanto, comporta outro encaminhamento *para além da estratégia simplista de priorizar a repressão e, desse modo, banalizar o sistema penal e desprestigiar, ainda mais, as agências formais encarregadas de aplicá-lo, em especial, a magistratura.*

A questão envolve, como sustentaremos abaixo, ações políticas para o resgate do pacto federativo. Nessa medida, a questão *violência e criminalidade violenta* é predominantemente uma questão política e, assim, menos uma questão jurídico-penal.

Violência e Criminalidade: pelo resgate do pacto federativo como proposta de solução

O Brasil é, nos dizeres do artigo 1º da Constituição Federal, uma República Federativa, *"formada apela união indissolúvel dos Estados e Municípios e do Distrito Federal"*.

Como é do conhecimento de todos, uma das características do Estado Federal, senão a principal, consiste na equilibrada *repartição dos poderes* entre a União, os Estados e (por força do texto do artigo 1º da CF) agora também entre os Municípios, em contraste com a forma Unitária de Estado, em que há um único centro de poder que se estende por todo o território e sobre toda a população e que controla as coletividades regionais e locais.[43]

Conquanto essa seja a forma de Estado adotada pelo constituinte de 1988, o Brasil, na prática, vem se comportando como um Estado Unitário, haja vista e enorme concentração do poder na União Federal, a grande destinatária da volumosa carga dos tributos incidentes sobre pessoas físicas e jurídicas em nosso país.

Em razão disso, são diárias as caravanas de Governadores, Prefeitos e Vereadores à capital Federal, em busca de recursos para atendimento das grandes demandas locais com saúde, educação, transportes, segurança, etc.

Esses recursos, quando obtidos, são repassados mediante convênios, cuja execução exige burocracia complexa e cara. Não raro, boa parte deles acaba consumindo-se em atividades-meio em prejuízo das finalidades.

Parece-nos, portanto, que o problema da segurança pública no fundo está na dependência da solução desse problema sério e grave do centralismo político e financeiro.

Quando é aos Estados e Municípios que toca responder imediatamente pelas grandes demandas sociais e essas entidades federativas não o

---

[43] SILVA, José Afonso, *Curso de Direito Constitutivo Positivo*, São Paulo, Malheiros, 1999, p. 103.

fazem por não disporem dos recursos públicos, canalizados, em seu maior volume, para os cofres da União Federal, para só serem repassados na medida da força política de quem os reivindica ou dos interesses políticos do momento, fica fácil perceber que, por maiores que sejam os esforços das autoridades judiciárias, da polícia, dos agentes penitenciários, e do Ministério Público, a usina de violências e de criminalidade continuará funcionando a todo vapor.

Os debates públicos sobre o resgate do pacto federativo, são, pois, urgentes e necessários, de modo a poder-se recolocar os Estados e os Municípios na linha de frente dos grandes problemas sociais locais e regionais, mediante a elaboração de programas que permitem atender as demandas públicas e, na área prisional, que ampliem os espaços físicos, humanizem as prisões e oportunizem o atendimento dos egressos do sistema penitenciário, os quais quase sempre voltam ao crime menos por desejo próprio e mais porque não conseguem, sozinhos, reencontrar a família, os amigos e o ambiente que desfrutavam antes da delinqüência.

Zaffaroni e Pirangelli, nesse sentido, falam com muito acerto quando definem a co-culpabilidade[44] como um dado que explica o porquê, no mais das vezes, os egressos do sistema penitenciário, altamente estigmatizados pela prisão, sem apoio da sociedade, reencontram o caminho do crime e da violência.

É indispensável, portanto, que se revisem os critérios de partilha do bolo tributário, descentralizando-se o poder e os recursos públicos, para que Estados e Municípios possam cumprir seus fins constitucionais e legais.

Em conclusão: é injusto pretender separar as pessoas em grupos distintos de boas e de más, sabendo-se que nem todas têm as mesmas oportunidades para o crescimento espiritual e profissional. De nada adiantará o clamor por leis penais mais severas, por reforma do Código Penal visando a regimes penais diferenciados, aumento de prazos para progressão nos regimes ou para obtenção do livramento condicional, se continuarmos esquecendo das verdadeiras causas da criminalidade e da violência.

O resgate do modelo federativo em nosso país propiciará, a nosso ver, a transformação em realidade do dogma garantista que propõe um estado socialmente máximo e penalmente mínimo, capaz de assegurar a paz e a segurança pública, nos estrito cumprimento dos deveres decorrentes do Pacto Social.

É este, a nosso ver, o sentido da repactuação desejada por todos os brasileiros.

---

[44] ZAFFARONI, Raúl Eugenio & PIERANGELI, José Henrique, *Manual de Direito Penal Brasileiro, Parte Geral,* São Paulo, Revista dos Tribunais, 2ª ed. 1999, p. 610 e segs.

— 8 —

O prazo razoável como conceito indeterminado no Processo Penal

JOSÉ CARLOS TEIXEIRA GIORGIS
Desembargador do TJRS. Professor da Escola Superior da Magistratura
e da Escola Superior do Ministério Público.

Sumário: 1. Notas iniciais; 2. Os conceitos vagos ou indeterminados; 3. O princípio da proporcionalidade; 4. O prazo razoável; 5. Jurisprudência.

1. Notas iniciais

A existência de um conflito de interesses entre o infrator e o Estado implica o dever do último em restabelecer a harmonia estatuída pelas normas de conduta, o que lhe atribui o direito de aplicar a pena a quem violou a convivência do grupo social.

Todavia, frente ao direito inalienável à liberdade, a pena somente pode ser aplicada pela via processual, asseguradas as garantias do imputado.

Ao juiz compete, então, examinado o fato e as circunstâncias, utilizar-se do arsenal positivo, e abrigar o caso concreto a uma das hipóteses catalogadas no ordenamento existente.

E deve fazê-lo motivadamente (CF, art. 93, IX), fundamentando sua decisão na lei, como uma garantia contra o arbítrio, uma garantia contra a influência de pontos de vista pessoais, para controle do raciocínio do juiz, para a possibilidade técnica de impugnações, para um maior grau de previsibilidade e aumento da repercussão das normas de direito.[1]

---

[1] Teresa Arruda Alvim Wambier, "Questões de fato, conceito vago e a sua controlabilidade através de Recurso Especial", *in* Aspectos Polêmicos e Atuais do Recurso Especial e do Recurso Extraordinário, RT, São Paulo, 1997, p. 435.

Entretanto, embora o juiz esteja atrelado à lei, tem ele especial exercício de manobra criativa, podendo-se cogitar de decisões diversas, mas toleráveis, em casos similares, o que é aceito pelo sistema.

Em geral, a lei se utiliza de conceitos e definições precisas, como *um ano* ou *patrimônio*, e, por outras vezes, de conceitos que lingüisticamente têm sido chamados de "conceitos vagos" ou "indeterminados", que são expressões ou signos cujo referencial semântico não é tão nítido, carecendo de contornos claros, eis que não dizem respeito a objetos fácil, imediata e prontamente identificáveis no mundo dos fatos.[2]

Ou seja, a lei se serve de conceitos juridicamente indeterminados, ou porque seria impossível deixar de fazê-lo, ou porque não convém usar outra técnica, como se o uso de um termo vago fosse propositado, já que, em certos casos, o seu emprego é aconselhável.[3]

2. Os conceitos vagos ou indeterminados

Conceitos legais indeterminados ou conceitos jurídicos indeterminados - preferindo-se os primeiros termos, pois a *indeterminação* está na *norma*, e não no *fato* – são palavras ou expressões indicadas na lei, de conteúdo e extensão altamente vagos, imprecisos e genéricos, e por isso tal conceito é lacunoso e abstrato, que se relacionam com a *hipótese de fato* posta na causa.[4]

Para a doutrina, não se referem a objetos, mas a *significações* atribuíveis a uma coisa ou situação, descabendo aceitar-se a indeterminação dos conceitos jurídicos, que são idéias universais, mas apenas de suas expressões ou termos, verdadeiros *signos* (coisas que representam outra coisa ou seu objeto: portanto, mais adequado *termos indeterminados de conceitos,* e não *conceitos indeterminados*).[5]

Ou seja, é um conceito cujo conteúdo e extensão são incertos em larga medida, mesmo por que conceitos absolutamente determinados são muito raros no Direito; e que contém um *núcleo* conceitual e um *halo* conceitual.

---

[2] Wambier, ob. cit., p. 437.

[3] José Carlos Barbosa Moreira, "Regras de Experiência e Conceitos Juridicamente Indeterminados". In: *Temas de Direito Processual*, Ed. Saraiva, São Paulo, 1988, p. 64.

[4] Nelson Nery Junior e Rosa Maria de Andrade Nery, *O novo Código Civil e legislação extravagante anotados,* Ed. Revista dos Tribunais, São Paulo, 2002.

[5] Eros Roberto Grau, *Direito, conceitos e normas jurídicas,* Companhia Editora Forense, Rio, 1988, p. 63.

O núcleo é a noção clara do conteúdo e da extensão, e o halo constitui o local onde as dúvidas começam.[6]

Assim como ocorre com as cláusulas gerais, os conceitos jurídicos indeterminados também têm alto grau de vagueza semântica e reenvio a *standards* valorativos extra-sistemáticos, podendo subdividir-se entre os que aludem a *valores* e os que referenciam *realidades fáticas.*

Integram a descrição do "fato" com vistas à aplicação do Direito e embora abertos às mudanças de valorações, por sua vagueza semântica, deve o aplicador averiguar quais são as conotações adequadas e as concepções éticas efetivamente vigentes para determina-los *in concreto* de forma apta.

O Código Civil brasileiro contempla uma imensa variedade de conceitos formados por termos ou expressões indeterminadas que dizem com realidades fáticas, tais como *coisas necessárias à economia doméstica, reparações urgentes, divisão cômoda, animais bravios, dinheiro necessário* às *despesas ordinárias, loucura furiosa, lugar de acesso perigoso ou difícil,*[7] ou, *atividade de risco, caso de urgência, perigo iminente, necessidade imprevista e urgente, boa-fé, bons costumes, ilicitude, abuso de direito.*[8]

Muitos conceitos indeterminados são *normativos,* embora isto não seja unívoco, como *casamento, afinidade, funcionário público, menor, indecoroso, íntegro, indigno, vil* e outros semelhantes; e outros *descritivos,* pois se referem a objetos reais ou objetos que participam da realidade, perceptíveis pelos sentidos, como *homem, morte, cópula, escuridão, vermelho, velocidade, intenção.*[9]

Como se vê, tais conceitos carecem de um *preenchimento valorativo,* o que deve ocorrer caso a caso através de atos de validação.

Cabe ao juiz, no momento de fazer a substituição do fato à norma, preencher os claros e dizer se a norma atua ou não no caso concreto, pois preenchido o conceito indeterminado com base em valores éticos, morais, sociais, econômicos e jurídicos, a solução já está preestabelecida na própria norma legal, competindo ao magistrado apenas aplicá-la, sem exercer nenhuma função criadora.

Assim se transmudam em conceitos determinados pela *função* que têm que exercer no caso concreto, garantindo a aplicação correta e eqüitativa do preceito, tal como se observa nos conceitos de *boa-fé, bom*

---

[6] Karl Engisch, *Introdução ao pensamento jurídico,* Fundação Calouste Gulbenkian, Lisboa, 3ª edição, 1977, p. 173.

[7] Judith Martins-Costa, *A boa-fé no direito privado,* Ed. Revista dos Tribunais, São Paulo, p. 325-26.

[8] Nery Junior, ob.cit.

[9] Engisch, ob.cit. p. 174-76.

costume, ilicitude, abuso de direito, onde está implícita a *determinação funcional* como elemento de previsão, pois o juiz deve dar-lhes concreção atendendo às peculiaridades do termo, tornando-os vivos e resultantes de uma valoração dos conceitos legais indeterminados pela aplicação das cláusulas gerais.[10]

Portanto, há uma *subsunção* e uma *interpretação,* não acontecendo qualquer *criação de direito* por parte do juiz; aqui se diferindo da cláusula geral, que embora possa conter termos indeterminados, exige do julgador uma operação intelectiva mais complexa, concorrendo ativamente para a formulação da norma, averiguando a possibilidade de enquadramento em uma série de casos-limite na *fattispecie*, bem como a exata individuação das mutáveis regras sociais às quais o envia a metanorma jurídica, além de estimar os efeitos incidentes ao caso concreto, à vista de possíveis soluções existentes no sistema.[11]

Tal fenômeno não se confunde com *discricionariedade,* que é a possibilidade de escolher, dentro de certos limites, a providência que se adotará, tudo mediante a consideração da oportunidade e da conveniência.

Os conceitos indeterminados integram a descrição do *fato*, ao passo que a discricionariedade se situa no campo dos *efeitos,* disto resultando que, nos primeiros, a liberdade do aplicador se exaure na fixação da premissa, já que estabelecida a coincidência ou não entre o acontecimento real e o modelo normativo, a solução está predeterminada; na última, contudo, a própria escolha da conseqüência fica entregue à decisão do aplicador.[12]

A função exercida pelas regras de experiência, quando se tratem de conceitos juridicamente indeterminados, é inconfundível com a função que elas determinam em matéria probatória, seja na formação das presunções, seja na valoração das provas produzidas: aqui são instrumentos da *apuração dos fatos,* e ali de *subsunção*, isto é, de operação pela qual os fatos apurados recebem, mediante confronto com o modelo legal, a devida qualificação jurídica.

Uma e outra constituem etapas necessárias e complementares, mas distintas, da motivação do *decisium.*[13]

O conceito jurídico indeterminado, em todas as situações, deve chegar a uma solução verdadeira e justa, apoiando-se sua idéia em definição

---

[10] Nery Junior, ob.cit.
[11] Martins-Costa, ob.cit. p. 326-27.
[12] José Carlos Barbosa Moreira, "Regras de experiência e conceitos juridicamente indeterminados". In *Estudos jurídicos em homenagem ao professor Orlando Gomes,* Companhia Editora Forense, Rio, 1979, p. 612-13.
[13] Barbosa Moreira, ob.cit., p. 613-14.

transcendente de justiça e de verdade, com a crença nas possibilidades do discernimento humano e sua aplicação, com alto grau de abstração, gera uma pluralidade de opiniões sustentáveis através de argumentos lógicos, que se desdobram da pura interpretação jurídica, para estender-se a juízos de tipo técnico ou de puras valorações fáticas.[14]

O problema da interpretação dos conceitos vagos vem adquirindo cada vez mais importância no mundo contemporâneo, porque se trata de uma técnica legislativa marcadamente afeiçoada à realidade em que se vive e que se caracteriza por sua instabilidade, pela velocidade dos fatos com que se transmitem informações, alterando-se verdades sociais, além de que desempenham três funções: a)permite-se que se incluam, sob o agasalho da norma, casos em que o legislador poderia não ter pensado e que ficariam *fora* de seu alcance; b) assegura que uma norma dure mais tempo, pois o conceito vago ou indeterminado é adaptável; e c) aceita que a mesma norma seja aplicada de forma mais justa em um mesmo tempo, mas em lugares diferentes.[15]

Observe-se, ainda, que o uso continuado do conceito vago, durante um longo período, faz com que diminua sua indeterminação, como se amadurecessem, instalando-se certos pressupostos de verdade, conferindo-lhe a estabilidade necessária, pressupostos dos valores de certeza e de segurança.[16]

Em sede penal, um dos mais constantes conceitos vagos ou indeterminados de que os juízes e tribunais têm manejado é o dos "prazos razoáveis", que, de certa maneira, não destoam na raiz comum que promana do princípio da proporcionalidade ou da razoabilidade, apadrinhados pela Suprema Corte brasileira.

3. O princípio da proporcionalidade

A noção de proporcionalidade veio do direito administrativo, principalmente com respeito às limitações do poder de polícia e interferência de entes públicos na esfera privada e vice-versa e que logrou contaminar outros âmbitos da ação estatal, como a judiciária e a legislativa.

A vertente aconteceu na Alemanha, a partir de 1945, quando se firmou a aspiração de assegurar a liberdade, inscrevendo-se na Lei Fundamental o princípio supremo da intangibilidade da dignidade humana e

---

[14] José Alfredo de Oliveira Baracho, *Teoria Geral dos Conceitos Legais Indeterminados*. Ed. Revista Direito, Santa Cruz do Sul, n 9/10, 1988, p. 15.

[15] Wambier, ob. cit., p. 439.

[16] Idem, p. 445.

o reconhecimento de direitos invioláveis e inalienáveis do homem, advogando-se que os direitos fundamentais valiam na medida das leis, havendo uma transformação da *reserva legal* para o princípio da *reserva legal proporcional.*

O princípio da proporcionalidade significa, no campo específico das leis restritivas dos direitos individuais, liberdades e garantias, que qualquer limitação, feita por lei ou com base nela, deve ser *adequada* (apropriada), *necessária* (exigível) e *proporcional* (com justa medida).

Assim uma lei restritiva, mesmo que adequada e necessária, pode ser inconstitucional quando adote cargas coativas de direitos, liberdade e garantias desmedidas, desajustadas, excessivas ou desproporcionais em relação aos resultados obtidos.[17]

Ou seja, é *necessária,* se, dentre todas as disponíveis e igualmente eficazes para atingir um fim, é a menos gravosa em relação aos direitos envolvidos; e *proporcional* ou correspondente, se, relativamente ao fim perseguido, não restringir excessivamente os direitos envolvidos.[18]

O princípio da proporcionalidade, como dito, foi adotado pela Corte Suprema brasileira na proteção e no resguardo dos direitos fundamentais, ao examinar recurso em que se cuidava do poder de taxar,[19] seguindo-se decisão que declarava a inconstitucionalidade de norma da Lei de Segurança Nacional, onde se proibia que o acusado exercesse qualquer atividade profissional[20] e posteriormente quando se discutiu a extensão da liberdade profissional, aqui surgindo a referência ao *princípio da razoabilidade,*[21] expressão várias vezes usada em escólios subseqüentes.[22]

Outrossim, os direitos expressos na Constituição não excluem outros decorrentes do regime e dos princípios por ela adotados, ou dos tratados internacionais em que a República Federativa do Brasil seja parte, o que implica admitir, sem hesitações, que o princípio da proporcionalidade ou razoabilidade está abrigado em nosso regime constitucional.[23]

---

[17] José Joaquim Gomes Canotilho, *Direito Constitucional,* Livraria Almedina, Coimbra, 1989, p. 487/488.

[18] Humberto Bergmann Ávila, A distinção entre os princípios e regras e a definição do dever de proporcionalidade. *Revista de Direito Administrativo* 215/172.

[19] STF, RE n.18331, rel. Min. Orozimbo Nonato.

[20] STF, HC n. 45.232, rel. Min. Themístocles Cavalcanti, j. 21.02.68.

[21] STF, Rep. n. 930, rel. Min. Rodrigues Alckimin

[22] Gilmar Ferreira Mendes. A proporcionalidade na jurisprudência do Supremo Tribunal Federal. Repertório IOB de Jurisprudência.Dez.84.

[23] Rogério Schietti Machado Cruz. Sessenta dias de prisão temporária. É razoável?. *Revista dos Tribunais* 718/355.

4. O prazo razoável

A Convenção sobre a Proteção dos Direitos Humanos e as Liberdades Fundamentais, assinada em Roma em 04/11/50, envolvendo os países-membros do Conselho da Europa, dispôs que toda pessoa tem direito a que sua causa seja julgada eqüitativa e publicamente, num "prazo razoável", por um tribunal independente e imparcial estabelecido pela lei, que decidirá quer sobre seus direitos e obrigações civis, quer sobre o fundamento de qualquer acusação em matéria penal (art. 6º, 1).

Vale lembrar que a Convenção Americana sobre Direitos Humanos, o Pacto de San José da Costa Rica, firmado em novembro de 1969, ao cuidar das garantias judiciais, em seu art. 8º, estabelece que toda pessoa tem direito a ser ouvida, com as devidas garantias e dentro de "um prazo razoável", por um juiz ou tribunal competente, independente e imparcial, estabelecido anteriormente por lei, na apuração de qualquer acusação penal formulada contra ela, ou para que se determinem seus direitos ou obrigações de natureza civil, trabalhista, fiscal ou de qualquer natureza.

Como se vê, tais documentos internacionais assinalam a importância do juiz natural, independente e imparcial, bem como a exigência de uma prestação jurisdicional adequada, eis que a morosidade não se compadece com o interesse da justiça e do bem comum.

Algumas legislações, como a espanhola, consideram para a aferição do prazo razoável o excesso de trabalho do órgão jurisdicional, a defeituosa organização dos tribunais, o comportamento da autoridade judicial, a conduta processual das partes, a complexidade do caso posto e a duração média dos processos do mesmo tipo.

Ali, situações ocorrem em que a tribunal determina ao juiz que profira a decisão com rapidez ou execute o ato judicial necessário, ou mesmo até desconsidera o volume de processos.

Não resta dúvida de que para se tipificar o prazo razoável, se há de levar em conta a complexidade da demanda, que muitas vezes exige dilação probatória maior e respeito ao contraditório.

Em princípio, é pertinente verificar-se se há parâmetros objetivos no ordenamento legal para a quantificação do *prazo razoável* ou se sua assinação deve ser integralmente deixada ao critério do juiz.[24]

Um deles é o pergaminho processual civil que ao tratar da suspensão do processo pela verificação da incapacidade instrumental da parte ou a irregularidade da representação, autoriza o juiz a marcar *prazo razoável*

---

[24] Nelson Antonio Celani Carvalhal. Considerações sobre o conceito de prazo razoável, *Revista Consulex*, ano 1, nº 5 p. 50.

para ser sanado o defeito (CPC, artigo 13), o que é aferido no caso concreto, cabendo ao magistrado considerar as circunstâncias de fato e de direito que a situação comportar, tratando-se de lapso temporal sujeito à preclusão.[25]

Tal prazo é o em que se leva em conta o tempo necessário para que chegue a juízo o documento indispensável à integração da representação processual.[26]

Acrescente-se que, na obrigação que tenha por objeto o cumprimento de obrigação de fazer ou não fazer, pode o juiz conceder a tutela de forma liminar, desde que seja relevante o fundamento da demanda ou haja justo receio de ineficácia do provimento final, quando imporá multa diária ao réu, fixando-lhe *prazo razoável* para cumprimento do preceito (CPC, artigo 461, § 4º).

Em outra sede, o interessado em que o herdeiro declare se aceita, ou não, a herança, poderá, vinte dias após aberta a sucessão, requerer ao juiz *prazo razoável,* não maior de trinta dias, para, nele, se pronunciar o herdeiro, sob pena de haver a herança por aceita (Código Civil, artigo 1.807; artigo 1.584 do anterior diploma material civil).

Em vista da reiteração do prazo de trinta dias em numerosos dispositivos civis, sejam substanciais ou instrumentais, há proposta de que seja aquele o limite para conceder-se o prazo razoável.[27]

Disto remanesceu o uso do termo na esfera do processo penal.

Assim, não se acolhe o argumento de excesso de prazo para a conclusão da instrução, se eventual e *razoável* demora é atribuível à defesa, que não procedeu à tradução de cartas rogatórias, enviadas ao exterior para a oitiva de testemunhas por ela arroladas;[28] como ainda a jurisprudência tem sido rigorosa no que respeita ao excesso de prazo na instrução criminal, pois a Convenção Americana sobre Direitos Humanos, adotada no Brasil através do Decreto nº 678/92, consigna a idéia de que toda pessoa detida ou retida tem o direito de ser julgada dentro de um *prazo razoável* ou ser posta em liberdade sem prejuízo de que prossiga o processo.[29]

Nunca é demais enfatizar que vigora no nosso sistema legal, por força de compromisso internacional a que o Brasil está obrigado a cumprir, o mandamento segundo o qual todo acusado tem o direito de obter, num

---

[25] Nelson Nery Junior e Rosa Maria de Andrade Nery, *Código de Processo Civil Comentado e legislação processual civil extravagante em vigor.* Editora Revista dos Tribunais, São Paulo, 2001, p. 389.

[26] Pontes de Miranda, *Comentários ao Código de Processo Civil,* atualização de Sérgio Bermudes, Editora Forense, Rio, 5ªedição, 1998, tomo I, p. 333.

[27] Carvalhal, cit. p. 51.

[28] STJ, 5ª Turma, HC 11130-MT, j. 22.02.00.

[29] STJ, 5ª Turma, HC 12252-RJ, j.16.05.00.

prazo razoável, pronunciamento judicial que defina sua situação perante a lei.[30]

De mesma forma, excedido o *prazo razoável* para conclusão do feito e ante entraves burocráticos não atribuíveis ao acusado, é palmar que o paciente se encontra sofrendo coação intolerável, mormente pelo fato de que inexiste previsão de data para o julgamento, concedendo-se a ordem para determinar a soltura do paciente.[31]

Finalmente, encerrada em a fase de inquirição das testemunhas arroladas pela acusação, restando apenas a produção de provas de defesa, não se confira o alegado constrangimento ilegal por excesso de prazo na formação da culpa.[32]

Como se observa, já é iterativa a utilização de conceitos abertos pelos pretórios, o que representa a genuflexão do processo criminal à modernidade e sintonia com os avanços da ciência jurídica.

5. Jurisprudência

"Nem mesmo a gravidade do crime e a periculosidade do agente são causas *razoáveis* para indevida dilação, impositiva de duração absolutamente indeterminada de prisão em flagrante por mais de um ano, sem a prática de qualquer ato processual, inclusive denúncia". (STJ, 6ª T., HC 7232/PA, j. 16/04/98).

"*Hábeas corpus*. Alegado excesso de prazo. Demora no julgamento de recurso em sentido estrito, agitado contra sentença de pronúncia. Tramitação, de fato, que foi além do *razoável*. Situação, contudo, já superada, avizinhando-se o julgamento do recurso. Ademais, recorrente que se encontra preso em razão de outro processo". (STJ, 6ª T., HC 5849/PE, j. 01/09/97).

"Atraso injustificado na conclusão da instrução criminal constitui constrangimento ilegal reparável por HC. Todo acusado tem direito de saber de um juízo ou tribunal do que é formalmente acusado e de ser julgado dentro de um *prazo razoável*". (STJ, 5ª T., HC 6191, j. 10/03/97).

"*Habeas corpus*. Decreto fundamentado. Necessidade concreta. Decreto preventivo que concretamente examinou a conduta delitiva como daquelas que causam temor à comunidade, está fundamentado, justi-

---

[30] STJ, 5ª Turma, HC 5284-PE, j. 04.03.97.
[31] TJRS, Segunda Câmara Criminal, HC 697150027, rel. Des. Delmar Hochheim, j. 25.9.97).
[32] STJ, 5ª Turma, HC 6191, j. 10.03.97.

ficada a necessidade de segregação. Processo está dentro do prazo.Exame psiquiátrico não é causa para a liberação ou manutenção da prisão, desde que observados *prazos razoáveis* e realização. Denegada a ordem. Bons costumes e residência fixa não tornam o réu imune à segregação se pratica ato atentatório da ordem pública.Denegada a ordem". (TJRS, Câmara Especial Criminal, HC 70002102200, rel. Desa. Elba Aparecida Nicolli Bastos, j. 07.02.01).

"*Habeas corpus* liberatório. Prática de vários delitos. Prisão preventiva. Garantia da ordem pública. Aplicação da lei penal. Excesso de prazo. Paciente, reincidente e repleto de processos em comarcas diferentes, não encontrado no endereço existente nos autos, não pode obter livramento, à luz do art. 312, do CP. A considerar, o excesso de prazo não tem critério fixo, podendo ter *prazo razoável*, dentro do contexto do processo. Variante importantes a observar, entre elas a complexidade do feito, uma gama de diligências para apurar a verdade real, de interesse também do paciente, além da ouvida de testemunhas por precatórias, arroladas pela douta defesa técnica. Débito não tributável ao Judiciário, mostrando-se rápido, estando com instrução dependente apenas destas precatórias. Ordem não concedida". (TJRS, Sétima Câmara Criminal, rel.Des. Aido Faustino Bertocchi, j. 29.06.00).

"Prisão preventiva. Excesso de prazo na pronúncia. Súmula 21 do STJ. Constrangimento ilegal caracterizado. Tendo em vista que a Convenção Americana sobre Direitos Humanos, adotada no Brasil, impõe a idéia de que todos os detidos provisoriamente têm o direito de serem julgados dentro de um *prazo razoável*, ou caso não aconteça, serem colocados em liberdade. Desta forma, apesar da Súmula 21 do STJ, constitui constrangimento ilegal, passível da concessão de hábeas corpus, a manutenção de paciente preso preventivamente por dois anos após a pronúncia.
O caso em tela, pela peculiaridade, ainda que constatada a ilegalidade da prisão, não se recomenda, por ora, a liberdade da paciente.
Ocorre que foi aprazado para daqui a sete dias o julgamento da acusada pelo Tribunal do Júri.
Saindo a sessão citada, não se poderá mais falar em constrangimento ilegal, porque Antonia ou será condenada e sua prisão provisória já contada como pena cumprida ou absolvida e, então, liberada, depois, e importante o comparecimento pessoal dos réus nos julgamentos pelo Tribunal do Júri.
Evita-se, depois delongo tempo de espera, que a liberdade da paciente se transforme em fuga, prejudicando-a e ao prosseguimento da ação". (TJRS, Câmara de Férias Criminal, HC 698562832, rel. Des. Sylvio Baptista Neto, j. 20.01.99).

"Apropriação indébita. Advogado que retém importância em nome de seu constituinte. Dispensável, no caso, a prévia prestação de contas, como condição de procedibilidade da ação penal. A solução correta e legal é que o paciente, como advogado, ajuíze ação de prestação de contas, pois o artigo 87, inciso XX do Estatuto da OAB (Lei n. 4215, de 27.04.63) prevê a hipótese, afirmando que é dever do advogado propor ação de prestação de contas, quando o constituinte se recusa a recebê-las. Como se vê, impõe a lei um dever ao advogado, quando ocorrer esta circunstância.

É inacreditável e inaceitável que, depois de quase três anos passados, a importância reclamada na Justiça do Trabalho ainda permanecesse em poder do paciente, sem que este tomasse qualquer providência para regularizar a situação criada, tendo o advogado poderes específicos para receber dinheiro pertencente a seu cliente, e, recebido e não repassado, imediatamente, face a recusa do cliente, deverá propor, em seguida, a ação de prestação de contas.

Assim agindo, dentro de *prazo razoável* poderá ser instalada a ação penal por apropriação indébita, não sendo necessária e imprescindível a prévia prestação de contas em juízo cível". (TJRS, Primeira Câmara Criminal, HC nº291150134, rel. Des. Léo Afonso Einloft Pereira, j. 27.11.91).

— 9 —

O Juiz e o Promotor Natural como garantias constitucionais do réu no Processo Penal

JULIANO SPAGNOLO
Advogado no Rio Grande do Sul

Sumário: Introdução; 1. O Juiz Natural nas Constituições estrangeiras e seus antecedentes históricos; 2. O Juiz Natural e sua evolução no constitucionalismo brasileiro; 3. O Juiz Natural como garantia constitucional; 4. O Promotor Natural como garantia constitucional; Principais conclusões; Bibliografia.

Introdução

O presente estudo é uma homenagem ao Desembargador Garibaldi Almeida Wedy, cuja contribuição aos jurisdicionados gaúchos pode ser auferida nos seus mais de 30 anos dedicados à magistratura e ao Ministério Público. Deste modo, nosso homenageado é quem melhor pode representar o Juiz e o Promotor aqui estudados, pois, com notória proficiência, exerceu duas das mais importantes carreiras com que um profissional do direito poderia lidar.

O Juiz Natural é um postulado constitucional decorrente do devido processo legal e da legalidade,[1] [2] garantindo ao réu o seu julgamento pela autoridade competente e proibindo a criação de tribunais e juízos de exceção.

---

[1] CALAMANDREI, Piero. *Instituzioni di Diritto Processuale Civile*. Napolis: Morano, v. IV, 1970, p. 258 – "o Juiz natural é inseparável do sistema da legalidade".

[2] Na valiosa lição de JACINTO NELSON DE MIRANDA COUTINHO (*Introdução aos Princípios Gerais do Direito Processual Penal Brasileiro*. Revista de Estudos Criminais, Ano 1, nº 1, 2001, p. 34): "O princípio do juiz natural é expressão do princípio da isonomia e também um pressuposto da imparcialidade".

Assim, tem-se como decorrência o Promotor Natural, que se configura numa garantia dos membros do *parquet* contra a remoção arbitrária e a avocação de determinados processos pelo Procurador-Geral de Justiça, sendo também uma garantia de proteção máxima ao réu na medida que este deverá ser processado pela autoridade competente, ou seja, o Ministério Público.

Desse modo, quaisquer ofensas a esses postulados atentam também contra as garantias constitucionais da independência do juiz[3] e do promotor, dentre outras. Sendo, então, necessário que o aplicador do Direito tenha conhecimento da importância e do significado de tais garantias, uma vez que legislador e intérprete devem, sem sombra de dúvidas, ser os seus mais fiéis seguidores[4] [5]

Parafraseando acórdão do Supremo Tribunal Federal,[6] podemos afirmar que a naturalidade do Juízo traduz significativa conquista do processo penal liberal, essencialmente fundado em bases democráticas, atuando como fator de limitação dos poderes persecutórios do Estado e representando uma importante garantia de imparcialidade de juízes e tribunais.

Apresentaremos o Juiz e o Promotor Natural como garantias constitucionais no âmbito do Direito Processual Penal, sendo oportuno ressaltar que o Juiz Natural não faz distinção entre processo judicial e administrativo, tampouco diferencia processo de natureza penal, cível ou trabalhista.

1. O Juiz Natural nas Constituições estrangeiras e seus antecedentes históricos

Na Inglaterra do século XVII, com a *Petition of Rights* (itens III, VII, VIII, IX e X) e com o *Bill of Rights* (art. 3º), surge a proibição de juízes

---

[3] Nas palavras de KARL HEINZ SCHWAB em palestra proferida no dia 06 de agosto de 1987 em São Paulo, publicada na Revista de Processo, nº 48 (out./dez.), de 1987 sob o título *Divisão de Funções e o Juiz Natural*: p.131: "Para o próprio juiz significa esta legitimidade constitucional um reforço à sua independência".

[4] GRINOVER, Ada Pellegrini. *O Princípio do Juiz Natural e sua Dupla Garantia*, Revista de Processo, nº 29, jan./mar., 1983, p. 28.

[5] Segundo estudo de nossa autoria intitulado "A Garantia do Juiz Natural e a nova redação do art. 253 do Código de Processo Civil (Lei 10.358/01)" (in. *As garantias do cidadão no processo civil: relações entre constituição e processo*. Sérgio Gilberto Porto (org.). Porto Alegre: Livraria do Advogado, 2003, p. 147-163) salientamos que "o órgão judicante só existe em razão de seu usuário, o cidadão, e o postulado do Juiz Natural serve para protegê-lo, garantindo a neutralidade do juiz ou do tribunal a quem seja confiada a sua causa, e justamente a fim de que a confiança deste usuário nunca seja traída por 'percalços antidemocráticos' é que a garantia do Juiz Natural está alçada em nível constitucional e vem sendo considerada, desde muito, como sendo uma das mais importantes do ordenamento jurídico pátrio".

[6] STF: 1ª Turma – HC nº 69.601/SP – relator Min. Celso de Mello, Diário da Justiça, seção 1, de 18 de dezembro de 1992, p. 24.377.

ex post facto, pois as garantias contidas nos artigos 21 e 39 da Magna Carta de 1215 se referiam à justiça feudal,[7] prevalecente à época, e não à proibição de juízes extraordinários.[8]

No iluminismo francês do século XVIII ocorre a primeira aparição do termo "Juiz Natural" em um texto legislativo, através do artigo 17, título II, da Lei de 16-24 de agosto de 1790.[9] Posteriormente, a Carta Constitucional de 3 de setembro de 1791, em seu capítulo V, título III, artigo 4º, *in verbis*: "les citoyens ne peuvent être distraits des juges que la loi leurs assigne par aucunes comissions ni par d'autres atributions et évocations que celles qui sont determinées par le lois", traz a proibição de comissão, ou seja, a proibição de juízes extraordinários *ex post factum*, a proibição de avocação e a proibição de atribuição, que se configura na proibição de instituição de juízes especiais.[10]

Finalmente, com o advento da Carta de 8 de junho de 1814, que dispunha no artigo 62, *in verbis*: "Nul ne pourra être distrait de ses juges naturels", surgiu o termo "Juiz Natural" pela primeira vez numa constituição. A *Charte du 1830*, em seu artigo 53, trouxe à tona a segunda garantia, a vedação de tribunais extraordinários (ou de exceção), *in verbis*: "Il ne pourra, en conséquence, être créés comissions et des tribunaux extraordinaires à quelque titre et sous quelque dénomination que se puisse être". Os artigos 1º e 56 da Constituição de 14 de janeiro de 1852 também fazem menção à dita garantia.

Luigi Ferrajoli[11] constata que nas Constituições francesas posteriores a 1791 o Juiz Natural sofreu um *debilitamento*, posto que a Constituição de 22 de agosto de 1795 previu as proibições de comissão e de atribuição, esquecendo da proibição de avocação e os artigos 61 e 62 da Carta Constitucional de 1814, o artigo 53 da Constituição de 1830 e o artigo 4º da Constituição de 4 de novembro de 1848 contemplaram somente a proibição de comissão, omitindo a proibição de avocação e a de instituição de juízes especiais.

Na Europa do século XIX, a referida garantia foi consagrada nas Constituições da Itália e da Holanda, além da Carta francesa já citada, cabendo menção também às Constituições espanhola, de 19 de março de 1812 (artigos 242 e 251), e portuguesa, de 23 de setembro de 1822 (artigos 176 e 182).

---

[7] Art. 21: "condes e barões serão multados senão pelos seus pares, e somente de conformidade com o grau de transgressão". Art. 39: "nenhum homem livre será preso ou detido em prisão ou privado de suas terras, ou posto fora da lei ou banido ou de qualquer forma molestado; e não procederemos contra ele, nem o faremos vir a menos que por julgamento legítimo de seus pares".

[8] GRINOVER. *O Princípio...*, p. 11-33.

[9] FERRAJOLI, Luigi. *Derecho y Razón: Teoría del Garantismo Penal*. 4. ed., 2000, p. 666.

[10] Idem, p. 591.

[11] Idem.

No início do século XX, destaca-se a Constituição do Império Alemão (Constituição de Weimar), de 11 de agosto de 1919, que no artigo 105 assim dispôs: "Não podem ser criados tribunais de exceção. Ninguém será subtraído do juiz natural".[12]

A Declaração Universal dos Direitos do Homem, de 10 de dezembro de 1948, estabelece que toda pessoa tem direito a um tribunal independente e imparcial. Assim dispondo em seu artigo 10: "Todo homem tem direito, em plena igualdade, a uma justa e pública audiência por parte de um tribunal independente e imparcial, para decidir de seus direitos e deveres ou do fundamento de qualquer acusação criminal contra ele".

O Pacto de *San Jose* da Costa Rica, de 22 de novembro de 1969, que passou a vigorar em nosso país em 1992,[13] prevê em seu artigo 8º, nº 1, a existência de "um juiz ou tribunal competente, independente e imparcial, estabelecido anteriormente por lei".[14]

A garantia do Juiz Natural, para os brasileiros e italianos, ou Juiz Legal (*gesetzlicher Richter*), para os portugueses e alemães, ou ainda Juiz Competente, para os espanhóis, atualmente tem previsão nas constituições da *maioria dos países cultos*.[15]

Na América Latina, o dito postulado também foi recepcionado pelos textos constitucionais de nossos países vizinhos.[16] De acordo com a Constituição da Argentina (*Constitución de la Nación Argentina*), em seu artigo 18: "Ningún habitante de la Nación puede ser penado sin juicio previo fundado en ley anterior al hecho del proceso, ni juzgado por comisiones especiales, o sacado de los jueces designados por la ley antes del hecho de la causa. (...)" Nos dizeres de Luiz Flávio Gomes,[17] a Carta argentina foi de "felicidade inusitada ao dispor, em seu artigo 18, que nenhum habitante pode ser julgado por comissões especiais ou subtraído dos juízes designados pela lei antes do fato da causa".

Conforme a Constituição da Colômbia de 1991, no artigo 29: "El debido proceso se aplicará a toda clase de actuaciones judiciales y admi-

---

[12] Segundo SCHWAB, op. cit.: "Na Alemanha já se encontravam prescrições sobre o juiz natural na maioria das constituições estaduais do século XIX. (...)".

[13] GOMES, Luiz Flávio. *Apontamentos Sobre o Princípio do Juiz Natural*. Revista dos Tribunais, nº 703, 1994, p. 417-422.

[14] Artigo 8º, nº1: "Toda pessoa tem direito a ser ouvida, com as devidas garantias e dentro de um prazo razoável, por um juiz ou tribunal competente, independente e imparcial, estabelecido anteriormente por lei, na apuração de qualquer acusação penal formulada contra ela, ou para que se determinem seus direitos ou obrigações de natureza civil, trabalhista, fiscal ou de qualquer outra natureza".

[15] NERY JUNIOR, Nelson. *Princípios do Processo Civil na Constituição Federal*. 5. ed. São Paulo: Revista dos Tribunais, 1999, p. 65.

[16] *Constituições dos países do Mercosul 1996-2000 - textos constitucionais - Argentina, Bolívia, Brasil, Chile, Paraguai e Uruguai* – Brasília: Câmara dos Deputados, Coordenação de Publicações, 2001. (Série ação parlamentar; n. 153).

[17] GOMES, op. cit., p. 419.

nistrativas. Nadie podrá ser juzgado sino conforme a leyes preexistentes al acto que se le imputa, ante juez o tribunal competente y con observancia de la plenitud de las formas propias de cada juicio".

A Constituição do Uruguai (*Constitución de la República Oriental del Uruguay*), em seu artigo 19, também prevê a garantia do Juiz Natural, *in verbis*, "Quedan prohibidos los juicios por comisión". Por seu turno, a Constituição Chilena (*Constitutión Política de la República de Chile*), no artigo 19, nº 1, preceitua: "(...) Nadie puede ser juzgado por comissiones especiales, sino por el tribunal que le señale la ley y que se halle establecido com anterioridad por ésta".

Outra Carta latina, a Constituição da Bolívia (*Constitución Política del Estado de la República de Bolívia*), no artigo 14, preceitua: "Nadie puede ser juzgado por comisiones especiales o sometido a otros jueces que los designados com anterioridad al hecho de la causa ( )"

Na Europa, como dissemos anteriormente, esta garantia constitucional se encontra na quase totalidade dos textos fundamentais contemporâneos.[18] Assim, vejamos alguns deles.

A Lei Fundamental para a República Federal da Alemanha (*Grundgezetz für die Bundesrepublik Deutschland*), de 23 de maio de 1949, mais conhecida como a Lei Fundamental de Bonn (*Bonner Grundgezetz*), preceitua em seu artigo 101, nº 1, que serão ilícitos quaisquer tribunais de exceção e ninguém poderá ser subtraído de seu juiz legal, e no nº 2, que somente pela lei poderão ser criados tribunais para matérias determinadas.

A Constituição da Suíça de 1999, quanto à garantia do Juiz Natural, assim determina em seu artigo 30: "nelle cause giudiziarie ognuno ha diritto dessere giudicato da un tribunale fondato sulla legge, competente nel merito e imparziale. I Tribunali deccezione sono vietati".

A Constituição Portuguesa, de 2 de abril de 1976, acolhe, em parte, a garantia do Juiz Legal, uma vez que não veda expressamente a criação de tribunais de exceção, e no artigo 211, nº 4, determina que é proibida a existência de tribunais com competência exclusiva para o ajuizamento de *certas categorias* de delitos. No entanto, o artigo 32, nº 4, estabelece a instrução criminal ao juiz competente que poderá delegar os atos de instrução que não afetem os direitos fundamentais.

A Constituição da Espanha, de 31 de outubro de 1978, preceitua no artigo 24, nº 2, que todos têm direito ao *juiz ordinário predeterminado pela lei* e no artigo 117, nº 6, *in verbis*: "Se prohíben los Tribunales de excepción".

---

[18] Conforme nota de FRANCISCO RUBIO LLORENTE e MARIANO DARANAS PELÁEZ. *Constituciones de los Estados de la Unión Europea*, Barcelona: Ariel, 1997, p. 346.

Diz a Carta italiana de 27 de dezembro de 1947, em seu artigo 25, "*caput*", que ninguém poderá ser subtraído do juiz natural preconstituído por lei e, no artigo 102, que não poderão ser instituídos juízes de exceção (*giuridici straordinari*), nem juízes especiais.

Para Ada Pellegrini Grinover,[19] a expressão "Juiz Natural" não equivaleria à juiz preconstituído por lei, pois significa que o juiz deve ser instituído antes do fato a ser julgado, e que não se pode criar *ex post facto* uma competência especial, nem mesmo para o juiz já instituído.

A Lei Constitucional Federal Austríaca de 1929 (*Bundes-Verfassungsgesetz in der Fassung von 1929*) estabelece a garantia do Juiz Natural em seu artigo 83, nº 2, ao afirmar que ninguém poderá ser subtraído do juiz que legalmente lhe corresponda, deixando, porém, implícita a proibição dos tribunais de exceção.

A Constituição Belga, originária de 1831, no artigo 146, 2ª parte, proíbe a criação de comissões ou tribunais de exceção, quaisquer que sejam as suas denominações.

A Constituição da Grécia, votada pela 5ª Câmara de Revisão Constitucional em 9 de junho de 1975, vigorando a partir do dia 11 do mesmo mês e ano,[20] estabeleceu quanto ao preceito do Juiz Natural, a regra do artigo 8º, determinando que ninguém poderá ser subtraído contra sua vontade do juiz que a lei lhe assegura, e que está proibida a criação de comissões judiciais e de tribunais extraordinários, seja qual for a sua denominação.

Por seu turno, a Constituição do Reino da Dinamarca, de 5 de junho de 1953, em seu artigo 61 diz que o exercício do poder judicial somente poderá ser regulado pela lei e proíbe o estabelecimento de tribunal de exceção investido de poder judicial.

2. O Juiz Natural e sua evolução no constitucionalismo brasileiro

No Brasil, a garantia constitucional do Juiz Natural surgiu já na Carta de 25 de março de 1824, única do Império, que em seu artigo 149, inciso II, assim determinou: "*Ninguém será sentenciado senão pela autoridade competente, por virtude de lei anterior, e na forma por ela estabelecida*". E no artigo 179, XVII, vem a segunda garantia: "A exceção das causas

---

[19] GRINOVER. *O Princípio...*, p. 17.
[20] LLORENTE, *op. cit.*, p. 275.

que por sua natureza pertençam a juízos especiais, não haverá foro privilegiado, nem comissões especiais nas causas cíveis e criminais".[21]

A Constituição seguinte, de 24 de fevereiro de 1891, também tratou da dupla garantia no artigo 72, § 15, "Ninguém será sentenciado, senão pela autoridade competente, em virtude de lei anterior e na forma por ela estabelecida". E no parágrafo 23: "A exceção das causas que, por sua natureza pertencem a juízos especiais, não haverá foro privilegiado".

O texto constitucional de 16 de julho de 1934 é que pela primeira vez fala em "Tribunais de exceção", tendo assim se referido no artigo 113, nº 25: "Não haverá foro privilegiado, nem Tribunais de exceção; admitemse, porém, juízos especiais em razão da natureza das causas". E o artigo 26 acrescenta a expressão *nem sentenciado* à segunda garantia.

A Constituição posterior suprimiu a garantia do Juiz Natural, prevendo a possibilidade de tribunais de exceção no país, especificamente o Tribunal de Segurança Nacional criado pela Lei nº 244 de 1936,[22] eis que assim dispunha o artigo 172 da Constituição de 10 de novembro de 1937: "Os crimes cometidos contra a segurança do Estado e a estrutura das instituições serão sujeitos à justiça e processos especiais, que a lei prescreverá".[23] A garantia retornou na Carta seguinte, de 18 de setembro de 1946, no artigo 141, §§ 26 e 27,[24] cuja redação é semelhante à da Constituição de 1934.

A Constituição promulgada em 24 de janeiro de 1967 acolheu a garantia ao proibir juízos ou tribunais de exceção no artigo 150, § 15, dispondo *in verbis*: "A lei assegurará aos acusados ampla defesa, com os recursos a ela inerentes. Não haverá foro privilegiado nem tribunais de exceção". Posteriormente, com a redação dada pela Emenda Constitucional nº 1, de 17 de outubro de 1969, o postulado constitucional foi redigido de igual forma no artigo 153, § 15.

A garantia do Juiz Natural consta na Constituição de 5 de outubro de 1988 em seu artigo 5º, inciso XXXVII, ao dispor que "não haverá juízo ou tribunal de exceção"; e no inciso LIII: "ninguém será processado nem sentenciado senão pela autoridade competente".

---

[21] No sentido de que o postulado do Juiz Natural inserido Constituição Imperial de 1824, quanto à garantia da inexistência de foros privilegiados, valia para as "causas cíveis e crimes": NERY JÚNIOR, *op. cit.*, p. 69. Em sentido contrário, afirmando que o Juiz Natural inserido na Carta Imperial brasileira referia-se apenas ao processo penal: PONTES DE MIRANDA. *Comentários à Constituição da República dos E. U. do Brasil*, Rio de Janeiro: Guanabara, t. 2, 1937, p. 242.

[22] Art. 4º. Parágrafo único: "Os processos em andamento na primeira instância serão remetidos ao Tribunal de Segurança Nacional, para os fins da presente lei. Para os mesmos fins, serão encaminhados ao Superior Tribunal Militar os que se acharem em andamento na segunda instância, ou penderem de recurso".

[23] GRINOVER. *O Princípio...*, p. 29.

[24] Art. 141, § 26: "Não haverá foro privilegiado, nem juízos e tribunais de exceção". § 27: "Ninguém será processado nem sentenciado senão pela autoridade competente e na forma de lei anterior".

Constatamos, assim, que a garantia do Juiz Natural chegou ao Brasil ainda na época do império com o seu duplo efeito, que veremos a seguir.

3. O Juiz Natural como garantia constitucional

O Juiz Natural está presente em nossa Constituição Federal (art. 5º, XXXVII e LIII) e também é definido como *aquele constitucionalmente estabelecido para o julgamento de uma causa*[25] ou como o juiz constitucionalmente competente para julgar, sendo tal definição reflexo da própria natureza do Juiz Natural, que é a de garantia constitucional.

A expressão "Juiz Natural" significa *juiz previsto abstratamente,*[26] àquele pelo qual o cidadão deve ser julgado, não sendo apenas o juiz da sentença de primeiro grau, mas todos os juízes e tribunais chamados a intervir em determinado feito,[27] considerando como "juiz" somente o órgão do Estado investido de jurisdição, afastando os casos do *bill of attainder*, em que eram impostas penas sem processo judicial, mas por intermédio do Parlamento inglês.[28] Tribunal de exceção ou tribunal *ad hoc* consiste no órgão transitório e arbitrário,[29] previsto *ex post facto* e criado para caso específico.

Lembra Jacinto Nelson de Miranda Coutinho,[30] que não se deve confundir Identidade Física do Juiz com Juiz Natural, pois por este ninguém poderá ser processado ou sentenciado, senão pela autoridade competente, sendo Juiz Natural aquele que tem a sua competência legalmente preestabelecida para julgar determinado caso concreto e por aquele é assegurado aos jurisdicionados a vinculação da pessoa do juiz ao processo, não tendo a Identidade Física do Juiz aplicação em nosso processo penal.

A garantia do Juiz Natural no direito pátrio tem duplo efeito, quer sejam, a proibição de juízo ou tribunal de exceção (inc. XXXVII do art. 5º da CF) e a vedação do processamento e sentenciamento senão por autoridade competente (inc. LIII). Tais normas procuram coibir uma justiça de privilégios ou de exceção, assegurando a todos que seus litígios

---

[25] STASIAK, Vladimir. *O Princípio do Juiz Natural e suas Implicações no Processo Penal Brasileiro.* Revista dos Tribunais, nº 776, jun., 2000, p. 456.
[26] NERY JÚNIOR, *op. cit.*, p. 66.
[27] De acordo com CELSO RIBEIRO BASTOS e IVES GANDRA MARTINS. *Comentários à Constituição do Brasil: promulgada em 5 de outubro de 1988.* São Paulo: Saraiva, p. 205, 1988-1989.
[28] MARQUES, José Frederico. *Juiz Natural.* Enciclopédia Saraiva de Direito, v. 46, São Paulo: Saraiva, 1977, p. 444-450.
[29] GRINOVER. *O Princípio...*, p. 18.
[30] COUTINHO, Jacinto Nelson de Miranda. *Introdução aos Princípios Gerais do Direito Processual Penal Brasileiro.* Revista de Estudos Criminais, Ano 1, nº 1, 2001, p. 36.

sejam julgados por juízes legais, juízes investidos nas suas funções de conformidade com as exigências constitucionais, vedando a criação de juízos destinados a julgamentos de determinados casos ou pessoas.[31]

É importante ressaltar que a garantia do Juiz Natural não tem como destinatários apenas os Juízes, Desembargadores ou Ministros dos Tribunais Superiores, mas também, em casos excepcionais, o Senado Federal.[32]

Não consiste em ofensa ao postulado do Juiz Natural a previsão constitucional de competência originária de tribunal superior para o processamento e o julgamento de determinadas pessoas em razão da prerrogativa de função,[33] ou seja, não se trata aqui de prerrogativa instituída em função da pessoa, mas de tratamento diferenciado dispensado ao cargo, à relevante função exercida pelo réu, tanto que deixado o cargo ou cessada a função, desaparece a prerrogativa.[34]

Todo cidadão tem o direito de ser julgado pelo seu Juiz Natural, de modo que cada caso concreto corresponda à competência de um determinado Tribunal,[35] assim, por exemplo, temos que o Juiz Natural dos crimes dolosos contra a vida é o Tribunal do Júri (art. 5º, inc. XXXVIII, da Constituição Federal), o Juiz Natural para o julgamento de promotores de justiça ou de juízes estaduais é o Tribunal de Justiça do Estado (art. 96 da Constituição Federal), etc.[36]

---

[31] DELGADO. José Augusto. *A Supremacia dos Princípios nas Garantias Processuais do Cidadão*. Revista de Processo, nº 65, p. 96, jan./mar., 1992.

[32] Art. 52, II, da Constituição Federal: "Art. 52. Compete privativamente ao Senado Federal: I – processar e julgar o Presidente e o Vice-Presidente de República nos crimes de responsabilidade, bem como os Ministros de Estado e os Comandantes da Marinha, do Exército e da Aeronáutica nos crimes da mesma natureza conexos com aqueles; II – processar e julgar os Ministros do Supremo Tribunal Federal, o Procurador-Geral da República e o Advogado-Geral da União nos crimes de responsabilidade; (...) Parágrafo único. Nos casos previstos nos incisos I e II, funcionará como Presidente o do Supremo Tribunal Federal, limitando-se a condenação, que somente será proferida por dois terços dos votos do Senado Federal, à perda do cargo, com inabilitação, por oito anos, para o exercício de função pública, sem prejuízo das demais sanções judiciais cabíveis".

[33] A respeito da polêmica nova redação do artigo 84 do Código de Processo Penal (Lei 10.628 de 24 de dezembro de 2002) vide ADIn nº 2797-2. ("Art. 84. A competência pela prerrogativa de função é do Supremo Tribunal Federal, do Superior Tribunal de Justiça, dos Tribunais Regionais Federais e Tribunais de Justiça dos Estados e do Distrito Federal, relativamente às pessoas que devam responder perante eles por crimes comuns e de responsabilidade. §1º - A competência especial por prerrogativa de função, relativa a atos administrativos do agente, prevalece ainda que o inquérito ou a ação judicial sejam iniciados após a cessação do exercício da função pública. §2º - A ação de improbidade, de que trata a Lei nº 8.429, de 02 de junho de 1992, será proposta perante o tribunal competente para processar e julgar criminalmente o funcionário ou autoridade na hipótese de prerrogativa de foro em razão do exercício de função pública, observado o disposto no § 1º.").

[34] CAPEZ, Fernando. *Curso de Processo Penal*. 6.ed. São Paulo: Saraiva, 2001, p. 11.

[35] DIAS, Jorge de Figueiredo. *Direito processual penal*. Coimbra: Coimbra, 1974, p. 329-329.

[36] DEMERCIAN, Pedro e MALULY, Jorge Assaf. *Curso de Processo Penal*. São Paulo: Atlas, 1999, p. 181.

A violação à garantia do Juiz Natural (ou a violação ao Promotor Natural) acarretará nulidade do processo, nos termos da lei processual penal (arts. 563 e seguintes do Código de Processo Penal).[37]

Para um melhor entendimento do alcance do juiz natural, podemos invocar a "clássica tripartição da garantia em proibição do poder de comissão, do poder de avocação e do poder de atribuição".[38] O poder de comissão significa a possibilidade de criação de tribunais de exceção ou tribunais *ex post facto*; o poder de avocação significa as designações discricionárias *post factum* de processos a órgãos do judiciário diversos daqueles determinados por lei,[39] pois devem ser garantidos ao réu, o processo e a sentença pela autoridade competente e na forma de lei anterior; e o poder de atribuição (adotado no Brasil, uma vez que existe a necessidade de uma justiça especializada) significa a possibilidade da criação de juízos ou tribunais especializados.

No ordenamento jurídico pátrio, como vimos anteriormente, tem-se uma concepção mais ampla e moderna da garantia do Juiz Natural, pois adota-se a dupla garantia, ou seja, a vedação de juízo ou tribunal excepcional, porque ninguém pode ser julgado por órgão constituído após a ocorrência do fato e a não-subtração do juiz constitucionalmente competente, pois somente são órgãos jurisdicionais os instituídos pela Constituição.

No tocante ao entendimento jurisprudencial da garantia do Juiz Natural, temos algumas decisões interessantes do Supremo Tribunal Federal, como a que indeferiu *Habeas Corpus*[40] em que se alegava constrangimento ilegal decorrente de decisão de ministro do Superior Tribunal de Justiça que, nos autos de ação penal originária, delegara a realização do interrogatório de um dos acusados a desembargador específico no Tribunal Regional Federal da 2ª Região, e a instrução processual, em relação aos demais réus, a magistrado da Justiça Federal de primeira instância. Salientou-se que, nas hipóteses de delegação de atos instrutórios, prevista no artigo 9º, § 1º, da Lei nº 8.038/90, o juízo deprecado atua em nome do juízo superior, permanecendo o relator como Juiz Natural no processo, a quem competirá a direção da instrução criminal.

Assim, a Turma decidiu que não ofende a garantia do Juiz Natural a delegação, pelo ministro-relator, da competência para realização de atos de instrução criminal a juiz ou desembargador específico.

Em caso semelhante, o Supremo Tribunal Federal entendeu como não caracterizada a alegada ofensa ao Juiz Natural, indeferindo *Habeas*

---

[37] Vide art. 567: "A incompetência do juízo anula somente os atos decisórios, devendo o processo, quando for declarada a nulidade, ser remetido ao juiz competente".
[38] GRINOVER. *O Princípio...*, p. 18.
[39] FERRAJOLI. *Derecho...*, p. 591.
[40] STF: *HC* nº 82.111-RJ, relator Min. Carlos Velloso, julgado em 17.9.2002.

Corpus[41] em que se pleiteava a nulidade de julgamento de recurso em sentido estrito, no qual participara o relator originário do recurso – afastado em virtude de licença –, na condição de presidente, sem proferir voto. Considerou-se que o retorno de desembargador substituído, a quem fora originariamente distribuído o feito, não impede que o juiz convocado, vinculado ao recurso por haver nele aposto visto, julgue-o, na condição de relator.

Deste modo, não ofende a garantia do Juiz Natural a participação de juiz convocado no julgamento de recurso por tribunal de segunda instância, ainda que na qualidade de relator.[42]

Da mesma forma, a atuação de juiz promovido para outra comarca, mas ainda no exercício de sua jurisdição na comarca de origem, não viola a garantia do Juiz Natural.[43]

Quanto ao regime de exceção, entendeu o Pretório Excelso que a designação de juízes substitutos para a realização de esforço concentrado em diversas varas com o objetivo de auxiliar os juízes titulares não ofende o referido postulado constitucional.[44]

Ressaltamos que as substituições, o desaforamento[45] e a prorrogação de competência, desde que realizados de acordo com a lei, não violam a garantia do Juiz Natural.

Deste modo, a modificação de competência, imediatamente aplicada por força de direito intertemporal, como a que alterou o artigo 9º, parágrafo único, do Código Penal Militar,[46] para atribuir à justiça comum (Tribunal do Júri) o julgamento do militar que pratica crime doloso contra a vida cometido contra civil também não ofende o Juiz Natural.

No que tange aos juizados especiais criminais, na lição de José Frederico Marques,[47] o Juiz Natural contrapõe-se, "não a juízo especial, mas a juízos de exceção ou instituídos para contingências particulares".

Segundo Ada Pellegrini Grinover:[48]

---

[41] STF: *HC* nº 80.841-PR, relator Min. José Néri da Silveira, julgado em 7.8.2001.
[42] STF: *HC* nº 74.109-SP, relator Min. Celso de Mello, julgado em 13.8.1996.
[43] STF: *HC* nº 81.036-SP, relator Min. José Néri da Silveira, julgado em 7.8.2001.
[44] STF: RE 255.639-SC, relator Min. Ilmar Galvão, julgado em 13.2.2001.
[45] No sentido de que a ausência de previsão normativa para o reaforamento viola a garantia do juiz natural ver judicioso ensaio de DANIEL USTÁRROZ intitulado *Breve nota sobre o desaforamento e a possibilidade de reaforar* (*In*. Direito & Justiça, v. 23, ano 23, 2001, I, p. 91-104).
[46] Art. 9º (...). *Parágrafo único. Os crimes de que trata este artigo, quando dolosos contra a vida e cometidos contra civil, serão da competência da justiça comum.* (Parágrafo único com redação dada pela Lei nº 9.299/96).
[47] MARQUES. José Frederico. *Instituições de Direito Processual Civil*, Rio de Janeiro: Forense, v. I, p. 175, 1958.
[48] GRINOVER. *O Princípio...*, p. 20.

"o Juiz Natural, em sua dupla garantia, não se contrapõe a juízos especiais, orgânicos, pré-constituídos, integrantes do Poder Judiciário, em que o que ocorre é apenas uma prévia distribuição de competências, ora em razão das pessoas, ora em razão da matéria. Não se confundem, pois, tribunais de exceção – transitórios e arbitrários – com justiça especializada – permanente e orgânica; os primeiros funcionam *ad hoc*, para cada caso concreto, enquanto que a segunda aplica a lei a todos os casos de determinada matéria ou que envolvam determinadas partes".

Portanto, não há dúvidas de que os juizados especiais criminais não ferem a garantia do Juiz Natural, pois são órgãos do Poder Judiciário previamente constituídos e assentados em lei.[49]

4. O Promotor Natural como garantia constitucional

O preceito do Promotor Natural surgiu da necessidade de haver uma mitigação do poder de designação do Procurador-Geral de Justiça e da necessidade de criação de cargos específicos com atribuição prévia do Promotor de Justiça, sendo vedada a designação pura e simples pelo Procurador-Geral de Justiça,[50] não sendo lícito ao Procurador-Geral de Justiça avocar determinados processos que estejam sob o domínio do agente ministerial.

A esse respeito, ressalta com primazia Nelson Nery Junior: "No Ministério Público todos os cargos devem ser fixos, com atribuição e funções 'previamente' estatuídas na lei. Não são mais tolerados os cargos genéricos, cuja função não esteja delineada na lei".[51]

Nesse mesmo sentido já firmou jurisprudência o Superior Tribunal de Justiça:

"O Promotor ou o Procurador não pode ser designado sem obediência ao critério legal, a fim de garantir julgamento imparcial, isento. Veda-se, assim, designação de Promotor ou Procurador *ad hoc*, no sentido de fixar prévia orientação, como seria odioso indicação singular de magistrado para processar e julgar alguém. Importante, fundamental

---

[49] Dúvida poderia surgir quanto aos juízos arbitrais instituídos pela Lei 9.307/96, porém estes não ofendem a garantia do juiz natural, uma vez que a arbitragem não é obrigatória, não havendo, portanto, nenhuma inconstitucionalidade ao se permitir a escolha pelas partes dentre o juízo estatal e o arbitral para solucionar a lide, sendo que esta garantia refere-se apenas aos órgãos estatais da jurisdição, e não aos juízes instituídos por compromisso arbitral.
[50] NERY JUNIOR, *op. cit.*, p. 88.
[51] Idem, p. 92.

é prefixar o critério de designação. O réu tem direito público, subjetivo de conhecer o órgão do Ministério Público, como ocorre com o juízo natural" (STJ: RESP 11.722-0-SP, RSTJ 39/461).

Na lição de Paulo Cezar Pinheiro Carneiro, o Promotor Natural é uma garantia social e individual que permite ao Ministério Público cumprir, livre de pressões e influências, a sua missão constitucional de defesa da ordem jurídica, do regime democrático e dos interesses sociais e individuais indisponíveis.[52]

Atualmente, de acordo com a Lei nº 8.625/93 (Lei Orgânica Nacional do Ministério Público), os critérios para a designação de Promotor de Justiça pelo Procurador-Geral de Justiça são mais rígidos que os utilizados na lei anterior, a revogada Lei Complementar nº 40/81, por força da garantia constitucional do Promotor Natural.

Com o advento da Constituição Federal de 1988, que em seu artigo 129 assim determinou: "São funções institucionais do Ministério Público: I – promover, privativamente, a ação penal pública, na forma da lei", é que o legislador pátrio conferiu ao Ministério Público a titularidade da ação penal pública, introduzindo a garantia do Promotor Natural, pois no inciso LII do art. 5º aduz que: "ninguém será processado (...) senão por autoridade competente", depreendendo-se daí que a autoridade processante competente é o membro do Ministério Público e não o juiz ou o delegado de polícia, que no sistema anterior podiam iniciar a ação penal mediante portaria, nos chamados procedimentos criminais *ex officio*.[53]

Note-se que ao juiz aplica-se apenas o vocábulo *sentenciar*, uma vez que a palavra *processar* está se referindo à atribuição que se confere ao Ministério Público para mover ação judicial, e não mais ao magistrado,[54] pois os Promotores de Justiça possuem legitimação para o ajuizamento de ações penais.

A garantia do Promotor Natural obteve o reconhecimento da sua existência pelo Supremo Tribunal Federal, que em voto do Ministro Celso de Mello, assim proclamou:

> "(...) o postulado do Promotor Natural, que se revela imanente ao sistema constitucional brasileiro, repele, a partir da vedação de designações casuísticas efetuadas pela Chefia da Instituição, a figura do 'acusador de exceção'. Este princípio consagra uma garantia de ordem jurídica, destinada tanto a proteger o membro do Ministério Público,

---

[52] CARNEIRO, Paulo Cezar Pinheiro. *O Ministério Público no Processo Civil e Penal. Promotor Natural: Atribuição e Conflito*. Rio de Janeiro. Ed. Forense, 1989, p. 53.
[53] NERY JUNIOR, *op. cit.*, p. 89.
[54] Idem, p. 90.

na medida em que lhe assegura o exercício pleno e independente do seu ofício, quanto a tutelar a própria coletividade, a quem se reconhece o direito de ver atuando, em quaisquer causas, apenas o Promotor cuja intervenção se justifique a partir de critérios abstratos e predeterminados, estabelecidos em lei. A matriz constitucional desse princípio assenta-se nas cláusulas da independência funcional e na inamovibilidade dos membros da Instituição. O Postulado do Promotor Natural limita, por isso mesmo, o poder do Procurador-Geral que, embora expressão visível da unidade institucional, não deve exercer a Chefia do Ministério Público de modo hegemônico e incontrastável (...). (HC nº 67.759/RJ, relator Min. Celso de Mello, RTJ, 150/123, julgado em 06.08.1992)".

Originou-se, então, uma garantia do jurisdicionado que passará a ser processado pelas autoridades competentes, previamente estabelecidas pelas leis processuais e de organização judiciária,[55] e uma garantia dos próprios membros do Ministério Público que estarão mais protegidos. Trata-se de uma garantia maior de isenção e independência dos membros do *parquet* e da certeza incontestável de proteção do indivíduo.[56]

Convém ressaltar, entretanto, que a Constituição de 1988 contém regra que contraria o Promotor Natural, o que não tem o condão de negar a sua existência como garantia constitucional.[57]

Nesse sentido, citamos a norma do artigo 128, inciso II, que em seu § 1º determina a nomeação do Procurador-Geral da República pelo Presidente da República e, no § 3º, dispõe sobre a nomeação do Procurador-Geral de Justiça dos Estados e do Distrito Federal pelo respectivo Chefe do Poder Executivo.

Quanto aos membros das equipes especializadas de Promotores de Justiça, estes não podem ser removidos ao alvitre do Procurador-Geral de Justiça, devendo seus componentes ser Promotores de Justiça com atribuição designada por lei, em respeito à garantia do Promotor Natural e à inamovibilidade. Tais grupos especializados, preconstituídos, não ofendem a garantia do Promotor Natural.[58]

Outrossim, tendo em vista a norma contida no art. 129, I, da Constituição Federal, entendemos que o artigo 531 do Código de Processo Penal: "O processo das contravenções terá forma sumária, iniciando-se pelo auto

---

[55] NERY JUNIOR, *op. cit.*, p. 90.

[56] PENTEADO, Jaques Camargo de. *O Princípio do Promotor Natural*. Revista dos Tribunais nº 619 , p. 412, 1987.

[57] STASIAK, Vladimir. *O Princípio do Promotor Natural e a sua Relevância na Administração da Justiça*. Revista dos Tribunais, nº 771, jan., 2000, p. 490.

[58] Nesse sentido: STJ, HC 1.171-0-RJ, RSTJ 39/213.

de prisão em flagrante ou mediante portaria expedida pela autoridade policial ou pelo juiz, de ofício ou a requerimento do Ministério Público", e o artigo 17 da Lei das Contravenções Penais (Decreto-lei 3688/41), "A ação penal é pública, devendo a autoridade proceder de ofício", ofendem o referido postulado constitucional,[59] uma vez que o Ministério Público detém a exclusividade da ação penal na forma da lei.

Ademais, têm-se como revogadas, apenas no que concerne ao promotor *ad hoc*, as disposições dos artigos 419 e 448 do Código de Processo Penal,[60] em razão do artigo 129, I, da Constituição e do artigo 25, parágrafo único, da Lei nº 8.625, de 12 de fevereiro de 1993 (Lei Orgânica Nacional do Ministério Público).[61]

Principais Conclusões

1. O termo "Juiz Natural" surgiu pela primeira vez, como garantia constitucional, com a Carta Constitucional francesa de 1814, em seu artigo 62.

2. No Brasil, a garantia do Juiz Natural esteve presente desde a Constituição de 1824, ficando ausente apenas na Constituição de 1937, e atualmente tem previsão constitucional no artigo 5º, incisos XXXVII e LIII.

3. Os postulados constitucionais do juiz e do promotor natural asseguram as garantias a eles inerentes, tais como, *v.g.*, a independência do juiz e a independência funcional dos membros do Ministério Público.

4. O Juiz Natural serve para proteger o réu, garantindo, assim, em seu julgamento, a neutralidade do juiz ou do tribunal a quem seja submetido o seu processo.

5. A natureza do Juiz Natural é de garantia constitucional.

---

[59] No mesmo sentido: NERY JÚNIOR, *op. cit.*, p. 90 e MAZZILLI, Hugo Nigro. *O Ministério Público na Constituição de 1988*, São Paulo: Saraiva, 1989, p. 102. Com opinião diversa: *RT* 643/311.

[60] Art. 419: "Se findar o prazo legal, sem que o promotor tenha oferecido o libelo, o promotor incorrerá na multa de cinqüenta mil-réis, salvo se justificada a demora por motivo de força maior, caso em que será concedida prorrogação de 48 (quarenta e oito) horas. Esgotada a prorrogação, se não tiver sido apresentado o libelo, a multa será de duzentos mil-réis e o fato será comunicado ao procurador-geral. Neste caso, será o libelo oferecido pelo substituto lega, ou, se não houver, por um promotor *ad hoc*". Art. 448: "Se, por motivo de força maior, não comparecer o órgão do Ministério Público, o presidente adiará o julgamento para o primeiro dia desimpedido, da mesma sessão periódica. Continuando o órgão do Ministério Público impossibilitado de comparecer, funcionará o substituto legal, se houver, ou promotor *ad hoc*". Parágrafo único: "Se o órgão do Ministério Público deixar de comparecer sem escusa legítima, será igualmente adiado o julgamento para o primeiro dia desimpedido, nomeando-se, porém, desde logo, promotor *ad hoc*, caso não haja substituto legal, comunicado o fato ao procurador-geral".

[61] Art. 25. (...). Parágrafo único: "É vedado o exercício das funções do Ministério Público a pessoas a ele estranhas, sob pena de nulidade do ato praticado".

6. A denominação *Juiz Natural* pode ser referida em outros ordenamentos jurídicos como *Juiz Legal* ou *Juiz Competente*.

7. Os juizados especiais criminais não ferem a garantia do juiz natural, uma vez que instituídos por lei, pois são órgãos do Poder Judiciário previamente constituídos.

8. A previsão constitucional de competência originária de tribunal superior para o processamento e o julgamento de determinadas pessoas em razão da prerrogativa de função não ofende o postulado do Juiz Natural.

9. O regime de exceção, entendido como sendo a designação de juízes substitutos para a realização de esforço concentrado em diversas varas com o objetivo de auxiliar os juízes titulares, não ofende o postulado constitucional do Juiz Natural.

10. A delegação, por ministro-relator, de competência para a realização de atos de instrução criminal a juiz ou desembargador específico não viola a garantia do Juiz Natural.

11. A participação de juiz convocado no julgamento de recurso por tribunal de segunda instância, ainda que na qualidade de relator, também não ofende o Juiz Natural.

12. O desaforamento e a prorrogação de competência, desde que realizados de acordo com a lei, não violam a garantia do Juiz Natural.

13. As violações aos postulados constitucionais do Juiz ou do Promotor Natural importam em nulidade, nos termos da lei processual penal.

14. A existência do Promotor Natural como postulado constitucional foi reconhecida pelo Supremo Tribunal Federal em *leading case* (*HC nº 67.759/RJ, rel. Min. Celso de Mello, RTJ, 150/123*).

15. A Constituição de 1988 acolheu a garantia do Promotor Natural em seu artigo 5º, inciso LIII, ao utilizar o termo "processar", designando, assim, o membro do Ministério Público como a autoridade processante competente, sendo o titular da ação penal (art. 129, I).

16. A natureza do Promotor Natural é de garantia constitucional.

17. Tal qual o Tribunal de exceção, a figura do "promotor de exceção" ou "promotor *ad hoc*" é vedada pelo nosso ordenamento jurídico, que não admite nomeações e/ou remoções arbitrárias dos membros do *parquet* por parte do Juiz ou do Procurador-Geral de Justiça.

18. As equipes especializadas de Promotores de Justiça não ferem a garantia do Promotor Natural, desde que preestabelecidas e assentadas em lei.

19. As normas constantes dos artigos 531 do Código de Processo Penal e 17 da Lei das Contravenções Penais ofendem frontalmente o postulado constitucional do Promotor Natural.

20. Encontram-se revogadas, apenas no que concerne ao promotor *ad hoc*, as disposições dos artigos 419 e 448 do Código de Processo Penal.

Bibliografia

BASTOS, Celso Ribeiro e MARTINS, Ives Gandra. *Comentários à Constituição do Brasil: promulgada em 5 de outubro de 1988*. São Paulo: Saraiva, 1988-1989.

BRASIL. *Constituições do Brasil / compilação e atualização dos textos, notas, revisão e índices, Adriano Campanhole, Hilton Lobo Campanhole*, 12. ed., São Paulo: Atlas, 1998.

CALAMANDREI, Piero. *Instituzioni di Diritto Processuale Civile*. v. IV, Napolis, Morano: 1970.

CAPEZ, Fernando. *Curso de Processo Penal*. 6.ed. São Paulo: Saraiva, 2001.

CARNEIRO, Paulo Cezar Pinheiro. *O Ministério Público no Processo Civil e Penal. Promotor Natural. Atribuição e Conflito*. Rio de Janeiro: Forense, 1989.

CONSTITUIÇÕES DOS PAÍSES DO MERCOSUL 1996-2000 - TEXTOS CONSTITUCIONAIS - ARGENTINA, BOLÍVIA, BRASIL, CHILE, PARAGUAI E URUGUAI – (Série ação parlamentar; n° 153), Brasília: Câmara dos Deputados, Coordenação de Publicações, 2001.

COUTINHO, Jacinto Nelson de Miranda. *Introdução aos Princípios Gerais do Direito Processual Penal Brasileiro*. Revista de Estudos Criminais, Ano 1, n°1, 2001.

DELGADO, José Augusto. *A Supremacia dos Princípios nas Garantias Processuais do Cidadão*. Revista de Processo, n° 65, p. 89-103, jan./mar., 1992.

DEMERCIAN, Pedro e MALULY, Jorge Assaf. *Curso de Processo Penal*. São Paulo: Atlas, 1999.

DIAS, Jorge de Figueiredo. *Direito processual penal*. Coimbra: Coimbra, 1974.

FERRAJOLI, Luigi. *Derecho y Razón: Teoría del Garantismo Penal*. Tradução de Perfecto Andrês Ibâñes, Alfonso Ruiz Miguel, Juan Carlos Bayón Mahinu, Juan Terradillos Basoco e Rocio Cantarero Bandrés. 4.ed., Editorial Trotta, 2000.

GOMES, Luiz Flávio. *Apontamentos sobre o Princípio do Juiz Natural*. Revista dos Tribunais, n° 703, p. 417-422, mai., 1994.

GRINOVER. Ada Pellegrini. *O Princípio do Juiz Natural e sua Dupla Garantia*, Revista de Processo. n° 29, p. 11-33, jan./mar., 1983.

——. *O Procedimento Sumário, o Princípio do Juiz Natural e a Lei Orgânica do MP*. Revista da Ajuris, n° 32, p. 98-107, 1984.

HABSCHEID, Walter J. *As Bases do Direito Processual Civil*. Trad. por Arruda Alvim. Revista de Processo. n° 11-12, p. 117-145, jul./dez., 1978.

LLORENTE, Francisco Rubio e PELÁEZ, Mariano Daranas. *Constituciones de los Estados de la Unión Europea*, Barcelona: Ariel, p. 346, 1997.

MARQUES, José Frederico. *Enciclopédia Saraiva do Direito / Prof° R. Limongi (Coord.)*, São Paulo: Saraiva, 1977.

——. *Instituições de Direito Processual Civil*, Rio de Janeiro: Forense, v. I, 1958.

MAZZILLI, Hugo Nigro. *O Ministério Público na Constituição de 1988*. São Paulo: Saraiva, 1989.

MORAES. Alexandre de. *Direitos Humanos Fundamentais: teoria geral, comentários aos arts. 1º ao 5º da CF, doutrina e jurisprudência.* 3. ed., São Paulo: Atlas, 2000.

NERY JÚNIOR. Nelson. *Princípios do Processo Civil na Constituição Federal.* 5. ed. São Paulo: Revista dos Tribunais, p. 65-93, 1999.

PENTEADO, Jaques de Camargo. *O Princípio do Promotor Natural.* Revista dos Tribunais, nº 619, p. 407-413, 1987.

PONTES DE MIRANDA. *Comentários à Constituição da República dos E. U. do Brasil*, Rio de Janeiro: Guanabara, t. 2, 1937.

——. *Comentários à Constituição de 1946*, 4. ed., t. V., Rio de Janeiro: Borsoi, 1963.

——. *Comentários à Constituição de 1967*, t. V., São Paulo: Revista dos Tribunais, 1968.

PORTO, Sérgio Gilberto. *Litisconsórcio: Noções e Recusabilidade da Formação por Violação do Juízo Natural.* Revista da Ajuris, p. 31-41, 1984.

SARLET, Ingo Wolfgang. *A eficácia dos direitos fundamentais.* Porto Alegre: Livraria do Advogado, 1998.

SCHWAB, Karl Heinz. *Divisão de Funções e o Juiz Natural.* Trad. de Nelson Nery Júnior. Revista de Processo, nº 48, p. 124-131, out./dez., 1987.

SPAGNOLO, Juliano. *A Garantia do Juiz Natural e a nova redação do art. 253 do Código de Processo Civil (Lei 10.358/01) in. As garantias do cidadão no processo civil: relações entre constituição e processo.* Sergio Gilberto Porto (Org.). Porto Alegre: Livraria do Advogado, 2003.

STASIAK, Vladimir. *O Princípio do Juiz Natural e suas Implicações no Processo Penal Brasileiro.* Revista dos Tribunais, nº 776, jun., 2000.

——. *O Princípio do Promotor Natural e a sua Relevância na Administração da Justiça.* Revista dos Tribunais, nº. 771, jan., 2000.

TUCCI, Rogério Lauria. *Juiz Natural e Competência em Tribunal.* Revista dos Tribunais nº 765, p. 7-107, 1999.

USTÁRROZ, Daniel. *Breve nota sobre o desaforamento e a possibilidade de reaforar.* Direito & Justiça, v. 23, ano 23, p. 91-104, 2001.

— 10 —

A prisão em flagrante e a prisão preventiva: uma análise crítica

MIGUEL TEDESCO WEDY

Advogado, Mestre em Ciências Criminais pela PUC-RJ,
Professor de Direito Penal da Unisinos

Sumário: I) Introdução; II) Prisão em flagrante, conceito, objeto e natureza jurídica; III) Prisão preventiva, conceito, objeto, requisito e fundamentos; III.I) Prisão para a garantia da instrução; III.II) Prisão para a garantia da aplicação da lei penal; III.III) Prisão para a garantia da ordem pública e para a garantia da ordem econômica; IV) Bibliografia

I) Introdução

Segundo dados do Departamento Penitenciário Nacional de agosto de 2003, o Brasil possui 284.989 cidadãos encarcerados, dos quais 86.417 são presos provisórios, ou seja, ainda não foram condenados com trânsito em julgado. Assim, vê-se que 30% da população carcerária é formada por presos provisórios, quase um terço. Noutras palavras, de cada três presos no Brasil, um é preso provisório.

Este fato traz a lume um grave problema da atualidade, a utilização de um processo penal de emergência e de um direito penal de urgência. A sociedade exige do Estado ações rápidas, emergenciais, condenações céleres, não basta apenas julgar bem, é preciso julgar rápido, de imediato.

Como salienta Ferrajoli, a infalibilidade e prontidão da pena pretendidas por Bentham e Beccaria foram substituídas pela imediatidade e infalibilidade da prisão provisória.[1] Vivemos, na lição de Lipovetsky,[2] sob

---

[1] FERRAJOLI, Luigi. *Derecho Y Razón, Teroria Del Garantismo Penal.* 4 ed. Madrid: Trotta, 2000, p. 379.
[2] *Apud* OST, François. *O Tempo do Direito.* Lisboa: A Triunfadora Artes Gráficas, 1999, p. 350.

o "império do efêmero", razão pela qual a prisão provisória, que deveria ser exceção, tornou-se regra. Como salienta François Ost, "o transitório tornou-se habitual, a urgência tornou-se permanente".[3]

A cultura da urgência enfraquece a idéia de prisão provisória como instrumento, para transformá-la em pena antecipada, em execução provisória da pena, em desrespeito à presunção de inocência, à provisionalidade, à necessidade e à proporcionalidade, que deveriam ser os princípios norteadores das medidas cautelares restritivas de liberdade.[4]

O que se almeja nestas breves linhas, é fazer uma análise tópica sobre duas espécies de prisões processuais ocorrentes no ordenamento jurídico brasileiro.

II) Prisão em flagrante: conceito, objeto e natureza jurídica

A prisão em flagrante, segundo o art. 302, incisos I, II e III, do Código de Processo Penal, é a prisão que ocorre quando o agente está "cometendo a infração penal, acaba de cometê-la ou é perseguido, logo após, pela autoridade, pelo ofendido ou por qualquer pessoa, em situação que faça presumir ser ele autor da infração".

Para Carnelutti:[5]

"Según la tradición, tales presupuestos se resumen en la noción de la flagrancia. La expressión metafórica se refiere a la llama, que denota con certeza la combustión; cuando se ve la llama, es indudable que alguna cosa arde. Flagrancia es el delito, en general, mientras se ve, o sea para quien lo ve cometer; en otras palabras, para quien está presente a su cumplimiento."

A expressão "flagrante delito" ressalta a evidência do crime, a sua visibilidade, a ardência visual da ação criminosa. O flagrante nada mais é que a certeza visual do crime.[6]

O objeto da prisão cautelar, como já visto, é a proteção do sereno e seguro desenrolar do processo e do proficiente direito-dever de punir ou

---

[3] OST, François, op. cit., 359.
[4] No mesmo sentido, vai a lição de Fauzi Choukr: "A prisão, de figura excepcional antes da sentença condenatória transitada em julgado, passa a ser encarada como algo natural à relação processual. Mais além. Os argumentos naturalmente pertencentes à exceção passam a integrar a rotina persecutória, como se a transposição não fosse traumática". *Processo Penal de Emergência*. Rio de Janeiro: Lúmen Juris, 2002. p. 63.
[5] CARNELUTTI, Francesco. *Lecciones* ..., p. 77.
[6] FARIA, Bento de. *Código de Processo Penal*. Rio de Janeiro: Jacinto, 1942. v. I. p. 358.

jus puniendi. No caso da prisão em flagrante, é preciso primeiro definir se ela possui as características da medida cautelar.

A prisão em flagrante, como se viu, está prevista nos arts. 301 e seguintes do Código de Processo Penal. Segundo a regra legal do art. 301, a autoridade policial e seus agentes deverão e qualquer do povo poderá prender quem quer que seja encontrado em flagrante delito.

Trata-se, segundo a doutrina tradicional, de medida administrativa, pois levada a efeito pela autoridade, sem ordem expressa do Poder Judiciário. Ademais, diz-se que a medida serve para garantir a incolumidade do material probatório, já que a prisão em flagrante, a não ser nos casos de crime instantâneo, afeta o *iter criminis* em pleno curso.

Outrossim, a prisão cautelar, segundo parte da doutrina, serve à reação social, já que implica a evitação da impunidade, que se daria pela leniência da não-prevenção do delito.

Porém, para Banacloche Palao o flagrante é uma medida pré-cautelar, pois não se destina a garantir o resultado final do processo, mas apenas busca colocar o detido ao dispor do juiz para que este aprecie a cautelaridade ou não da situação.[7] Da mesma forma entendem Ferraioli e Dalia, *"l'arresto in flagranza é uma Misure Pré-Cautelari Personali"*, já que o flagrante é medida absolutamente precária, tendo em vista sua brevíssima duração.[8]

Esse também é o entendimento de Aury Lopes Júnior:

"Em síntese, o primeiro aspecto a ser destacado é que *a prisão em flagrante não é uma prisão cautelar, mas sim uma medida pré-cautelar.* Isto porque se destina a preparar, instrumentalizar uma futura medida cautelar. Por isso, é a única forma de detenção que a Constituição permite seja realizada por um particular ou pela autoridade policial *sem* ordem judicial".[9]

Via de conseqüência, deve ser entendida como o instrumento do instrumento (prisão cautelar) do instrumento (processo), com uma instrumentalidade "sub-potencializada", já que a "sua precariedade impõe uma duração curtíssima e a imediata judicialização do procedimento".[10]

Portanto, ocorrida a prisão em flagrante, lavrado o auto pela autoridade competente dentro dos termos legais, a autoridade judicial o homologará. A antiga prática de transformar, sem a devida fundamentação, a prisão em flagrante em preventiva, não pode mais ser aceita, em virtude do disposto no parágrafo único do art. 310 do Código de Processo Penal.

---

[7] BANACLOCHE PALAO, Julio. *Op. cit.*, p. 291ss.
[8] FERRAIOLI, Marzia; DALIA, Andréa Antonio. Op. cit., p. 228ss.
[9] LOPES JÚNIOR, Aury. *Crimes...*, p. 52.
[10] Ibidem, p. 74.

A simples manutenção da prisão em flagrante, sem a análise dos requisitos da prisão preventiva, constitui grave ofensa ao princípio da jurisdicionalidade, pois o juiz abre mão do seu dever de decidir sobre a restrição da liberdade do sujeito passivo da prisão antes do trânsito em julgado.[11]

Mesmo em se tratando de prisão em flagrante por crimes hediondos, em que a lei veda a liberdade provisória (Lei 8.072/90, art. 2º, II), o juiz deverá fundamentar a decisão, manifestando-se sobre a decretação ou não-decretação da prisão preventiva, atentando sempre para o fundamento e o requisito da prisão cautelar, a fim de respeitar o caráter instrumental de tais medidas.

A simples homologação do flagrante no caso de crime hediondo, sem a averiguação das condições da prisão preventiva, não apenas desrespeita a instrumentalidade, como também ofende o princípio da jurisdicionalidade, mitigando-o. Nesse caso, a apatia do juiz, escondida sob o manto do formalismo, cria nova modalidade de prisão, "decretada" pela autoridade policial que lavrou o flagrante.

E, além disso, o juiz deverá motivar a conversão ou não da prisão em flagrante em preventiva, sob pena de ofensa ao princípio da motivação das decisões judiciais (arts. 93, IX, da Constituição Federal de 1988 e 315 do Código de Processo Penal).

A prisão deve ter um caráter meramente instrumental – de proteção ao conteúdo probatório e de garantia de aplicação da lei -, sendo flagrantemente inconstitucional qualquer prisão não motivada ou que não atenda tais exigências.

A simples decisão homologatória do magistrado, como a dizer "estão presentes as circunstâncias das cautelares ou reveste-se o auto das garantias legais" é inconstitucional ante o art. 93, IX, da Constituição Federal, pois não fundamentada.[12]

---

[11] Norberto Flach lança contundente libelo contra tal prática em *Prisão Processual Penal: Discussão à Luz Dos Princípios Constitucionais da Proporcionalidade e da Segurança Jurídica*. Rio de Janeiro: Forense, 2000. p. 78. Segundo Flach, "a própria competência constitucional para decretar a privação da liberdade resta abalada pela legislação infraconstitucional – é exemplo a Lei dos Crimes Hediondos (Lei 8.072/90) – que veda a concessão da liberdade provisória (art. 2º, inciso II): sendo o sujeito preso e autuado em flagrante por crime hediondo ou equiparado, que vem a ser homologado pelo juiz porque 'atendidos os seus requisitos formais', sem que haja manifestação sobre a eventual conversão da prisão em preventiva, pode ser eternizada a sua prisão em flagrante (como amiúde tem ocorrido em todo, nas várias instâncias), deixando de ser apreciadas judicialmente a conveniência e a necessidade da prisão".

[12] Nesse diapasão vai parte da jurisprudência do Tribunal de Justiça do Estado do Rio Grande do Sul, conforme Ementa: "Flagrante. Requisitos da preventiva. Ausência. Segurança Pública. Responsabilidade do Estado. Constituição Federal. Responsabilidade do Juiz. O juiz é o guardião da Constituição e, dela como das cláusulas pétreas, garantias e direitos fundamentais do cidadão. Não o é da segurança pública, afeta ao Poder Executivo e, para antepor-se a presunção de inocência, ainda que

Deve o magistrado vislumbrar o *fumus comissi delicti*, o *periculum libertatis* e a ameaça real e concreta ao conteúdo probatório ou à aplicação da lei penal para decretar a prisão preventiva.

Apenas a título de ilustração, cabe referir a situação do direito comparado:

– na Espanha, o detido em flagrante deverá ser apresentado ao juiz no prazo máximo de 24 horas (art. 496 da LECrim), momento em que será convertida a prisão preventiva ou será concedida liberdade provisória;

– na Alemanha (StPO, § 128), o detido deverá ser conduzido ao juiz do *Amtsgericht* em cuja jurisdição tenha ocorrido a detenção, de imediato ou quando muito no dia seguinte à detenção;

– na Itália, o Códice de Procedura Penale (art. 386.3) determina que a polícia deverá colocar o detido à disposição do Ministério Público o mais rápido possível ou no máximo em 24 horas, entregando junto o correspondente atestado policial;

– em Portugal, o Código de Processo Penal (art. 254, a) determina que no prazo máximo de 48 horas deverá ser efetivada a apresentação ao juiz, que decidirá sobre a prisão cautelar aplicável, após interrogar o detido e dar-lhe oportunidade de defesa (art. 28.1 da Constituição).[13]

A solução apresentada em Portugal é a mais acertada, pois permite o contraditório e a ampla defesa de forma antecedente à decretação da prisão, o que certamente confere ao magistrado maiores elementos para a decisão e, via de conseqüência, menor possibilidade de erro.

Por fim, é relevante fazer referência ao Anteprojeto de Reforma do Código de Processo Penal, no que concerne à prisão em flagrante. A reforma prevê que o juiz, ao receber o auto de prisão, poderá relaxá-la, se ilegal, ou converter o flagrante em prisão preventiva, quando presentes as condições de cautelaridade, como poderá também conceder a liberdade provisória, com ou sem fiança.[14]

---

o respeite, é função do Ministério Público construir a defesa da sociedade que ele, com tanta dignidade e grandeza representa, para desenvolver a crítica a conduta do agente, dispensando, pois, este cuidado dos juizes de direito, a não ser no momento nobre da sentença, quando, então, à luz das provas, poderá revogar o *status libertatis* do cidadão. Antes, para a prisão cautelar, exceção última, a fundamentação deverá vir com a demonstração cautelosa e prudente do *Periculum Libertatis*, o que não vejo presente na espécie. Ordem Concedida. (HC 70006050678, Quinta Câmara Cível, TJRS, Rel. Des. Aramis Nassif, j. em 23.04.2003). E ainda: "*Habeas Corpus*. Prisão em Flagrante. Desnecessidade da manutenção da medida constritiva da liberdade. Ausência dos pressupostos autorizadores. Por medida excepcional, a privação provisória da liberdade está sempre subordinada a comprovação do periculum libertatis. Não se verificando a necessidade da constrição, a liberdade se impõe. Ordem Concedida (HC 70005755509, Rel. Des.ª Maria da Graça Carvalho Mottin, j. em 11.02.2003)."

[13] LOPES JÚNIOR, Aury. *Crimes...*, p. 74.

[14] PELLEGRINI GRINOVER, Ada. A Reforma do Processo Penal. In: Organizador WUNDERLICH, Alexandre. *Escritos de Direito e Processo Penal em Homenagem ao Professor Paulo Cláudio Tovo*. Rio de Janeiro: Lúmen Júris, 2002. p. 9.

III) Prisão preventiva: conceito, objeto, requisito e fundamentos

A prisão preventiva é a prisão cautelar por excelência, que está prevista no art. 312 do Código de Processo Penal.

O referido artigo dispõe que a prisão preventiva é a medida cautelar que pode ser decretada para a "garantia da ordem pública, da ordem econômica, por conveniência da instrução criminal, ou para assegurar a aplicação da lei penal, quando houver prova da existência do crime e indícios suficientes de autoria".

O objeto da prisão preventiva é a garantia do normal desenvolvimento do processo, a fim de garantir a eficaz aplicação do direito-dever de punir, bem como para proteger a intangibilidade da ordem pública e da ordem econômica.

A Constituição Federal admite, como exceção, a privação de liberdade sem o efetivo trânsito em julgado de decisão judicial condenatória. Porém, a prisão só deve ser levada a cabo se presentes os seus requisitos, quais sejam, os requisitos das cautelares em geral, que se explicitam do modo mais vivaz na hipótese da prisão preventiva.

O Código de Processo Penal regula as hipóteses de cabimento da prisão preventiva, nos arts. 311 a 316.

Como dispõe o art. 311, caberá a prisão preventiva em qualquer fase do inquérito policial ou da instrução criminal.

A prisão preventiva, portanto, exige a prévia instauração de inquérito policial ou investigação dirigida pelo próprio Ministério Público, ao contrário do que se vê na prática jurisdicional. Ora, inexiste previsão legal de prisão preventiva antes do inquérito, o que configura medida restritiva da liberdade que não encontra respaldo na lei.

De outra parte, também não caberá prisão preventiva após a instrução processual, senão para garantir a aplicação da lei penal. Além disso, a prisão preventiva deverá ser requerida pelo agente do Ministério Público ou do querelante ou mediante representação da autoridade policial.[15] A pre-

---

[15] Também pode ser tida como inconstitucional a prisão requerida pelo querelante, em virtude do art. 129, I, da Constituição Federal, que prevê como função institucional do Ministério Público promover a ação penal pública na forma da lei. Ora, se é entendimento que o juiz não pode decretar de ofício a prisão, razão nem fundamento há para se aceitar o requerimento de prisão pelo querelante, pois se configura em crassa violação do princípio acusatório. Além disso, em caso de representação da autoridade policial, antes do decreto, seria correto dar-se vista ao Ministério Público, que é o fiscal da lei e titular da ação penal pública. O contrário significa diminuir a transcendental instituição do Ministério Público, um dos alicerces do Estado Democrático de Direito.

visão inquisitorial de prisão de ofício pelo próprio juiz deve ser repelida, pois ofensiva ao princípio acusatório.[16]

O art. 312 dispõe acerca das hipóteses de cabimento da prisão preventiva, bem como sobre a necessidade do requisito (*fumus comissi delicti - probabilidade de existência do delito*) e do fundamento (*periculum libertatis*) da medida extrema de restrição da liberdade.[17]

Além do *fumus comissi delicti* e do *periculum libertatis*, o art. 312 prevê a possibilidade de decreto da prisão preventiva como garantia da ordem pública e da ordem econômica, além da garantia da instrução criminal e da aplicação da lei penal.

III.1) Prisão para a garantia da instrução

A prisão para a garantia da instrução criminal, prevista no art. 312 do Código de Processo Penal, é a que guarda maior relação com a instrumentalidade e a cautelaridade que devem nortear as prisões cautelares.

Adotando-se uma visão garantista, a defesa da instrução processual, da integridade das provas, da lisura das testemunhas, é a razão própria de existência das prisões cautelares.

---

[16] Em artigo intitulado "*A Iniciativa Instrutória do Juiz No Processo Penal Acusatório*", Ada Pellegrini entende que um sistema penal acusatório poderia adotar um modelo "adversarial" (modelo do Direito anglo-saxão que se caracteriza pela predominância das partes na determinação da marcha do processo e na produção das provas) ou "inquisitorial" (modelo do sistema continental no qual a determinação da marcha do processo e a produção das provas recaem de preferência sobre o juiz), sustentando que mesmo nos países anglo-saxões o modelo adversarial estaria cedendo terreno ao modelo do desenvolvimento oficial, em razão de concepções publicistas de processo e de suas funções sociais. Em razão disso, não se caracterizaria como arbitrária e parcial a iniciativa probatória do juiz no processo penal, visto que seriam respeitados os princípios do contraditório e da motivação, além do que seriam lícitas as provas que se pretenderiam provar. GRINOVER, Ada Pellegrini. *A Iniciativa Instrutória do Juiz no Processo Penal Acusatório*. R. Cons. Nac. Pol. Crim. E Penit., Brasília, 1(12): 15-25, Jul/98 dez/99, p. 22 e 23. É respeitável o posicionamento de Ada Pellegrini Grinover, até porque seria possível aceitar uma quebra positiva do princípio da igualdade para beneficiar o réu, em razão da evidente disparidade entre as partes e por ser ele a parte mais fraca no transcurso do processo. Porém, só neste caso. O que não se pode aceitar é uma violação clara e inequívoca do princípio acusatório, caracterizada pela decretação de ofício da prisão preventiva. Ou seja, como salienta Geraldo Prado, é estranho ao sistema acusatório, porque incompatível com o princípio acusatório, o poder do juiz de decretar, de ofício, a prisão preventiva, conforme o art. 311 do Código de Processo Penal. PRADO, Geraldo. Op. cit., p.158. Além disso, como refere Aury Lopes Júnior, o juiz instrutor viola a imparcialidade objetiva, aquela que deriva não da relação do juiz com as partes, mas sim de sua relação com o objeto do processo, criando uma situação de desconfiança e incerteza na comunidade e nas instituições, conforme decidiram o Tribunal Europeu de Direitos Humanos (TEDH) (caso Piersack, de 1/10/82 e Caso Cubber, de 26/10/84) e o Tribunal Constitucional Espanhol (STC 145/88). LOPES JÙNIOR, Aury. *Sistemas* ..., p. 69.

[17] No art. 312, quando se fala em prova de existência do crime, deve ser entendida como certeza do fato, não de existência do crime, o que só poderá ocorrer ao final, com a sentença, como já referido na lição de Carnelutti.

Para Perfecto Ibañez,[18] a prisão cautelar por ameaça ao material probatório é aquela que menos estigmatiza o sujeito passivo, pois, no caso, a assimilação de imputado a culpável se dá em menor grau. E, embora se argumente que um imputado inocente também poderia violar o material probatório para assegurar sua absolvição, tal fato só viria demonstrar que a medida cautelar em si mesma careceria de implicações culpabilizadoras.

A prisão em virtude de ameaça à instrução processual, portanto, tem especial relevância, pois visa a assegurar que o magistrado chegue ao seu *decisum* apurando uma prova idônea, legalmente carreada aos autos, sem vícios.

Essa constatação é ainda mais saliente no caso de crimes graves, no qual estão incursas organizações criminosas, como no caso de tráfico de entorpecentes e improbidades administrativas e financeiras.

Porém, mesmo em tais casos, os efeitos das prisões provisórias são terríveis para o sujeito passivo, razão pela qual devem ser minimizados.

Outrossim, a prisão para a garantia da instrução processual, não se pode negar, acaba por afetar o direito à ampla defesa e ao contraditório, pois tolhe do sujeito passivo o exercício pleno de sua defesa pessoal. A defesa técnica, em muitas ocasiões, sente de forma latente a ausência da defesa pessoal, que lhe poderia fornecer maiores subsídios para a tese defensiva.

Como referiu Carnelutti:[19]

"... No se olvide que, si el aislamiento ayuda a impedir que el imputado realice maniobras deshonestas para crear pruebas falsas o para quitar de en medio de pruebas verdaderas, más de una vez perjudica a la justicia porque, por el contrario, le quita la posibilidad de buscar y de proporcionar pruebas útiles para hacer conocer al juez la verdad."

Portanto, mesmo no caso de ameaça ao material probatório, antes da prisão provisória, deveriam ser tomadas medidas alternativas, com o propósito de minorar a estigmatização e a violência sofridas pelo sujeito passivo.

Para Ferrajoli,[20] a prisão poderia ser substituída pela simples condução coativa do imputado, por horas ou dias, até que fosse coletada a prova ameaçada:

"una exigencia de esta clase puede verse satisfecha, mejor que por la prisión cautelar, por el simple traslado coactivo del imputado ante el

---

[18] IBÁNEZ. *Perfecto...*, p. 26.
[19] CARNELUTTI, Francesco. *Lecciones...*, p. 75.
[20] FERRAJOLI, Luigi. *Derecho...*, p. 557.

juez y su detención por el tiempo estrictamente necesario - horas o al máximo días pero no años - para interrogarlo en una audiencia preliminar o en un incidente probatorio y quizá para realizar las primeras comprobaciones acerca de sus disculpas."

Outra alternativa seria a antecipação de provas, de forma a produzir, de maneira mais célere, mas sem agredir o contraditório e a ampla defesa, o conteúdo probatório do processo. O art. 225 do Código de Processo Penal trata de forma pueril da produção antecipada de provas. No caso, a lei processual dispõe que a produção antecipada só pode ser admitida em casos extremos, nos quais seja impossível a repetição de prova em juízo. Noutras palavras, limita a produção antecipada de provas.[21]

Outrossim, a prisão para a garantia da instrução criminal tem fundamento só até a coleta do material probatório. Após a instrução, cai por terra este fundamento da prisão cautelar.[22]

Portanto, a prisão preventiva baseada na garantia da instrução criminal é a cautelar por excelência, pois serve de forma efetiva como instrumento do processo.

III.II) Prisão para a garantia da aplicação da lei penal

Noutra oportunidade, contestávamos a cautelaridade deste fundamento da prisão preventiva.[23] Porém, mercê de uma reflexão bem aprofundada, retrocedemos, e reconhecemos como efetivamente cautelar a prisão para a garantia da aplicação da lei penal. Porém, mesmo nesse caso, quando é temida a fuga do réu ou suspeito, podem ser adotadas medidas alternativas, objetivando a evitação da prisão.

Segundo Ferrajoli[24] o jurista deveria indagar: tal finalidade é legítima? E se o for, é proporcional em relação aos seus custos?

---

[21] Aury Lopes Júnior refere que os requisitos básicos para a produção antecipada de prova são: a) relevância e imprescindibilidade do seu conteúdo para a sentença; b) impossibilidade de sua repetição na fase processual, amparado por indícios razoáveis do provável perecimento da prova. Além disso, prossegue Lopes Júnior, o incidente deve ser praticado com a devida obediência ao contraditório e a ampla defesa, logo: a) em audiência pública; b) em ato presidido por autoridade judicial; c) na presença dos sujeitos e dos seus defensores; d) com sujeição às regras processuais, com todos os seus requisitos formais; e) o sujeito passivo deve ter o mesmo direito de intervenção que lhe seria assegurado no processo. LOPES JÚNIOR, Aury. *Sistemas de Investigação...*, p. 192.

[22] Neste sentido entendeu o Desembargador Tupinambá Pinto de Azevedo: "*Habeas Corpus*. Preventiva. Necessidade. É de se reconhecer constrangimento ilegal na manutenção de prisão provisória fundada na garantia da instrução criminal, se todas as testemunhas já foram ouvidas. No caso, o encerramento da instrução retira base à preventiva. *Habeas* concedido" (HC nº 70000797831, 8ª Câmara Criminal do TJRS, Rel. Des. Tupinambá Pinto de Azevedo, j. em 12.04.2000).

[23] No artigo Prisão: Constituição e Utopia, *in Ensaios Penais Em Homenagem Ao Professor Alberto Rufino Rodrigues de Sousa*, Ney Fayet Júnior Organizador, Porto Alegre: Ricardo Lenz Editor, 2003, p. 610 a 619.

[24] FERRAJOLI, Luigi. *Derecho...*, p. 555ss.

Preliminarmente, cabe referir que o perigo de fuga é provocado, não raro, pela severidade excessiva do regime de penas. Como se não bastasse, a fuga se dá, no mais das vezes, mais pelo temor de uma prisão preventiva do que pelo temor de uma pena. Ou seja, é o desrespeito generalizado pela garantia da presunção de inocência o motivador de muitas evasões. As evasões, de sua parte, perpetuam uma espraiada descrença nas instituições democráticas. Tem-se aqui, por conseguinte, um inequívoco círculo vicioso.

A vulgarização das medidas cautelares pessoais promove e incentiva a fuga de imputados que, em situações normais, aguardariam o processo em liberdade e ficariam à disposição da Justiça.

Como dizia Voltaire:

"el rigor extremo de vuestro procedimiento criminal quien le obliga a esta desobediencia. Si un hombre está acusado de un crimen, empezáis por encerrarle en un calabozo horrible; no permítis el que tenga comunicación con nadie; le cargáis de hierros como si ya le hubieseis juzgado culpable. Los testigos que deponen contra él son oídos secretamente. Solo los vê un momento en la confrontación...Cuál es el hombre a quien este procedimiento no asuste? Donde hallar un hombre tan justo que pueda estar seguro de no abatirse?"[25]

Ante a disseminação atual de um justiçamento imediato, a fim de atender a "ordem pública", é impossível impedir a fuga pelo temor de prisões antes mesmo de formado o juízo.

Ademais, o perigo de fuga não se trata de um perigo tão grande. O fato é que a fuga é um verdadeiro tormento para o réu, tendo em vista uma sociedade informatizada e internacionalmente integrada como a atual. A fuga definitiva, de outra parte, se apresenta como de extrema dificuldade.[26] Bastaria, assim, uma maior vigilância sobre o imputado, nos moldes da liberdade vigiada romana, mas utilizando os modernos recursos tecnológicos da atualidade.

Em segundo lugar, o acusado ao fugir, sofre forma especial de pena, pois a clandestinidade gera um estado de permanente insegurança, semelhante à antiga *acqua et igni interdictio* prevista pelos romanos como pena

---

[25] *Apud* FERRAJOLI, Luigi. *Derecho...*, p. 558.
[26] Alguns poderiam contradizer, objetando ao que foi dito à realidade da área de segurança pública no Brasil. A segurança pública, durante longo período, foi desprestigiada e tida como atividade subalterna do Estado. Hoje, diante da realidade social, agravada pelas profundas desigualdades econômicas do país, busca-se realçar o debate sobre o problema da segurança pública, o que certamente exigirá um enfoque multidisciplinar. Porém a debilidade dos órgãos estatais de segurança jamais poderá servir como justificativa para a violação reiterada dos direitos humanos pela adoção de prisões inconstitucionais.

capital.[27] Além disso, como refere Ferrajoli,[28] a fuga do imputado e o seu afastamento da sociedade representariam a sua efetiva neutralização, com o atendimento de um dos fins da pena.

Assim, a prisão para a garantia da aplicação da lei penal deve existir apenas se houver probabilidade evidente de fuga, e não uma mera conjectura.[29] No caso de o sujeito possuir residência fixa, família constituída, emprego definido, também restaria enfraquecida a possibilidade do decreto de prisão preventiva para a aplicação da lei penal, pois se deve presumir que o sujeito irá obedecer ao chamado do Poder Judiciário, e não o contrário, presumir a sua periculosidade, o que seria uma afronta à presunção de inocência.

Também não se pode desconsiderar que em certas ocasiões seriam mais úteis medidas cautelares alternativas. Veja-se nos casos dos crimes contra a ordem econômica ou tributária ou no caso dos delitos por improbidade administrativa ou financeira, nos quais deveriam ser adotas medidas cautelares reais, como o seqüestro e o arresto de bens.

Além de mais eficazes, pois poderiam recuperar os bens mal havidos, tais medidas diminuiriam a estigmatização de eventuais suspeitos ou réus que, muitas vezes, sofrem um julgamento prematuro da mídia, além de uma pena antecipada decorrente da prisão provisória. O recurso da prisão domiciliar também poderia ser uma alternativa, pois mantém o sujeito sob a vigilância do Estado, mas impede o estigma de ter estado no cárcere.

Por fim, convém referir que a Comissão constituída por intermédio da Portaria nº 61, de 20 de janeiro de 2000, para analisar a reforma do Código de Processo Penal, propôs uma série de alternativas, dentre as quais duas poderiam ser utilizadas no caso em voga: a proibição de ausentar-se do país e o recolhimento domiciliar noturno.[30]

III.III) Prisão para a garantia da ordem pública e para a garantia da ordem econômica

Hoje, no Brasil, a prisão para a garantia da ordem pública está prodigalizada como uma panacéia para curar a ânsia de segurança do povo.

O processo penal de emergência dos dias atuais, que visa a satisfazer uma demanda crescente e insaciável de segurança da mídia e da população,

---

[27] FERRAJOLI, Luigi. *Derecho...*, p. 559.

[28] Ibidem, loc. cit.

[29] Para Tourinho Filho, "nesse caso impende haja prova mais ou menos sensata no sentido de que o réu está querendo, na expectativa de uma condenação, dela safar-se. Mera suspeita não. Presunção, também não. É preciso um mínimo de prova sensata no sentido de que ele está se desfazendo de seus bens, ou de que deu demonstração de que vai mudar-se para lugar ignorado". TOURINHO FILHO, Fernando da Costa. *Código de Processo Penal Comentado*, São Paulo: Saraiva, 1999, p. 543, Vol. 1.

[30] GRINOVER, Ada Pellegrini. *A Reforma...*, p. 8.

pressiona os magistrados e os juristas com o objetivo de que se adotem as prisões provisórias como punições antecipadas, a fim de demonstrar para todos que as instituições estão "funcionando e coibindo a prática delitiva".

A "ordem pública", de outra parte, tem servido para o decreto de prisão em múltiplos casos, ora para evitar a "reiteração delitiva do agente", ora em virtude do "clamor social", para a "preservação das instituições", para a "credibilidade da Justiça", etc. Em síntese, quase tudo serve para prender em nome da "ordem pública", menos a ocorrência de uma efetiva situação cautelanda.

No caso de prisão para a garantia da ordem pública quando há risco de reiteração delitiva do agente, há, em verdade, dupla presunção: "a presunção de que o agente cometeu o delito e a presunção de que voltará a cometer delitos. Ou seja, dá-se aí a violação da presunção de inocência e a instituição da presunção de culpabilidade".

Para Hassemer, desde meados da década de 60 começaram a prosperar fundamentos apócrifos da prisão preventiva, quando se argumentou na Alemanha acerca da reiteração delitiva como razão da prisão.[31]

Odone Sanguiné[32] afasta a noção de clamor público como fundamento da prisão preventiva, declarando a sua inconstitucionalidade. Mas reconhece que, não obstante, um setor doutrinário, com o beneplácito de um segmento da jurisprudência dos Tribunais superiores, faz um exercício de prestidigitação retórica e transmuda o clamor público previsto apenas como requisito para denegação da fiança, *tout court*, em fundamento da prisão preventiva, enquadrando-o no conceito indeterminado da "garantia da ordem pública".

Segundo Sanguiné,[33] com absoluta exatidão, é inconsistente o fundamento da prisão preventiva baseado no clamor público, pois a prisão em nome do "clamor" público "tem nítido fim de pena antecipada". Tal pressuposto e seus argumentos retóricos como alarma ou irritação da coletividade provêm do nacional-socialismo alemão (decreto de 1935) e da Escola de Kiel. Ademais, ainda refere que tal conceito é largamente indeterminado, pois incompatível com a segurança jurídica e alheio a finalidade cautelar, sendo aceito na *práxis*, embora inconstitucional.

Assim ocorre, prossegue Sanguiné,[34] nos casos em que se confunde clamor público com ordem pública e também quando se fala em repercus-

---

[31] HASSEMER, Winfried. *Los presupuestos de la prisión preventiva* - Crítica al Derecho Penal de Hoy. Tradução de Patricia S. Ziper. 2.ed. Buenos Aires: ADHOC, 1998. p. 111-112.

[32] SANGUINÉ, Odone. *A Inconstitucionalidade do Clamor Público como Fundamento da Prisão Preventiva*. In: SCHECAIRA, Sérgio Salomão (org.). *Estudos Criminais em Homenagem a Evandro Lins e Silva*. São Paulo: Método, 2001. p. 257-295.

[33] Idem, *Prisão...*, p. 99.

[34] SANGUINÉ, Odone. *A Inconstitucionalidade ...*, p. 257-295.

são do crime na comunidade, preservação da credibilidade do Estado, satisfação da opinião pública, proteção à paz pública, comoção social ou popular e modo de execução do crime, repercussão do crime na imprensa, classe social do acusado, repercussão social do crime, satisfação do sentimento de justiça e demora ou lentidão do processo.

Na realidade, o que afeta a credibilidade e respeitabilidade das instituições públicas é a indeterminação do que seja "ordem pública".[35] Dá-se aí, sem dúvida, ensanchas à mitigação das garantias fundamentais.

Portanto, a noção de ordem pública deve ser repelida, pois não possui característica instrumental. Trata-se de uma fragorosa violação do sistema garantista, que não pode tolerar a adoção de penas antecipadas. As razões utilizadas para a prisão preventiva baseada na ordem pública não têm natureza cautelar, mas possuem um notório e translúcido caráter de justiçamento antecipado e de prevenção geral e especial. Em tais casos, a partir de uma concepção subjetiva, tem-se uma justificativa apócrifa para o significado de ordem pública.[36]

---

[35] Em *Prisão: Constituição e Utopia*, in Ensaios Penais Em Homenagem Ao Professor Alberto Rufino Rodrigues de Sousa, Ney Fayet Júnior Org., Porto Alegre: 2003, Ricardo Lenz Editor, p. 612 e 613, tecemos uma crítica sobre a ordem pública como fundamento da prisão preventiva. Ou seja, a prisão para a garantia da ordem pública não tem relação com o processo, não é um instrumento, não possui caráter cautelar. Na lição de WEBER MARTINS BATISTA, "a decretação de medida como garantia da ordem pública não tem relação direta com o processo. Em vez disso, está voltada para interesses estranhos a ele, tem nítidos traços de medida de segurança". (Liberdade Provisória, Rio, Forense, 1981, p. 77).

[36] Segue decisão do Des. Marco Antonio Bandeira Scapini: "Recurso em Sentido Estrito. Prisão em flagrante. Concessão de liberdade provisória. Garantia da ordem pública. Ausência dos requisitos que autorizam a prisão preventiva, a liberdade é direito constitucional que só pode ser restringido quando presentes, no caso de custódia provisória, os requisitos elencados no art. 312 do CPP. Em que pese a inexistência de um conceito claro, preciso e incontroverso do que seja 'Ordem Pública', esta deve ser entendida restritivamente e a vista do fato imputado ao agente, estando vinculada ao princípio da legalidade. É incabível tentar incluir em seu conceito questões outras (como clamor público, segurança pública, etc.), cuja solução transcende as reais possibilidades do direito penal. Recurso Não Provido". (Recurso em Sentido Estrito n.º 70006024483, Sexta Câmara Criminal, TJRS, Rel. Des. Marco Antonio Bandeira Scapini, j. 24.04.2003). Também a seguinte decisão do Des. Amílton Bueno de Carvalho: "*Habeas Corpus*. Prisão Preventiva. Requisitos legais. Presunção de periculosidade pela probabilidade de reincidência. Inadmissibilidade. A futurologia perigosista, reflexo da absorção do aparato teórico da Escla Positiva, que, desde muito, tem demonstrado seus nefastos efeitos: excessos punitivos dos regimes políticos totalitários, estigmatização e marginalização de determinadas classes sociais (alvo de controle punitivo), tem acarretado a proliferação de regras e técnicas vagas e ilegítimas de controle social no sistema punitivo, onde o sujeito, considerado como portador de uma perigosidade social da qual não pode subtrair-se, torna-se presa fácil ao aniquilante sistema de exclusão social. *A ordem pública, requisito legal amplo, aberto e carente de sólidos critérios de constatação (fruto desta ideologia perigosista), portanto antidemocrático, facilmente enquadrável a qualquer situação, e aqui generica e abstratamente invocada, mera repetição da lei, já que nenhum dado fático, objetivo e concreto, há a sustenta-la. Fundamento prisional genérico, anti-garantista, insuficiente, portanto. A gravidade do delito, por si só, também não sustenta o cárcere extemporâneo: ausente previsão constitucional e legal de prisão automática por qualquer espécie delitiva. Necessária, é sempre, a presença dos requisitos legais*" (AC 70006140693, j. 12.03.2003, Quinta Câmara Cível do TJRS).

Outrossim, a terminologia *ordem pública* remonta ao período ditatorial de Vargas, merecendo, pois, uma efetiva e real filtragem constitucional. E, sob a ótica da Lei Maior, não se pode aceitar a violação da presunção de inocência, que ocorre de forma clara quando da adoção da prisão em nome da ordem pública.

Ordem pública tem sido, na maior parte das vezes, a simples vontade subjetiva do juiz no caso concreto, sustentada por seu discurso dialético ou pela pressão midiática, mas jamais a imperiosa necessidade de proteção do conteúdo probatório ou da garantia da aplicação da lei penal.

O mínimo que se poderia fazer, mas ainda com altos riscos, seria a determinação legal do que significa o termo *ordem pública*, a fim de se evitar o exacerbado subjetivismo ora vigente.[37]

A idéia da prisão do imputado em função do alarma social da conduta, de outra parte, associa à prisão preventiva uma finalidade exclusivamente repressiva, esquecendo que o direito serve para proteger a minoria, inclusive contra a maioria, com o intuito de que não sejam espezinhados os direitos fundamentais.

Como se não bastasse, observamos que uma concepção reacionária do Direito Processual Penal usa o termo *ordem pública* para perseguir os desviantes, em geral os menos aquinhoados, os pobres, os miseráveis, como sendo verdadeiras ameaças ao e*stablishment*.

Enquanto isso, a esquerda punitiva busca fazer do termo *ordem econômica* vezo e conduto para seus instintos totalitários.[38] Assim, de um lado e de outro se busca a satisfação de seus dogmas ideológicos, esquecendo-se de que os direitos humanos devem valer para a esquerda e para a direita, para brancos e pretos, para pobres e para ricos. Essa dicotomia não tem razão de existência, pois em ambos os casos os direitos fundamentais são violados.

Para Fauzi Choukr:[39]

"Os argumentos nascidos dessa falsa cisão levam a extremos indesejados. A defesa das garantias individuais tende a levar seus defensores à posição de construtores de um sistema fraco, inoperante face aos caos e ligados política e ideologicamente à esquerda. Avesso às mu-

---

[37] RODRIGUEZ RAMOS, citado por Banacloche Palao, propõe acabar com a arbitrariedade judicial desta modalidade de prisão, por intermédio de uma regulação semelhante à alemã, que especifica os delitos que causam alarma social. Embora discutível e passível de crítica tal opinião, pois poderia redundar nos mesmos erros da Lei 8.072/90 (Lei dos Crimes Hediondos), sem dúvida diminuiria o subjetivismo absoluto de determinadas decisões. BANACLOCHE PALAO, Julio. Op. cit., p. 382.

[38] Artigo de KARAN, Maria Lúcia. A Esquerda Punitiva. In: *Discursos Sediciosos, Crime, Direito e Sociedade*, Ano 1, n. 1, p. 79-92, 1996.

[39] CHOUKR, Fauzi Hassan. Op. cit., p. 11-12.

danças, paradoxalmente suas posições são rotuladas superficialmente como conservadoras em face da resistência às mudanças que são oferecidas. Por seu turno, os defensores da visão da segurança social tendem a ser vistos como legitimadores do autoritarismo estatal em detrimento do indivíduo. Normalmente são identificados politicamente como de direita e, paradoxalmente também, são vistos como grandes reformadores, que apregoam a necessidade de mudança que apenas não ocorre pelas injustificadas resistências do pólo oposto ... Trata-se, pois, de uma polarização tão inconseqüente quanto paradoxal."

E prossegue Choukr,[40] referindo que "da segurança individual advinda do respeito pelo Estado dos direitos individuais e coletivos nasce a segurança social que com a primeira interagirá num processo dialético, sendo que o sistema penal num Estado democrático e de direito pauta-se pela tutela de ambos os pólos em questão". Só assim, poderá ser construído um verdadeiro Estado de tolerância e de liberdade.

Da mesma forma deve ser repelida a adoção da justificativa "ordem econômica" para a decretação da prisão preventiva. Em verdade, tal justificativa tem embasado uma série de medidas autoritárias, mormente contra indivíduos de elevado padrão econômico e, diga-se, menos por necessidade do processo e mais por preconceitos ideológicos.[41]

---

[40] Ibidem, loc. cit.
[41] Salo de Carvalho e Alexandre Wunderlich abordam a crise do Direito Penal de matiz liberal e fazem a crítica da panpenalização de determinadas condutas, bem como abordam o tema da criminalidade econômica e as denúncias genéricas da prática forense, próprias de uma concepção inquisitiva. E citam Paulo Cláudio Tovo, que discorre sobre a criminalidade econômica: "nem mesmo nos crimes grupais societários ou multitudinários poderíamos admitir acusações genéricas contra quaisquer acusados...Se o Ministério Público ou o querelante não sabem quem são os verdadeiros co-autores ou participantes ou, em que consistiu a contribuição de cada um deles para o evento não há como acusá-los de imediato, sob pena de incorrer-se na acusação temerária, leviana ou tendenciosa, com o sacrifício de direitos fundamentais da pessoa humana". A própria jurisprudência referida no artigo, repele tais concepções inquisitivas: "Habeas Corpus. Penal. Processo Penal Tributário. Denúncia Genérica. Responsabilidade Penal Objetiva. Inépcia. Nos crimes contra a ordem tributária a ação penal é pública. Quando se trata de crime societário, a denúncia não pode ser genérica. Ela deve estabelecer o vínculo do administrador ao ato ilícito que lhe está sendo imputado. É necessário que descreva, de forma direta e objetiva, a ação ou omissão do paciente. Do contrário, ofende os requisitos do CPP, art. 41 e os Tratados Internacionais sobre o tema. Igualmente, os princípios constitucionais da ampla defesa e do contraditório. Denúncia que imputa co-responsabilidade e não descreve a responsabilidade de cada agente é inepta. O princípio da responsabilidade penal adotado pelo sistema jurídico brasileiro é o pessoal (subjetivo). A autorização pretoriana de denúncia genérica para os crimes de autoria coletiva não pode servir de escudo retórico para a não descrição mínima da participação de cada agente na conduta delitiva. Uma coisa é a desnecessidade de pormenorizar. Outra, é a ausência absoluta de vínculo do fato descrito com a pessoa do denunciado. *Habeas* deferido". (HC n.º 80549-3, STF, Rel. Min. Nelson Jobim, j. 20.03.01, DJU 24.08.01). CARVALHO, Salo; WUNDERLICH, Alexandre. *Criminalidade Econômica e Denúncia Genérica:* Uma Prática Inquisitiva. In: BONATTO (org.), Gilson. *Garantias Constitucionais e Processo Penal*. Rio de Janeiro: Lumen Juris, 2002. p. 208; 211; 212. Seria excelente se a *práxis* forense também adotasse tais concepções ao decidir sobre os crimes da plebe, que todos os dias é atacada por intermédio de denúncias genéricas e prisões arbitrárias e imotivadas, absolutamente inconstitucionais.

Diante de tudo o que foi exposto, o que se propugna é que a prisão preventiva seja de fato um instrumento do processo, não uma forma de punição imediata, urgente e célere posta à disposição do magistrado.

Por fim, o Anteprojeto elaborado pela Comissão de Reforma do Código de Processo Penal prevê que a prisão preventiva poderá ser decretada de ofício pelo juiz ou a requerimento do Ministério Público ou do querelante, não mais sendo prevista a representação da autoridade policial. O art. 312 trata de alterações mais profundas nas hipóteses autorizadoras da preventiva. Mantém-se a prisão para a execução da sentença e para a garantia da instrução. Sugere-se a retirada das previsões de "ordem pública" e de "ordem econômica", que seriam substituídas pela "existência de fundadas razões de que o investigado, suspeito ou acusado venha a praticar infrações de criminalidade organizada, de grave ofensa à probidade administrativa ou à ordem econômica ou financeira, ou mediante violência ou grave ameaça à pessoa". Também está colocada a prisão preventiva em função do descumprimento de outras medidas cautelares, que teriam o seu rol alargado na reforma prevista.

O Anteprojeto dá ao juiz a faculdade de substituir a prisão preventiva por prisão domiciliar em situações restritas (pessoas com mais de 60 anos, doença grave, gestante a partir do sétimo mês, pessoa necessária aos cuidados especiais de menor de 7 anos ou de deficiente físico etc.).[42]

Embora meritório em muitos aspectos, o anteprojeto proposto pela Comissão de Reforma poderia ter ido além, restringindo de forma efetiva as hipóteses de segregação, proibindo a prisão de ofício pelo juiz e estabelecendo um limite temporal razoável para a prisão cautelar, bem como a obrigatoriedade constante de sua revisão, com a devida fundamentação.

Em síntese, a prisão e o cerceamento da liberdade de um cidadão apenas se justifica após o trânsito em julgado de decisão condenatória ou, antes disso, caso estejam presentes o *periculum libertatis* e o *fumus comissi delicti*, além da ameaça concreta à instrução criminal ou à aplicação da lei penal.

Bibliografia

BANACLOCHE PALAO, Julio. *La Libertad Prisional y Sus Limitaciones*. Madrid: Mcgraw-Hill, 1996.

---

[42] GRINOVER, Ada Pellegrini. *A Reforma...*, p. 9. O rol das medidas cautelares, de forma acertada, seria aumentado, prevendo-se o comparecimento periódico em juízo, a proibição de comparecimento em determinados lugares, proibição de manter contato com determinadas pessoas e de ausentar-se do país, recolhimento domiciliar noturno e nos dias de folga, suspensão do exercício de função pública ou de atividade financeira ou econômica, internação provisória e fiança. Ainda dispõe o anteprojeto, que o juiz poderá cumular medidas cautelares no caso de descumprimento pelo sujeito passivo.

CARNELUTTI, Francesco. *Lecciones sobre el Proceso Penal*. Tradução de Santiago Santís Melendo. Buenos Aires: Bosch, 1950, v. IV.

CARVALHO, Salo; WUNDERLICH, Alexandre. *Criminalidade Econômica e Denúncia Genérica:* Uma Prática Inquisitiva. In: BONATTO (org.), Gilson. *Garantias Constitucionais e Processo Penal*. Rio de Janeiro: Lumen Juris, 2002. p. 208; 211; 212

CHOUKR, Fauzi Hassan. *Processo Penal de Emergência*. Rio de Janeiro: Lúmen Juris, 2002, p. 63.

FARIA, Bento de. *Código de Processo Penal*. Rio de Janeiro: Jacinto, 1942. v. I.

FERRAIOLI, Marzia; DALIA, Andréa Antonio. *Manual Di Diritto Processuale Penale*. 4ª ed. Padova: Cedam, 2001.

FERRAJOLI, Luigi. *Derecho Y Razón, Teroria Del Garantismo Penal*. 4 ed. Madrid: Trotta, 2000.

FLACH, Norberto. *Prisão Processual Penal: Discussão à Luz Dos Princípios Constitucionais da Proporcionalidade e da Segurança Jurídica*. Rio de Janeiro: Forense, 2000.

GOMES FILHO, Antonio Magalhães. Prisão Cautelar e o Princípio da Presunção de Inocência, In *Fascículos de Ciências Penais*, ano 5, vol. 5, n.º 1, 1992.

GRINOVER, Ada Pellegrini. *A Reforma* do Processo Penal. In: WUNDERLICH, Alexandre (org). Escritos de Direito e Processo Penal em Homenagem ao Professor Paulo Cláudio Tovo. Rio de Janeiro: Lúmen Júris, 2002.

——. A Iniciativa Probatória do Juiz No Processo Penal Acusatório. *In Revista do Conselho Nacional de Política Criminal e Penitenciária*, Brasília: 1(12): 15-25, Jul/98 e Dez/99, p. 22/23.

HASSEMER, Winfried. *Los presupuestos de la prisión preventiva* - Crítica al Derecho Penal de Hoy. Tradução de Patricia S. Ziper. 2.ed. Buenos Aires: ADHOC, 1998. p. 111-112.

IBÁNEZ. Perfecto. Presunción de Inocencia y Prisión Sin Condena. *Revista de La Asociación de Ciencias Penales de Costa Rica, n.º 13, p. 26, 1997*.

KARAN, Maria Lúcia. A Esquerda Punitiva. In: *Discursos Sediciosos, Crime, Direito e Sociedade*, Ano 1, n. 1, p. 79-92, 1996.

LOPES JÚNIOR, Aury. *Sistemas de Investigação Preliminar No Processo Penal*, Lúmen Juris, Rio de Janeiro: 2001.

——. Crimes Hediondos e a Prisão Em Flagrante Como Medida Pré-Cautelar. In: Revista de Estudos Criminais, nº 03, p. 73-84, 2001.

MARTINS BATISTA, Weber. *Liberdade Provisória*. Rio de Janeiro, Forense, 1981, p. 77.

OST, François. *O Tempo do Direito*. Lisboa: A Triunfadora Artes Gráficas, 1999.

SANGUINÉ, Odone. *A Inconstitucionalidade do Clamor Público como Fundamento da Prisão Preventiva*. In: SCHECAIRA, Sérgio Salomão (org.). *Estudos Criminais em Homenagem a Evandro Lins e Silva*. São Paulo: Método, 2001. p. 257-295.

——. Prisão Provisória e Princípios Constitucionais. *In Fascículos de Ciências Penais*, Porto Alegre: Fabris, 1992.

TOURINHO FILHO, Fernando da Costa. *Código de Processo Penal Comentado*, São Paulo: Saraiva, 1999, p. 543, Vol. 1.

WEDY, Miguel Tedesco. Prisão: Constituição e Utopia, *in Ensaios Penais em Homenagem Ao Professor Alberto Rufino Rodrigues de Sousa*, Ney Fayet Júnior Org., Porto Alegre: 2003, Ricardo Lenz Editor, p. 612 e 613.

— 11 —

Responsabilidade penal. A idade

MILTON DOS SANTOS MARTINS
Desembargador Aposentado, Ex Presidente do Tribunal de Justiça do
Estado do Rio Grande do Sul.

Em Direito Penal a responsabilidade não se resolve facilmente, assim não se trata apenas de atribuir-se a alguém a prática de um ato ilícito para que este responda criminalmente. Em verdade, não basta atribuir-se a alguém o fato ilícito, não é só a imputação física, como dizia Romagnosi, mas há de haver a imputação moral, jurídica, a responsabilidade.

E Merkel advertia sobre um "conjunto de propriedades de um indivíduo", assim o "discernimento" e a "capacidade espiritual". (D.Pen.,I,75)

Assim, um dos aspectos essenciais para a responsabilização daqueles que violam as leis penais, mas extrínsecos à própria violação, são as condições pessoais, ou seja, a capacidade de inteligir e a de determinar-se de acordo com esse entendimento, consoante dispõe a legislação. De fato, era o que dispunha o Código Penal de 1940, o Decreto-Lei n° 2.848, de 7 de dezembro, no seu artigo 22. E a Parte Geral do Código Penal, embora atualizada pela Lei 7.209, de 11 de julho de 1984, manteve no art. 26 o mesmo fundamento da responsabilidade, isentando "o incapaz de entender o caráter ilícito do fato", (antes dizia "criminoso do fato"), bem como incapaz de "determinar-se de acordo com esse entendimento." Esses dispositivos aludem, é certo, doença e retardamento mental que causam a incapacidade. Mas, é evidente, abstraídas a doença e o retardamento, que essa capacidade de compreensão e o domínio da vontade só se alcançam a partir de uma determinada idade que o legislador pressupõe e fixa, por exemplo, a partir dos 18 anos, antes art. 23, hoje art. 27. Então a idade passa a ser considerada também um dos marcos dessa capacidade, vale dizer, a partir de quando a pessoa estaria em condições de responder criminalmente por seus atos. É certo, igualmente, que essa idade fixada em 1940 e mantida em 1984, é uma presunção do legislador de que atingida a plena capacidade, o que, no caso concreto, sempre pode ser discutida e examinada, justamente se invocando a causa da doença ou retardamento do dispositivo anterior. Então a discussão passa para o terreno técnico, apurar-se efetivamente para o que Manzini alertava, "maturidade físio-psíquica". Assim dizia que não havia possibilidade de considerar-se, por exemplo, o consentimento de um menor, por não ter essa maturidade. E aí não importa o conhecimento que hoje se possa ter e obter por todos os meios de comunicação, falta a maturidade e, sem essa, não há compreensão bastante, nem condições de domínio da vontade.

Por isso, quando se fala hoje em diminuir-se a idade para responsabilização de adolescentes que estariam praticando "delitos", "crimes terríveis", cremos que se está desviando do verdadeiro foco, porque não é atribuindo-se responsabilidade para quem não tem maturidade que se resolve o problema penal. O que está errado, manifestamente equivocada, é a "retribuição" do Estado. Como concluiu Jiménez de Asúa, entre a acronia e a utopia, não se pode negar o "fundamento retributivo" da "pena" *post-facto*, com possível "sofrimento", "meio intimidante", tudo isso é inegável, e direi necessário, "pero su fin es en vista de hechos futuros: trata de resocializar, enmendando, o de inocuizar si toda corrección es imposible." (Trat.D.P.,II,29). Ora, para o menor, infante ou adolescente imaturos, não se objetiva senão o caráter ressocializador, a reducação, sejam Códigos de Menores, ou Leis da Infância e Juventude. Natural que essa reeducação deve corresponder à gravidade do ato e ter sobretudo em vista o próprio menor. É aí que os Códigos, os Estatutos falham, passando inclusive idéias generalizadas de "impunidade", o que nada tem a ver, ou inocuidade de "retribuições" inadequadas, quando não ridículas. Já imaginaram aquela que o "detido" deve ser "solto", ao atingir a maioridade, ou então que só pode "reeducar-se" por 3 (três) anos... Se para os maiores, o sistema prisional é um fiasco, para os menores é uma tragédia.

— 12 —

O consenso no Processo Penal italiano

NEREU JOSÉ GIACOMOLLI
Doutor em Direito Processual Penal pela Universidade Complutense de Madri,
Professor na UNISINOS e na Escola Superior da Magistratura,
Desembargador do Tribunal de Justiça do Rio Grande do Sul.

Sumário: 1 - Considerações gerais sobre o processo penal italiano; 2 - Dos mecanismos de consenso; 2.1 - Consenso sobre o processo; 2.2 - Consenso sobre a pena; 2.2.1 - Antecedentes; 2.2.2 - Conceito e natureza jurídica; 2.2.3 - Requisitos; 2.2.4 - Efeitos; 2.3 - Monitória penal; 2.3.1 - Da oposição ao decreto de condenação; 3 - Conclusões.

1 - Considerações gerais sobre o processo penal italiano

O atual Código de Processo Penal italiano foi aprovado pelo Decreto n. 447, de 22 de setembro de 1988, da Presidência da República, embasado na Lei Delegada n. 108, de 3 de abril de 1974, em substituição ao denominado Código Rocco de 1930, o qual consagrava um sistema misto, caracterizado por uma instrução inquisitória, isto é, escrita e secreta, e por uma audiência pública e oral, do modelo acusatório.[1] O novo Código entrou em vigor um ano após sua publicação, ou seja, em outubro de 1988. Os princípios da Constituição de 1948 já reclamavam uma reforma das

---

[1] Segundo PISAPIA, Giandomenico. "Introdução", em *Direito Processual Penal*, Associação Acadêmica da Faculdade de Direito de Lisboa, 1191/1992, (coordenação de Teresa Pizarro Beleza e Frederico Isasca), p. 318 e 319, na prática, como regra, a audiência havia se transformado numa mera simulação, na verificação e confirmação do material anteriormente colhido pelo Juiz instrutor ou na instrução sumária do Ministério Público, sem contraditório e participação da defesa. Vid. em BUONO, Carlos Eduardo de Athayede e BENTIVOGLIO, Antônio Tomás. *A Reforma Processual Penal Italiana e seus Reflexos no Brasil*. São Paulo, RT, 1991, p. 23 a 28, o histórico da reforma processual penal italiana.

leis processuais, as quais foram sendo atualizadas de forma parcial, até o advento do novo Código de Processo Penal.

Consigna-se a importante reforma levada a cabo pela Lei n. 517, de 18 de janeiro de 1955, mormente no que tange à participação da defesa em determinados atos de instrução, bem como a legislação de emergência de 1974, referente ao combate à criminalidade organizada (prisão preventiva até 10 anos e 8 meses).

O projeto Pisapia, publicado em 1978,[2] tinha por base um processo de partes, de modelo acusatório, tendo a audiência como fase central, com abolição da instrução formal e do Juizado de Instrução, em declínio na Europa.[3] Entretanto, tal projeto não foi transformado em lei, em face do transcurso do prazo da autorização, explicado pela situação excepcional criada pelo terrorismo, e por outras formas de criminalidade organizada. O parlamento italiano aprovou uma nova autorização para que fosse reformado o Código de Processo Penal, tendo como supedâneo os princípios constitucionais e as Convenções Internacionais, através da Lei n. 81, de 16 de fevereiro de 1987.

O poder delegante (legislativo), traçou as seguintes diretrizes: simplificação dos atos processuais e dos procedimentos; adoção da oralidade; presteza do juiz no exame dos pedidos das partes; igualdade de tratamento entre a acusação e a defesa; garantia da comunicação do autor do fato com seu defensor, bem como sua presença no interrogatório; limitação do lapso temporal da prisão preventiva, com a adoção de medidas alternativas à prisão preventiva.

A fase pré-processual (*indagini preliminari*), não contraditória, é de responsabilidade da polícia judiciária,[4] sob a direção e coordenação do Ministério Público, também conhecido como sendo integrante da magistratura requerente. Elabora-se o "inquérito preliminar" ou *fascicolo delle indagini*. Esta fase termina com uma audiência preliminar (*udienza preliminare*),[5] que serve de ponte entre a fase de investigação e a fase proces-

---

[2] Em 1963, Carnelutti havia apresentado um projeto de Código de Processo Penal, denominado, por ele, de "Esboço de Projeto", de cunho nitidamente acusatório.

[3] Vid. em FERRAIOLI, Marzia *Il Ruolo di «Garante» del Giudice per le Indagini Preliminari*. Cedam, Padova, 1993, p. 13 e ss, o declínio do Juizado de Instrução na Itália.

[4] Segundo NEPPI MODONA, Guido. *Profili del Nuovo Codice di Procedura Penale*. Cedam, Padova, 4ª ed. 1999, p. 368 e 405, tanto o Ministério Público, como a polícia judiciária são os titulares da fase dos *indagini preliminari*, mas aquele é o *dominus delle indagini preliminari*. (CONSO, Giovanni e GREVI, Vittorio, coordenadores). Vid. também BARBONI, Patrizia Giovanna. "Incidente Probatorio ed Idagini Preliminarri Nell'Ottica del Difensore", em *Accusa e Difesa nel Nuovo Processo Penale, Atti del Convegno Nazionale di Crema 7-8 ottobre 1988*, Cedam, Padova, 1989, p. 193 a 200 e TARUFO, Pasquale. "Il Ruolo della P.G. nel Nuovo Modello Investigativo", em *Accusa e Difesa nel Nuovo Processo Penale, Atti del convegno Nazionale di Crema 7-8 ottobre 1988*, Cedam, Padova, 1989, p. 39 a 46.

[5] Vid. ANCONA, Carlo. " L'Udienza Preliminare", em *Accusa e Difesa nel Nuovo Processo Penale, Atti del convegno Nazionale di Crema 7-8 ottobre 1988*, Cedam, Padova, 1989, p. 189 a 192.

sual propriamente dita, destinada à demonstração do complexo da atividade probatória à formulação de um juízo (*dibattimento*). Tanto a acusação, quanto a defesa podem provocar um verdadeiro incidente probatório, requerendo a produção de provas na audiência preliminar. A fase seguinte, denominada de *dibbattimento*, se desenvolve em uma ou mais audiências, denominada de *udienza dibattimentale*.[6] Sua essência é o debate entre as partes. Nesta fase contraditória, inicialmente as partes fazem suas exposições iniciais, podendo haver requerimento de provas, sem que o magistrado tenha a iniciativa probatória. Não sendo recolhidos elementos incriminadores suficientes, o Ministério Público requer ao Juiz o arquivamento do inquérito. Este, não aceitando o pedido do Ministério Público, designa a audiência preliminar, com a cientificação das partes.

Na audiência preliminar, conduzida pelo Juiz de Instrução, o Ministério Público[7] expõe, de forma sucinta, os resultados da investigação e os motivos da existência de uma base acusatória, justificando a necessidade do julgamento, formulando a acusação. O autor do fato pode solicitar que seja ouvido, estabelecendo-se um debate contraditório entre os sujeitos. Entendendo o Juiz que não estão presentes os requisitos ao envio a julgamento, tanto o Ministério Público, quanto a defesa, podem apresentar meios de provas. No final da audiência, o Juiz decide pelo arquivamento do inquérito ou pelo envio a julgamento (art. 424 do CPP). Nesta fase, também poderá ocorrer o aditamento da acusação pelo Ministério Público. A fase dos debates (*dibattimento*) é dirigida por outro magistrado.

Além do processo ordinário, apresenta-se uma gama de alternativas, sempre com o intuito de abreviação e aceleração, através dos denominados processos alternativos ou especiais, tais como: diretíssimo (prisão em flagrante), abreviado, imediato (prova evidente), por decreto ou monitório e mediante aplicação da pena a pedido das partes. Nota-se a possibilidade que há da conversão de um processo em outro, mesmo durante o trâmite processual, com o intuito de obter alguma vantagem processual (abreviação) e/ou material (redução da pena).

O *giudizio direttissimo* (arts. 449 a 452 do CPP) se aplica nas hipóteses de prisão em flagrante, ocasião em que o Ministério Público apresenta o flagrado diretamente ao magistrado encarregado do julgamento, o qual não se realiza quando não ocorrer a ratificação nas 48 horas seguintes, ocasião em que o Juiz remete o feito ao Ministério Público. A defesa poderá solicitar, na audiência, um prazo não superior a 10 dias para pre-

---

[6] Em Andrea Antonio e FERRAIOLI, Marzia. *Manuale di Diritto Processuale Penale*. Cedam, 3ª ed. Milão, 2000, p. 583.
[7] Em FERRAIOLI, Marzia. *Il Ruolo. cit.*, p. 79 a 82, se pode observar uma análise percuciente da função investigatória do Ministério Público na fase preliminar do Processo Penal italiano.

parar a defesa. Nas hipóteses de delitos conexos que se processam por outro rito processual, somente haverá união dos processos quando a prova suponha um grave prejuízo na investigação. Sendo indispensável a união, prevalece o rito ordinário (art. 449.6 do CPP). As partes podem apresentar as testemunhas, independentemente de notificação. Observa-se que neste rito poderá haver consenso entre acusação e defesa para que, embora não estejam presentes os requisitos legais, o mesmo tenha seguimento desta forma, além de haver a possibilidade de pedido de aplicação da pena, nos moldes do artigo 444 do Código de Processo Penal.

O *giudizio inmediato* (arts. 453 a 458 do CPP) é utilizado quando a prova se reveste de suficiência evidente (art. 453.1 do CPP), diante da solicitação do Ministério Público, obedecidos os requisitos dos artigos 417 e 454 do Código de Processo Penal, aplicando-se o disposto no *giudizio direttisimo* a respeito da conexão (453.2, do CPP). Admitido este trâmite, o magistrado designa dia e hora para a audiência, com citação num prazo suficiente para que haja preparação da defesa e exame da documentação (pelo menos 20 dias de antecedência).

O *giudizio per decreto*, que se assemelha a *Strafbefehlsverfahren* do direito alemão (arts. 459 e ss, do CPP), aplicável à criminalidade de escassa entidade, procede nos casos que se processam por ação penal pública incondicionada, sancionados com a pena pecuniária, mesmo que seja substitutiva de uma pena privativa de liberdade. Não se aplica às hipóteses de incidência de medida de segurança. Diante da admissibilidade da solicitação do Ministério Público, o magistrado profere um decreto de condenação, aplicando a pena, contra o qual poderá haver oposição, tanto do condenado quanto do responsável civil.

O *giudizio abbreviato* também provoca o julgamento antecipado da causa criminal, a pedido das partes. Tal pedido poderá ser formulado antes ou durante a *udienza preliminare*. Aceito o trâmite, o magistrado proferirá sentença absolutória ou condenatória. A vantagem para o imputado é a abreviação do processo e a diminuição da pena, em caso de condenação, em 1/3. Entretanto, não poderá contraditar a prova que foi aportada pelo órgão acusador, renunciando à produção de outros meios de prova.

Na aplicação da pena a pedido das partes, *applicazione della pena su richiesta delle parti*, outra modalidade de processo especial, no qual tanto o Ministério Público quanto o imputado podem solicitar, de forma consensual ou não, que seja proferida sentença com aplicação de uma pena pecuniária ou privativa de liberdade, com o redutor de um terço.

O princípio da livre convicção do Juiz, no que tange às provas, restou mitigado pela inadmissibilidade das provas ilegalmente obtidas e pela iniciativa probatória das partes, somente atribuída, excepcionalmente, ao julgador, nos casos expressamente previstos (arts. 190 a 192 do CPP).[8]

A prisão preventiva, a ser decretada por autoridade judiciária, passou a ser uma medida extrema, pois depende da presença de fortes indícios de culpa (art. 273 do CPP), sempre que for necessária à investigação, vinculada à ocorrência de um perigo efetivo em relação à prova, nos estritos critérios de proporcionalidade e de adequação, quando outras medidas não se mostrem adequadas (prisão domiciliar e medidas de interdição). Em situações de perigo concreto de cometimento de crimes graves, com uso de armas ou com violência pessoal, na criminalidade organizada ou de outras situações de perigo à segurança coletiva ou à ordem constitucional, também cabe a prisão preventiva (art. 274 do CPP).

2 - Dos mecanismos de consenso

Tanto o consenso sobre a pena, quanto o consenso sobre o processo, na dicção de PISAPIA, têm nítida influência da *plea bargaining* anglo-saxônica. Acrescenta que estes dois institutos, juntamente com o processo diretíssimo, o processo imediato e o processo monitório, tem por escopo abreviar o processo.[9]

A Lei de 1988, segundo Amodio, abandonou a influência do direito francês do século XIX, do sistema continental-europeu, aproximando-se dos países da *common law*.[10] As características do *patteggiamento sulla pena* ressaltam, além da natureza colaborativa, a origem do instituto. Afirmou-se que ele se avizinha muito dos países anglo-saxões, onde a constatação de uma situação processual que possa ser acordada pode dar ensejo que o imputado inicie as tratativas com o órgão acusador para negociar uma eventual admissibilidade de culpa. Por isso se enquadra dentro de um sistema semelhante a uma freqüente utilização dos instrumentos de economia processual, mas sem sacrificar as exigências garantistas. Na verdade, se alguns aspectos do instituto se avizinham à *plea bargaining* dos ordenamentos do *common law*, que é definido como um instrumento de justiça sem fase debatimental (*dibattimento*), outros - prin-

---

[8] Vid. CORSO, Piermaria. "La Ricerca della Prova tra Codice Vigente e Progetto Definitivo del Nuovo C.P.P.", em *Accusa e Difesa nel Nuovo Processo Penale, Atti del convegno Nazionale di Crema 7-8 Ottobre 1988*, Cedam, Padova, 1989, p. 47 a 55.

[9] Op. cit., p. 331.

[10] BARONA VILAR, Sílvia. *La Conformidad en el proceso penal*. Tirant lo Blanch, Valência, 1994, p. 91 e 131. Sublinha esta autora que a *plea bargaining* sustenta-se sobre a base do "princípio da discricionariedade da ação penal", enquanto o sistema italiano tem como supedâneo o "princípio constitucional da obrigatoriedade da ação penal".

cipalmente pela análise da perspectiva dos poderes jurisdicionais -, distancia-se notavelmente.[11] O certo é que, durante os trabalhos legislativos, os parlamentares não resistiram à importação de alguma solução de simplificação dos procedimentos da *common law*.[12]

Como acentua Stefani, além da novidade dos procedimentos especiais, o novo Código de Processo Penal tem inspiração acusatória, semelhante ao vigente nos países *do common law*.[13]

Entretanto, a Corte Constitucional italiana, na decisão 313/90, de dois de julho de 1990, Rel. Gallo, asseverou que o magistrado, mesmo ao apreciar o consenso das partes, está sujeito ao império da lei (*E già questa è valutazione di merito ed aspetto essenziale della soggezione del giudice soltanto alla legge*), e não à vontade dos sujeitos processuais,[14] como ocorre no sistema regido pela oportunidade pura.

Portanto, consenso, tanto em face do rito processual, quanto a respeito da pena, são expressos, ao passo que na monitória penal, no dizer de Vigoni, o mesmo se manifesta de forma implícita.[15]

2.1 - Consenso sobre o processo

Na importante filtragem que ocorre na audiência preliminar que põe fim ao inquérito, pode ocorrer o consenso entre as partes no que tange aos processos especiais ou alternativos, também denominado de *patteggiamento sul rito*,[16] que significa acordo sobre o rito processual a ser palmilhado. Poderá ocorrer o julgamento sumário, sempre que o autor do fato requerer e o Ministério Público anuir, cabendo, então, uma redução de pena de um terço.

Segundo Dalia e Ferraioli, o processo abreviado, em comparação com a aplicação da pena a pedido das partes, da monitória criminal e da *oblazione* (causa de extinção da contravenção penal, consistente no pagamento voluntário de uma importância pecuniária, antes da abertura do *dibattimento*), tende a conseguir um objetivo deflacionário, redutor da carga processual, reservando, como regra, a celebração do *dibattimento* para as

---

[11] Em RICCIO, Giuseppe. "Procedimenti Speciali", em *Profili del Nuovo Codice di Procedura Penale* (CONSO, G. e GREVI, V., coordenadores), Cedam, Padova, 1999, p. 512.

[12] VIGONI, Daniela. "L'Applicazione della Pena su Richiesta delle Parti", em *I Procedimenti Speciali in Materia Penale*. Milão: Giuffrè, 1997, p. 119 (PISANI, Mario, organizador).

[13] *La Difesa Attiva nel Giudizio Abbreviato en el Patteggiamento*. Milão, Giuffrè, 1994, p. 4.

[14] Vid. MACCHIA, Alberto. *Il patteggiamento*. Giuffrè, Milão, 1992, p. 127.

[15] "L'Applicazione", cit., p. 110.

[16] Vid. BIFFA, Massimo. "Il Patteggiamento nei Procedimenti Differenziati", em *Accusa e Difesa nel Nuovo Processo Penale, Atti del convegno Nazionale di Crema 7-8 ottobre 1988*, Cedam, Padova, 1989, p. 98. Também em DALIA, Andrea Antonio e FERRAIOLI, Marzia. Op. cit., p. 643 e em RICCIO, Giuseppe. "Procedimenti", cit., p. 510.

causas mais complexas e que requerem um maior cuidado.[17] Nesse mesmo sentido, Riccio sublinha que a intenção é simplificar os mecanismos processuais, abreviando a duração do processo mediante formas de definição antecipada em relação à fase debatimental.[18]

No *giudizio direttissimo*, onde não há a audiência preliminar, o acusado poderá solicitar que o processamento se dê pelo *giudizio abbreviato*. Também, poderá haver o pedido de aplicação da pena nos moldes do artigo 444 do Código de Processo Penal (art. 451.5 do CPP). Mesmo nas hipóteses em que não cabe o *giudizio direttissimo*, embora haja devolução dos autos ao Ministério Público, este, diante do pedido da defesa, pode anuir na continuação do processo por este rito. Então, o juiz, antes de declarar o início da fase de julgamento, dá prosseguimento ao rito processual, aplicando, no que couber, as disposições previstas para a audiência preliminar. Pode haver, também, nesses casos, consenso entre o acusador e o autor do fato para que continue o processamento por este rito, mesmo que não haja a ratificação exigida pela lei (art. 449.2 do CPP).

No *giudizio immediato* (prova evidente), a defesa também poderá comparecer, nos sete dias seguintes à cientificação, na secretaria judicial e solicitar que o trâmite se dê pelo *giudizio abbreviato*. O Ministério Público é ouvido a respeito do pedido da defesa, ocasião em que pode concordar com o requerimento. Admitido o consenso, o juiz declara a abertura da audiência, cientificando as partes, bem como o ofendido.

No *giudizio abbreviato*, a defesa, com a anuência do Ministério Público, embora a lei não se refira como isso deva ser feito,[19] cujo dissenso há de ser motivado,[20] pode solicitar ao magistrado, por escrito, no prazo de cinco dias antes da audiência, bem como oralmente na própria audiência, antes da formulação das conclusões (arts. 439.2 do CPP), o processamento por este rito processual. Portanto, presente o consenso sobre o processo. Segundo Riccio, o consenso situa-se num paradigma filosófico de colaboração premial.[21]

---

[17] Op. cit., p. 642.
[18] "Procedimenti". cit., p. 490.
[19] Em RICCIO, Giuseppe. "Procedimenti", cit., p. 509, se observa que esta questão foi debatida na Corte Constitucional, na decisão n. 59, de 18 de fevereiro de 1992, a qual criticou a falta de previsão da forma com a qual o acusado detido possa manifestar o consenso ao órgão acusador e providenciar a notificação ao Ministério Público.
[20] RICCIO, Giuseppe. "Procedimenti", cit. p. 497, traz duas decisões da Corte Constitucional, a de n. 183, de 12 de abril de 1990, e a de n. 81, de 15 de fevereiro de 1991, a respeito da necessidade de motivação do dissenso do órgão ministerial.
[21] "Procedimenti", cit., p. 495.

Exige-se sempre a anuência pessoal do autor do fato, o qual poderá dar seu consentimento através de procurador,[22] com poderes especiais, constante, na petição, a assinatura do imputado (art. 538.3 do CPP). Aceito o consenso sobre o processo, suspende-se a audiência e declara-se que o processo pode ser resolvido com o material colhido até o momento. A improcedência do pedido formulado antes da audiência não impede sua reiteração durante sua tramitação, na medida em que há dois momentos em que pode ser solicitado. Assim, evita-se a outra fase do processo, ou seja, a do *dibattimento*.

Aceito o pedido,[23] haverá julgamento antecipado do processo, com sentença absolutória ou condenatória, nos moldes dos artigos 529 a 543 do Código de Processo Penal. Assim, poderá ocorrer a extinção do processo por inexistência de justa causa para a ação penal e por falta, insuficiência ou dubiedade das condições de procedibilidade (art. 529 CPP) e a declaração de extinção do crime (art. 531 CPP). Também é possível que ocorra a prolação de uma sentença absolutória propriamente dita, por insubsistência da materialidade ou da autoria; por atipicidade, inimputabilidade e insuficiência probatória: ou a incidência de causas justificativas (art. 530 CPP).

Aplica-se, em caso de condenação, a diminuição da pena de 1/3, sem considerar-se a natureza do delito e nem a personalidade do autor do fato, mas levando-se em conta causas externas, não ligadas à conduta do réu, nos termos da decisão n. 284, de 14 de junho de 1990, da Corte Constitucional.[24]

Via de regra, a sentença comporta apelação, nos termos do artigo 559 do Código de Processo Penal, exceto nas situações do artigo 433 do mesmo estatuto processual, ou seja, quando se pretende modificar o conteúdo absolutório da sentença ou quando se pretende impugnar a substituição da pena; quando aplicada a pena pecuniária ou diante da inexigibilidade da sanção; quando o Ministério Público quer alterar a condenação. Entretanto, o Ministério Público poderá apelar da sentença condenatória quando houver alteração jurídica dos fatos.[25]

---

[22] Em STEFANI, Eraldo. Op. cit., p. 28 a 33, se pode ver uma importante análise dos aspectos deontológicos do defensor, frente aos procedimentos alternativos. Isso após ter acentuado, nas páginas iniciais, a função do advogado nesses ritos especiais. Também, analisa, sob o mesmo prisma, nas páginas 33 a 40, a conduta do Ministério Público e do Magistrado.

[23] Em RICCIO, Giuseppe. "Procedimenti", cit., p. 509 se pode ver a decisão n. 23, de 31 de janeiro de 1992, sobre os efeitos da errônea valoração da inadmissibilidade por parte do Juiz encarregado dos *indagini preliminari*.

[24] RICCIO, Giuseppe. "Procedimenti", cit., p. 498.

[25] Em RICCIO, Giuseppe. "Procedimenti", cit. p. 506, se pode observar a manifestação da Corte Constitucional na decisão n. 363, de 23 de julho de 1991, a respeito da possibilidade do réu apelar da sentença.

Não é tido, pela melhor doutrina, como sendo uma alternativa ao *giudizio*, devido a sua estrutura, seu âmbito de aplicação e pelas conseqüências que podem advir. Tampouco tem em sua essência uma função exclusiva de justiça premial ao imputado. Tem aplicação em qualquer espécie de delito, independentemente de sua gravidade ou do desvalor da conduta do autor do fato.[26]

Entretanto, a decisão n. 176, de 23 de abril de 1991, da Corte Constitucional, declarou que o artigo 442.2 do Código de Processo Penal, no que tange à possibilidade de substituição da pena de prisão perpétua pela de trinta anos, uma vez que não permite a redução de um terço, por sua essência, contrasta com o artigo 2º da Lei Delegada n. 53 e com o artigo 76 da Constituição (o exercício da função legislativa não pode ser delegado ao governo, senão com determinação de princípios e critérios por tempo limitado e com objetivos definidos.) Nessa linha foi a decisão n. 163, de 3 de abril de 1992. Assim, não é possível o consenso a respeito do rito abreviado na hipótese do art. 442.2 do Código de Processo Penal, ou seja, quando a pena prevista é a de prisão perpétua, embora, na prática forense, a tendência seja sua aplicação, na forma do previsto no estatuto processual.[27]

No momento em que o autor do fato solicita o trâmite pelo processo abreviado, está aceitando que o magistrado profira um juízo de mérito sobre a prova colhida e aportada pelo órgão acusador, renunciando ao contraditório pleno e à produção de outras provas.[28] Obtém, assim, o condenado, o benefício da redução de um terço na dosimetria da pena, nos termos do artigo 422.2 do Código de Processo Penal. Não se admite a interferência da parte civil na solicitação do trâmite pelo processo abreviado, ainda que possa concordar expressamente com o pedido, ocasião em que a sentença também se pronunciará sobre a pretensão reparatória. A circunstância de não participar do processo abreviado não afasta seu direito de exercer a pretensão indenizatória no juízo cível competente.

Na monitória penal, o autor do fato poderá, no prazo de oposição, solicitar ao magistrado que o processo prossiga pelo rito do *giudizio inmediato* ou do *giudizio abbreviato*, bem como da aplicação da sanção criminal conforme o artigo 444 do Código de Processo Penal (art. 461.3 do CPP). Aqui também é possível uma manifestação de consenso entre a acusação e a defesa, tanto a respeito do rito, como da pena.

---

[26] DALIA, Andrea Antonio e FERRAIOLI, Marzia. Op. cit., p. 642 e 643.
[27] RICCIO, Giuseppe. "Procedimenti" cit., p. 495. Vid. também BONETTI, Michele. "Il Giudizio Abbreviato", em *I Procedimenti Speciali in Materia Penale*. Milão: Giuffrè, 1997, p. 28 (PISANI, Mario, organizador).
[28] Em RICCIO, Giuseppe. "Procedimenti", cit., p. 503, se pode ver a decisão da Corte Constitucional n. 92 de 9 de março de 1992, a respeito da produção da prova.

2.2 - Consenso sobre a pena

No consenso sobre a pena (*patteggiamento sulla pena*), denominado de aplicação da pena a pedido dos sujeitos (*applicazione della pena su richiesta delle parti*), há a imposição de uma pena privativa de liberdade ou de uma multa, sempre com uma redução de um terço, com ou sem a suspensão condicional da execução. O juiz aplica a pena solicitada, sem pagamento de custas, sem imposição de medida de segurança ou penas acessórias, exceto o confisco, o qual é obrigatório. Admite-se para delitos apenados com sanção pecuniária ou privativa de liberdade que, diminuída de até 1/3, não supere aos dois anos de privação de liberdade.

Diversamente do consenso sobre o *iter* processual, o qual provoca, em sua essência, a abreviação do processo, embora com reflexos na sanção a ser aplicada, o consenso sobre a pena influi, essencialmente, na quantidade da pena a ser medida. Evidentemente que no momento em que o autor do fato solicita a aplicação de determinada pena, de forma individual ou já acordada com o órgão acusador, também haverá modificação no caminho normal do processo, sendo possível, até, a alteração da qualificação jurídica dos fatos.

No ensinamento de Dalia e Ferraioli, torna-se inútil afrontar o alto custo do processo em situações onde a ação pode chegar ao fim numa perspectiva mais rápida e muito mais simplificada. Assim como na monitória criminal e no pagamento que ocorre nas contravenções criminais (*oblazione*), o consenso sobre a pena permite que o juiz se manifeste sobre o mérito da imputação, exaurindo o processo por inteiro.[29]

2.2.1 - Antecedentes

A Lei n. 689, de 24 de novembro de 1981, introduziu o instituto do *patteggiamento* no sistema criminal italiano, sob forte polêmica de importantes doutrinadores italianos, tais como Chiavario, Gambini Musso, Marzaduri e Pisapia, com o escopo de fornecer um tratamento diferenciado à pequena criminalidade e acelerar os processos. Destina-se aos fatos de pouco alarde social, em suma, à criminalidade de menor potencial ofensivo. Foram questionados o princípio da obrigatoriedade da ação penal, constante no artigo 112 da Constituição italiana;[30] a atuação do magistrado de acordo com os ditames legais, nos termos do artigo 101.2 da Carta Constitucional;[31]

---

[29] Op. cit., p. 644.

[30] Artigo 112. Il pubblico ministero ha l'obbligo di esercitare l'azione penale". O Ministério Público tem a obrigação de exercitar a ação penal.

[31] Artigo 101. "La giustizia è amministrata in nome del popolo. I giudici sono soggetti soltanto alla legge". A justiça é administrada em nome do povo. Os juízes estão submetidos à lei.

o direito de defesa, consagrado no artigo 24.2 da Constituição,[32] bem como o alto preço pago pelo funcionalismo processual.[33]

O magistrado, diante do requerimento do imputado ou com seu consentimento, ao vislumbrar a hipótese de aplicar uma pena substitutiva, como a pecuniária ou liberdade vigiada, por exemplo, no curso da instrução ou da fase de julgamento, podia proferir sentença aplicando-a, declarando extinto o fato criminal, sem que tal decisão fosse impugnável. A doutrina dividia-se em considerar a sanção aplicada como tendo natureza criminal ou administrativa, eis que provocava uma ruptura drástica no sistema criminal italiano.[34]

Em julho de 1982 foi aprovado um texto da Comissão de Justiça da Câmara dos Deputados, no qual se admitia a possibilidade de acordo entre o Ministério Público e a defesa, com a extinção do fato criminal, mas com a ressalva de que o legislador deveria estabelecer os mecanismos de extinção do fato. Dois anos após foi aprovada uma lei na Câmara dos Deputados, enviada ao Senado em agosto de 1984, contemplando, além da problemática discutida, mecanismos de aceleração dos procedimentos.

A discussão a respeito da natureza penal ou não da sanção advinda do *patteggiamento* chegou à Corte italiana, a qual, no ano de 1984, acatou a tese de que a sanção substitutiva aplicada tem natureza criminal, embora com efeitos limitados.[35]

O legislador italiano, quando da reforma do Código de Processo Penal, em 1988, considerando a experiência da Lei n. 689/81, inseriu o consenso sobre a pena no próprio estatuto processual, embora com acentuadas diferenças.[36]

---

[32] Artigo 24. "Tutti possono agire in giudizio per la tutela dei propri diritti e interessi legittimi. La difesa è diritto inviolabile in ogni stato e grado del procedimento. Sono assicurati ai non abbienti, con appositi instituti, i mezzi per agire e difendersi davanti ad ogni giurisdizione. La legge determina le condizioni e i modi per la riparazione degli errori giudiziari". Todos podem agir em juízo postulando a tutela dos próprios direitos e de interesses legítimos. A defesa é um direito inviolável em todo estado e grau do procedimento. São assegurados aos necessitados os meios para agir e defender-se ante à jurisdição. A lei determina as condições e os modos de reparação dos erros judiciários.

[33] BARONA VILAR, Sílvia, op. cit., p. 113.

[34] LOZZI, Gilberto. "L'applicazione della pena su richista delle parti", em *Rivista Italiana di Diritto e Procedura Penale*, 1989, p. 32 e STEFANI, Ernesto. *La Difesa Attiva nel Giudizio Abbreviato e nel Patteggiamento*. Giuffrè, Milão, 1994, p. 60 a 62.

[35] Vid. em MACCHIA, Alberto. *Il patteggiamento*. Giuffrè, Milão, 1992, p. 109 a 145, diversas decisões da Corte Constitucional sobre o *patteggiamento*.

[36] PISAPIA, Gian Domenico. *Lineamenti del Nuovo Processo Penale*, Padova, Cedam, 2ª ed., 1989, p. 61 e RICCIO, Giuseppe. "Procedimenti", cit., p. 489 a 547. STEFANI, Eraldo. Op. cit., p. 63 a 78, enfoca a passagem da pena detentiva à pena pecuniária no *patteggiamento*, fazendo considerações sobre a Lei 689/81 a ao artigo 5º da Lei 296 de 12 de agosto de 1993.

2.2.2 - Conceito e natureza jurídica

O legislador italiano introduziu a possibilidade do consenso sobre a pena nos arts. 444 a 448 do Código de Processo Penal, situados no livro que trata dos procedimentos especiais. O título se denomina de *applicazione della pena su richiesta delle parti*, um verdadeiro acordo (*patteggiamento*) intraprocessual, também denominado de *patteggiamento sulla pena* para distingui-lo do *patteggiamento sul rito*,[37] a respeito da sanção criminal, o qual se estabelece entre o órgão acusador e a defesa, sob o crivo jurisdicional.

Observa-se que na legislação anterior, somente o autor do fato tinha legitimidade para postular a aplicação da medida alternativa. Era um benefício ou uma alternativa à suspensão condicional da execução da pena, concedida ao acusado. Na nova modalidade, tanto o Ministério Público, quanto o autor do fato, possuem tal legitimidade. Inclusive, o autor do fato pode condicionar o pedido à suspensão condicional da execução da pena (art. 444.3 do CPP).

Pretendia-se, na antiga forma do *patteggiamento*, evitar a estigmatização do recolhimento ao cárcere nos casos de penas de curta duração. A finalidade primeira da atual modalidade de acordo não é o julgamento antecipado do processo, sua abreviação, mas o consenso sobre a pena a ser aplicada, com reflexos no mérito da causa e no desenvolvimento regular do processo. O consenso atinge a própria imputação e as penas a serem medidas, com ou sem substituição, bem como o desenvolvimento regular do processo. Os sujeitos, portanto, delimitam o fato, sua qualificação jurídica e as conseqüências criminais, mas isto não significa que o magistrado esteja obrigado a aceitá-las, em face do controle jurisdicional que há na manifestação volitiva das partes.

Portanto, o *patteggiamento* ou *applicazione di pena su richiesta delle parti* se constitui, uma "hipótese de definição antecipada do procedimento penal, mediante sentença - equiparada a uma sentença condenatória -, na qual o magistrado analisa a adequação da qualificação jurídica do fato, a presença de circunstâncias, avaliando-as, ratificando o acordo realizado entre o imputado e o Ministério Público, a respeito de uma pena, a qual deve situar-se entre os limites normativos predeterminados, depois de ter avaliado a congruência".[38]

Tem-se afirmado que não mais se trata de um benefício, mas de uma modalidade alternativa de processamento, uma confissão (Boschi, Giambruno, Marzaduri, Taormina),[39] sem o intuito de evitar a estigmatização

---

[37] RICCIO, Giuseppe. "Procedimenti", cit., p. 510.
[38] Em DALIA, Andrea Antonio e FERRAIOLI, Marzia. Op. cit., p. 654 e 655.
[39] DIEGO DÍEZ, Luis Alfredo, op. cit., p. 132, 171 a 173.

do cárcere, em face da possibilidade de aplicação da pena privativa de liberdade. Também, tem-se afirmado que se trata de um negócio processual premial que se aperfeiçoa com o consenso e a homologação judicial (Denti, Conso, Chiliberti, Machia, Roberti, Tuccilio, Vigoni e o Tribunal de Cassação),[40] bem como um típico exemplo de justiça contratada, um rito alternativo, uma forma alternativa de ação, no dizer de Riccio.[41]

O certo é que há uma delimitação consensual do fato, da qualificação jurídica e das conseqüências penológicas. Por via de conseqüência, o autor do fato pretende a abreviação dos efeitos de um juízo condenatório, embora não se possa negar que esteja se autopunindo. A Corte Constitucional afirmou que não é certo que o imputado esteja atribuindo-se uma pena e que não é o Juiz que vá aplicá-la, pois o pedido é feito ao Juiz, que intervém obrigatoriamente, aceitando ou não o consenso e impondo a pena."[42]

2.2.3 - Requisitos

Os requisitos dizem respeito aos limites temporais para a apresentação do pedido, ao objeto do acordo, à manifestação de vontade das partes, à forma de solicitar e aos poderes do órgão jurisdicional.

O principal requisito para que haja a possibilidade do acordo criminal diz respeito à pena. Permite-se o consenso nas infrações sancionadas com pena pecuniária ou com pena privativa de liberdade que, após consideradas as demais circunstâncias que possam diminuir a pena e a redução obrigatória de até 1/3, não supere aos dois anos de privação de liberdade, isolada ou cumulativa com a pena pecuniária (art. 444.1 do CPP). Houve um alargamento das possibilidades do acordo existente na Lei 689/81 (limite de três meses - liberdade controlada; limite de um mês - pena pecuniária).

Polemizou-se a respeito da diminuição. Uns entendiam que os dois anos são a resultante da subtração de 1/3 da pena (6:1/3=2), e não 6-1/3=4. Outros entendiam que a quantidade de 1/3 é o que deve ser diminuído (3-1(1/3)=2). Preponderou a interpretação restrita, ou seja, de que o 1/3 representa a quantia a ser diminuída, eliminada, e não a resultante após a diminuição de 1/3.[43]

O Tribunal Constitucional na decisão 313/90, que declarou, em parte, a inconstitucionalidade do art. 444.2 do Código de Processo Penal, sus-

---

[40] DIEGO DÍEZ, Luis Alfredo, op. cit., p. 148 e MACHIA, Alberto. *Il patteggiamento*. Giuffrè, Milão, 1992, p. 8 a 12 e VIGONI, Daniela. "L'Applicazione", cit., p. 145.
[41] "Procedimenti", cit., p. 510.
[42] MACCHIA, Alberto. Op. cit. Giuffrè, Milão, 1992, p. 129.
[43] Vid. RICCIO, Giuseppe. "Procedimenti", cit., p. 511; STEFANI, Eraldo. Op. cit., p. 39 e VIGONI, Daniela. "L'Applicazione", cit., p. 139.

tentou que o consenso tem viabilidade quando existir um mínimo possível de circunstâncias que possam diminuir a pena até dois anos.[44]

Nem toda imputação é passível de ser resolvida mediante consenso sobre a pena a ser aplicada. Podem ser objeto do consenso as infrações criminais sancionadas com uma pena pecuniária ou uma pena privativa de liberdade que, consideradas as circunstâncias do fato e da diminuição até um terço, devida como prêmio pela escolha do rito, não supere os dois anos de privação de liberdade, isolada ou cumulativa com a multa.

Pressupõe-se, evidentemente, o consenso entre o Ministério Público e a defesa a respeito da pena a ser aplicada ao caso concreto, com efetivo controle jurisdicional, pois implica imediata prolação da sentença (art. 448.1 do CPP). O pedido pode ser formulado por qualquer das partes, em conjunto ou separadamente. Quando o pedido for de uma das partes, o magistrado ouvirá a outra a respeito da solicitação. Mesmo diante da discordância do Ministério Público, o magistrado poderá atender o pedido da defesa, pois emite um juízo valorativo sobre o dissenso do órgão acusador. Mas isto somente no final do *dibattimento*. Exige-se a manifestação volitiva pessoal do acusado, a qual somente poderá ser suprida através de procurador, mas com poderes especiais (art. 446.3 do CPP). Inclusive, a assinatura do acusado deverá ser reconhecida por notário, abonada por terceira pessoa ou pelo próprio advogado (arts. 446.3 e 583.3 do CPP). Na hipótese de co-réus acusados do mesmo crime, decidiu a Corte Constitucional, na decisão n. 266, de 10 de julho de 1992, que o pedido de somente um dos acusados implica a cisão do processo.[45]

Tanto a solicitação, quanto o consenso, podem ser realizados por escrito ou oralmente, na *udienza* (art. 446.2 do CPP). Portanto, esses atos podem ser realizados desde as investigações prévias - *indagini preliminari*-, na audiência preliminar -*udienza preliminare* -, bem como na fase do *giudizio*, até a declaração de abertura do *dibattimento*, mesmo que tal pedido tenha sido negado anteriormente (arts. 446.1, 447.1 e 448.1 do CPP). É de ser observado que antes do *dibattimento* propriamente dito, são praticados diversos atos processuais preliminares ou prévios (arts. 465 a 491 do CPP), já na fase do *giudizio*, do qual faz parte o *dibattimento*.

Compete ao magistrado que está presidindo a respectiva fase a admissibilidade ou não do consenso, decidindo a respeito. Inclusive, na fase de impugnação, o Tribunal, ao analisar o dissenso do Ministério Público ou a não-aceitação do magistrado, poderá aplicar a pena solicitada (art. 448.1 do CPP).

---

[44] Vid. MACCHIA, Alberto. *Il patteggiamento*. Giuffrè, Milão, 1992, p. 126 e RICCIO, Giuseppe. "Procedimenti", cit., p. 520.
[45] Em RICCIO, Giuseppe. "Procedimenti", cit., p. 513.

Na fase das investigações preliminares, apresentado o pedido pelas partes (ambas assinam a mesma petição ou a parte adversa manifesta sua concordância num escrito a parte), o magistrado designa uma audiência com o escopo de analisar o consenso, podendo convocar as partes a fim de certificar-se da voluntariedade do ato (arts. 446.5, 447.1 e 447.2 do CPP).

Quando o pedido de aplicação da pena parte do Ministério Público, também contém a formalização da acusação (art. 405.1). Solicitada a aplicação da pena por somente uma das partes, o magistrado concede um prazo para que a outra parte manifeste seu consentimento ou o dissenso. Uma vez logrado o consenso, designa a audiência, como antes assinalado. Evidentemente que a regra é a negociação direta entre o Ministério Público e a defesa para que possam submeter ao magistrado um acordo já elaborado.[46]

Embora o art. 447.3 do Código de Processo Penal não admita a retratação ou alteração do pedido, nesta etapa, a mesma é de ser aceita, possibilitando-se a negociação entre as partes, em face do paradigma consensual que há de preponderar.[47] Nesta fase, não aceito o pedido do órgão acusador pelo acusado, ou julgado improcedente, o Ministério Público deverá formalizar outra acusação, vedando-se que reitere o pedido. Entretanto, quando o *parquet* deduzir a acusação normal, poderá tomar a iniciativa para o consenso. De outra banda, o autor do fato poderá reiterar a iniciativa até a preclusão temporal.[48]

Nas duas fases seguintes, o consenso pode ser manifestado por escrito ou oralmente na audiência preliminar ou dos debates, sem que haja necessidade de designação de uma audiência especial para tal finalidade.

A não-aceitação do pedido formulado pela defesa, pelo órgão acusador, deverá ser fundamentado, por expressa disposição legal (art. 446.6 do CPP), com supedâneo na qualidade de órgão público oficial do *parquet*. Entretanto, a defesa não necessita dizer porque não aceita o pedido do Ministério Público, pois seu silêncio implica rejeição da pena solicitada e do julgamento antecipado do processo penal. Da motivação é que se inferem quais os critérios que o Ministério Público está utilizando para afastar o consenso, possibilitando o controle jurisdicional e sua impugnação.

Dentro dos requisitos de atividade, ainda, nota-se que as partes podem renunciar à impugnação, na Corte de Apelação, declarando concordar com todos ou com parte dos motivos do recurso, indicando a pena sobre a qual estão de acordo.[49]

---

[46] Em DALIA, Andrea Antonio e FERRAIOLI, Marzia. Op. cit., p. 655.
[47] Nesse sentido, RICCIO, Giuseppe. "Procedimenti", p. 514 e 515.
[48] RICCIO, Giuseppe. "Procedimenti", cit., p. 515.
[49] Em DALIA, Andrea Antonio e FERRAIOLI, Marzia. Op. cit., p. 656.

O consenso é submetido a um efetivo e motivado controle jurisdicional (art. 111.1 da Constituição e art. 546 do CPP), pois a manifestação dos sujeitos pode ser tida como improcedente, inclusive quanto ao cabimento ou não da suspensão condicional da execução da pena. O magistrado tem o poder de verificar a forma e conteúdo da manifestação volitiva dos sujeitos. Mesmo diante do consenso manifestado, pode absolver o autor do fato nas hipóteses de falta de punibilidade (art. 129 do Código de Processo Penal), e verificar a proporcionalidade da sanção acordada, circunstâncias mencionadas pela Corte Constitucional na decisão 313/90. Portanto, a função do magistrado não é meramente notarial, homologatória da manifestação volitiva das partes.

Consta da decisão da Corte Constitucional que, além da análise das possíveis circunstâncias modificadoras da pena (critérios do art. 133 do CP, inclusive as atenuantes inominadas previstas no art. 62-*bis* do CP, as agravantes e a compensação entre elas), a aplicação da pena consensuada ou solicitada pela defesa se consubstancia quando não incidir nenhuma hipótese de absolvição, a qual é prejudicial em relação ao *patteggiamento*. Assim, o magistrado emite um juízo valorativo sobre o material fático recolhido e sua adequação jurídica.

Tal pedido também há de ser rejeitado quando o magistrado não aceita a substituição da pena consensuada. Consta, ainda, que o magistrado, ao examinar o consenso das partes, não realiza uma operação lógico-formal ou adesiva às conclusões das partes, mas valorativa do material constante nos autos, em face da sujeição do órgão jurisdicional aos ditames da lei.[50]

"Embora se exija a garantia da efetiva jurisdicionalidade; que o consenso se insira no exercício de um direito de defesa; que o acordo se justifica no exercício da ampla defesa, inclusive com a renúncia do contraditório pleno, com aceitação do substrato já recolhido com valor probatório pleno, pensamos que o consenso no sistema italiano, sobre a pena privativa de liberdade, diferentemente do que ocorre no sistema brasileiro, fere a garantia da preservação e irrenunciabilidade do *status libertatis*, uma garantia conquistada com sacrifício de vidas inocentes, com derramamento de sangue de quem não devia nada para o Estado. A própria Constituição italiana garante, em seu artigo 13.1, a inviolabilidade da liberdade pessoal do cidadão. Concordamos com a possi-

---

[50] Vid. MACCHIA, Alberto. Op. cit., p. 126 e 127. Consta da decisão da Corte Constitucional que, além da análise das possíveis circunstâncias modificadoras da pena, a aplicação da pena consensuada ou solicitada pela defesa, não afasta a absolvição, a qual é prejudicial em relação ao *patteggiamento*. Tal pedido também há de ser rejeitado quando o magistrado não aceita a substituição da pena consensuada.

bilidade de uma certa disposição, em nome da ampla defesa, a respeito do processo e da sanção criminal, mas jamais a disposição sobre o *status libertatis*, uma garantia inerente à própria condição de ser humano."

O cerceamento da liberdade do ser humano, por resultar sempre de uma verdade formalizada, tantas vezes admitida para encobrir outros autores ou outros interesses, há de resultar de um juízo com todas as garantias processuais.

2.2.4 - Efeitos

Antes da reforma do Código de Processo Penal, a sanção a ser aplicada somente poderia ser uma substitutiva de multa ou de liberdade vigiada. Com o advento da nova regulamentação, pode haver aplicação, tanto das medidas substitutivas, quanto das privativas de liberdade, possibilitando-se a suspensão condicional da pena. Entretanto, não poderá haver aplicação de penas acessórias ou de medida de segurança, exceto o confisco.[51]

O pedido de aplicação de uma pena pode ser submetido a sua substituição, inclusive à suspensão condicional das sanções substitutivas.

No *giudizio abbreviato* os efeitos são processuais, enquanto no *patteggiamento*, dizem respeito, essencialmente, à dosimetria da pena, na medida em que o autor do fato criminal obtém uma decisão mais favorável. Porém, consenso entre as partes a respeito da sanção a ser aplicada abrevia o processamento, pois evita a fase do *dibattimento*, e não implica obrigatoriamente a prolação de uma sentença condenatória. O magistrado pode absolver o acusado por uma das causas extintivas da punibilidade, por exemplo, previstas no artigo 129 do Código de Processo Penal. Entretanto, tem o dever de manifestar-se, proferindo um juízo valorativo.

Na hipótese de não haver consenso a respeito da aplicação da pena, evidentemente quando somente uma das partes a solicita, não ocorre a abreviação processual. Entretanto, o magistrado poderá, ao final, ao julgar improcedentes os argumentos do órgão acusador a respeito do descabimento do pedido da defesa, atender a solicitação anterior. O dissenso do Ministério Público, no dizer de Riccio, bloqueia o rito (*blocca il rito*).[52]

Outro efeito importante é o da preclusão temporal no que diz respeito à solicitação e/ou consenso a respeito da pena, o qual se opera no momento em que o magistrado declara a abertura do *dibattimento*, já na fase do *giudizio*.

---

[51] Vid. BIFFA, Massimo. "Il Patteggiamento", cit. p. 104.
[52] RICCIO, Giuseppe. "Procedimenti", cit., p. 516.

Ocorrendo o consenso na fase dos *indagini preliminari*, enquanto alguns doutrinadores, tais como Chiliberti, Roberti e Tuccilio aceitam a possibilidade da continuação das investigações,[53] outros, dentre eles Lupo, são contra,[54] sob o argumento de que o consenso também implica a terminação antecipada do processo, com base no que já foi apurado.

Inclinamo-nos por esta segunda corrente, uma vez que o magistrado, diante da solicitação de aplicação de uma determinada sanção, tem o dever de prestar a jurisdição dando a tramitação prevista em lei. O consenso manifestado nesta fase implica a designação de uma audiência para que o magistrado possa analisar em que termos foi proferida a manifestação de vontade dos sujeitos.

Evidentemente, quando o consenso ocorre nas duas etapas seguintes, não se faz mister a designação de uma audiência especial, pois o processo se desenvolve, basicamente, com a audiência preliminar ou com os debates. Aceito o consenso, obtido em qualquer dessas duas fases, ocorre a terminação antecipada do processo. A não-aceitação pelo magistrado implica prosseguimento do curso normal do processo.

O dissenso do Ministério Público, mesmo que deva ser sempre motivado, nos termos do artigo 446.6 do Código de Processo Penal, passa pelo crivo jurisdicional e poderá ser julgado improcedente, tanto no primeiro grau, na medida em que o magistrado poderá acolher, posteriormente, o pedido do autor do fato ou quando da impugnação. Assim se procede, pois se entende que o dissenso do Ministério Público afeta a terminação antecipada do processo, mas não atinge o mérito do pedido de aplicação de determinada pena, como decidiu o Tribunal Constitucional na decisão 120/1984, ao se pronunciar sobre os artigos 77 e 78 da Lei 689/81.[55]

Evidentemente que o mais apropriado seria a obrigatoriedade de o magistrado julgar o dissenso no momento em que é prestado, evitando-se, assim, reiterações de pedidos e a manutenção das expectativas de que o órgão acusador manifeste sua aquiescência ou que o magistrado atenda o pedido.

Embora se admita que a solicitação da pena possa ser modificada, uma vez firmado o consenso, o ato é irretratável, não pode ser revogado e nem ser impugnado via recurso, situando-se fora do poder de disposição dos sujeitos.

Quando o magistrado entende que não é possível suspender a execução da pena, nos termos da decisão n. 313/90 do Tribunal Constitucional, deve rejeitar o consenso ou todo o pedido, pois além de controlador da

---

[53] DIEGO DÍEZ, Luis Alfredo, op. cit., p. 140.
[54] Idem, p. 140.
[55] Idem, p. 143.

legalidade, atua sob o princípio da proporcionalidade. Entendeu o Tribunal Constitucional pela inconstitucionalidade do artigo 444.2 do Código de Processo Penal, pois o magistrado pode valorar a proporcionalidade da sanção consensuada pelas partes, não aceitando os pedidos que não observarem tal princípio.[56]

A decisão que aplica a pena solicitada e/ou consensuada, nos termos do artigo 445.1 do Código de Processo Penal, equipara-se a uma sentença penal condenatória. Na modalidade antiga, a sentença declarava a extinção do fato criminoso. Mesmo assim, havia discussão a respeito de sua natureza jurídica: condenatória, constitutiva ou de não proceder.[57] No atual sistema, no dizer de Biffa, trata-se de sentença condenatória *tout court*, e não de sentença equiparada a uma condenação.[58] Nesse mesmo sentido, Machia e Riccio sublinham que se trata, substancialmente, de uma sentença condenatória.[59] Para outros, trata-se de uma sentença condenatória atípica ou *sui generis*, pois afirma a culpabilidade do autor do fato, quem assume a responsabilidade através de uma confissão, no que tange ao fato imputado, mas com uma disciplina particular (Boschi, Dalia, Giambruno, macchia, Marzaduri, Sturiali e Taormina).[60]

O Tribunal de Cassação, em diversas decisões, como as de 19 de fevereiro de 1990, de 26 de junho de 1991, assentou que a sentença não tem cunho condenatório porque o autor do fato não está reconhecendo sua responsabilidade criminal, e porque não há congruência entre responsabilidade e pena. Trata-se, portanto, de uma sentença "em hipótese de responsabilidade". Expressamente dispôs:

"Trata-se de um instituto novo em nosso ordenamento jurídico, introduzido para evitar o *dibattimento*, mediante a prolação de uma sentença com a qual, chegando a separar a fórmula reconhecimento da responsabilidade-aplicação da pena, o imputado não demonstra ao juiz a efetiva ofensa aos interesses protegidos pela norma que se assume como violada, nem a culpabilidade do autor do fato, exonerando a acusação do ônus probatório sobre a responsabilidade, e aceitando o imputado, por suas valorações pessoais de conveniência, a definição antecipada do procedimento para usufruir seus efeitos premiais. Querendo-se enquadrar a sentença em alguma categoria, poderíamos, de-

---

[56] DIEGO DÍEZ, Luis Alfredo, op. cit., p. 155 e 156.
[57] Vid. MACCHIA, Alberto. Op. cit., p. 49.
[58] "Il Patteggiamento", cit., p. 104.
[59] "Procedimenti", cit., p. 511 e Op. cit., p. 55.
[60] Vid. MACCHIA, Alberto. Op. cit., p. 50, o qual também traz uma decisão da Corte de Cassação de 21 de março de 1991, nesse sentido.

finitivamente, colocá-las nas denominadas 'sentenças em hipótese' e, no caso específico, 'em hipótese de responsabilidade'".[61]

No que aos efeitos patrimoniais diz respeito, consigna-se que o consenso libera o imputado do pagamento das custas processuais, sem reflexos na pretensão reparatória em sede criminal. Inclusive, não tem os efeitos do art. 75.3 do Código de Processo Penal, ou seja, da suspensão do processo civil. Evidentemente que o prejudicado poderá buscar a indenização no juízo cível. Entretanto, nos termos do artigo 448.3 do Código de Processo Penal, quando a decisão a respeito da aplicação da pena a pedido das partes advém do órgão *ad quem*, como ocorre no recurso que julga procedente a impugnação do imputado a respeito da não-aceitação do consenso, deverá haver manifestação sobre a pretensão civil.[62] O acusado pagará as custas da parte civil quando esta já tiver sido admitida, mesmo quando a procedência se der em primeiro grau de jurisdição.

Os efeitos da sentença que julga procedente o consenso ou o pedido de aplicação de pena não têm reflexos na área cível, e tampouco na esfera administrativa, nos precisos termos do artigo 445.1 do Código de Processo Penal.

Além da renúncia ao contraditório pleno, tanto o imputado quanto o Ministério Público renunciam ao duplo grau de jurisdição, pois não cabe apelação da decisão que julga procedente o consenso das partes (art. 448.2 do CPP). Caberá apelação quando não houver aceitação do consenso ou quando um dos sujeitos não tiver aderido à petição de aplicação de uma pena, após manifestação judicial. Admite-se o recurso de cassação,[63] o qual é um meio de impugnação ordinário, através do qual se pede a invalidação por violação da lei, em primeiro grau (recurso *per saltum*) ou em segundo grau, a um juiz de mérito.

Antes da vigência do novo Código de Processo Penal, a Lei 689/81 apenas admitia o benefício da extinção do crime uma unica vez. Atualmente, o consenso não tem as restrições anteriores. Entretanto, o legislador, no artigo 445.2 do Código de Processo Penal, colocou um certo freio ao consenso. O mesmo não é ilimitado, evitando-se o descrédito da proteção dos bens jurídicos, consubstanciados na vigência na norma. Os efeitos penais da sentença condenatória ou equiparada à condenatória são extintos, desde que o autor do fato demonstre sua inserção aos padrões sociais, isto é, não tenha cometido uma infração criminal de mesma índole. Este prazo, em se tratando de consenso sobre crime, é de cinco anos. Sendo

---

[61] DIEGO DÍEZ, Luis Alfredo, op. cit., p. 169 e MACCHIA, Alberto. Op. cit., p. 50 e 51.

[62] Vid. STEFANI, Eraldo. Op. cit., p. 60 a 62.

[63] Vid. DALIA, Andrea Antonio e FERRAIOLI, Marzia. Op. cit., p. 712 e ss, sobre o recurso de cassação.

contravencional, é de dois anos. Não tendo retornado ao caminho do crime, todos os efeitos penais são extintos. Portanto, os efeitos criminais da sentença que admite o consenso permanecem por um período de cinco ou de dois anos, dependendo da entidade do fato criminal que tiver sido praticado.

Os efeitos não se extinguem quando o imputado não cumpre voluntariamente a sanção. Nas hipóteses de crime continuado e de concurso formal, a extinção dos efeitos se aplica a todos os crimes, desde a data do trânsito em julgado da última sentença. É de ser consignado que as regras do concurso formal e do crime continuado também são aplicáveis nas hipóteses do consenso.[64] Primeiramente são aplicadas as regras do concurso; após, a diminuição.[65]

Portanto, a sentença não comporta a aplicação de uma pena acessória, nem de uma medida de segurança; não tem reflexos na área administrativa e nem no juízo civil; implica a extinção da infração criminal após decorrido o lapso temporal antes referido, a partir do trânsito em julgado da decisão; pode impor o confisco, inclusive de dinheiro, bens ou utilidades de proveniência ilícita (Lei da Criminalidade Organizada, do Tráfico de Entorpecentes, transferência fraudulenta de valores, extorsão, usura, receptação, por exemplo), bem como de armas, munições, explosivos, símbolos, emblemas, material de propaganda (Crimes de discriminação racial, étnica, nacional ou religiosa, genocídio, por exemplo), bem como do material utilizado para a prática de ilícito (contrabando, por exemplo); condena o imputado ao pagamento das custas à parte civil, sempre que estiver habilitada nos autos.[66]

2.3 - Monitória penal

Dentro dos ritos especiais, insere-se também o *giudizio per decreto*, também conhecido como monitória penal. Já estava previsto no Código de Processo Penal de 1930, embora com algumas características diferentes. De outra banda, a Lei Delegada de 1974 também o restringia, uma vez comparado com a atual regulamentação, na medida em que era aplicado somente para as infrações apenadas com sanção pecuniária. Porém, a Lei Delegada de 1987 ampliou o âmbito de aplicação também nas hipóteses em que a pena pecuniária poderia substituir a pena detentiva.[67]

---

[64] Vid. GATTI, Giustino. *Codici di Procedura Penale e Legge Complementari*. Edizione Giuridiche Simone, Napoli, 1998, p. 233.

[65] Vid. BONETTI, Michele. "Il Giudizio", cit., p. 45 e VIGONI, Daniela. "L'Applicazione", cit., p. 148 a 162.

[66] Vid. DALIA, Andrea Antonio e FERRAIOLI, Marzia. Op. cit., p. 660.

[67] RICCIO, Giuseppe. "Procedimenti", cit., p. 539.

Tem lugar a monitória penal naquelas hipóteses em que será aplicada uma pena pecuniária, mesmo que substitutiva de uma pena privativa de liberdade, ou seja, na denominada criminalidade menos grave, com a finalidade de resolver imediatamente a causa criminal.

Trata-se, portanto, de um julgamento antecipado da causa criminal, instado pelo órgão acusador oficial, com eficácia imediata, sempre que admitido pelo imputado, ou não revogado pelo magistrado. Segundo Dalia e Ferraioli, "o decreto penal de condenação é a providência com a qual o magistrado, nos delitos que se perseguem de ofício, à instância do Ministério Público, aplica, independentemente de processamento, uma pena pecuniária, mesmo que seja em substituição de uma pena detentiva".[68]

Os requisitos para que o decreto de condenação seja proferido e válido dizem respeito à espécie de infração praticada, ao Ministério Público, à defesa e ao órgão jurisdicional.

No que concerne ao fato típico, deverá estar apenado com multa ou ser esta possível e aplicável em substituição de uma pena privativa de liberdade. Ainda, a infração há de ser processada por ação penal pública incondicionada, ou seja, perseguível *ex officio*. A pena prevista em abstrato, viabilizadora da monitória criminal, poderá ser diminuída até a metade do mínimo previsto. Assim, a monitória criminal não se afasta da idéia de justiça premial, diante de uma evidência probatória, no dizer de Riccio.[69]

No que diz respeito ao Ministério Público, este há que entender pela suficiência reprovatória da condenação pecuniária. Portanto, situa-se dentro da esfera discricionária, legalmente autorizada, do acusador oficial.

O autor do fato não pode carecer de aplicação de uma medida de segurança, nos termos do artigo 459.4 do Código de Processo Penal.

Sem a aquiescência do autor do fato, a monitória criminal não se perfectibiliza

Dentro dos requisitos de atividade, situamos que é o Ministério Público que solicita, motivadamente, o decreto de condenação ao órgão jurisdicional, indicando a pena a ser aplicada a determinado fato concreto, inclusive com a possível diminuição da sanção mínima, nunca superior à metade.

A solicitação do órgão acusador passa pelo crivo jurisdicional. Quando o magistrado entende que improcede o pedido do Ministério Público, devolve-lhe os autos, prosseguindo-se pelo processo ordinário. Nada impede que haja absolvição. Entendendo que procede a monitória penal, o

---

[68] Op. cit., p. 663.
[69] RICCIO, Giuseppe. "Procedimenti", cit., p. 539.

juiz dita o decreto de condenação. Na decisão n. 447, de 12 de outubro de 1990, a Corte Constitucional decidiu que o magistrado da fase dos *indagini preliminari* tem pleno controle do rito e sobre o mérito do pedido do Ministério Público de emissão de um decreto de condenação. Assim, pode rejeitar o pedido devido à inadmissibilidade do rito e também pela inadequação da medida de pena indicada.[70]

O decreto de condenação conterá: a delimitação do fato; a individualização do autor; a responsabilidade pelo pagamento da multa; as disposições legais infringidas; a motivação fática e jurídica da monitória; a redução da pena; uma parte dispositiva; a menção à possibilidade de oposição do condenado e do responsável civil; a advertência das conseqüências da falta de oposição; a data e a assinatura. Também ordena-se o confisco ou a restituição das coisas seqüestradas, concede-se a suspensão condicional da pena, determina-se que não há informação quando solicitada a pedido de algum sujeito privado. Declara-se a responsabilidade da pessoa civilmente responsável pela sanção pecuniária, nos termos dos artigos 196 e 197 do Código Penal.

Deste decreto de condenação, cientificam-se o Ministério Público, o condenado e o responsável pelo pagamento da multa (arts. 196, 197 e 460.3 do CPP).

O decreto de condenação produz os seguintes efeitos: não irradia reflexos da coisa julgada no cível e nem na esfera administrativa (art. 460.5 do CPP); atribui ao condenado o pagamento das custas processuais; confisca ou restitui as coisas apreendidas.

2.3.1- Da oposição ao decreto de condenação

Podem deduzir oposição à monitoria criminal, tanto o imputado quanto o responsável civil, pessoalmente, ou por meio de procurador com poderes especiais, no prazo de 15 dias após a cientificação do decreto condenatório.

A manifestação de oposição conterá, sob pena de inadmissibilidade, os limites do decreto, a data e o juízo que o proferiu. Com a oposição se pode requerer o rito abreviado, o imediato, bem como a aplicação de uma pena consensuada com o Ministério Público.[71]

A procedência da oposição revoga o decreto monitório (464.3 do CPP), com a continuação do processamento ou com a absolvição. Transformado o rito processual, o magistrado fica liberado, inclusive para que

---

[70] Vid. PIZIALI, Giorgio. "Il Procedimento per Decreto", em *I Procedimenti Speciali in Materia Penale* (PISANI, Mario, organizador). Milão: Giuffrè, 1997, p. 529 a 539, a função do magistrado na monitória penal. Também, em RICCIO, Giuseppe. "Procedimenti", cit., p. 541.
[71] Vid. DALIA, Andrea Antonio e FERRAIOLI, Marzia. Op. cit., p. 664.

possa revogar os benefícios já concedidos e aplicar uma sanção diversa e mais grave da constante no decreto. Também, a oposição poderá conduzir a uma absolvição, ocasião em que também resta revogado o decreto condenatório, o que ocorre, por exemplo, nas hipóteses de atipicidade, de inexistência do fato, de existência de uma excludente (art. 464.5 do CPP).

Sem oposição ou quando esta improcede, o decreto de condenação se torna definitivo. Desta decisão somente é possível o recurso de *cassazione* (art. 461.6 do CPP). Decidiu a Corte Constitucional na decisão n. 346 de 20 de julho de 1992, que não se faz mister nomear defensor ao condenado que silencia, em face do tempo que possui para consultar um advogado de sua confiança, bem como da natureza da pena aplicada,[72] em evidente afronta à garantia da ampla defesa.

3 - Conclusões

a) É inegável a influência do sistema anglo-americano nos trabalhos legislativos da reforma do CPP italiano, mormente do instituto da *plea bargaining* e da concepção da simplificação dos ritos processuais; b) O ordenamento jurídico italiano, assim como o nosso, após a Constituição de 1988 e da Lei 9.099/95, contempla o consenso a respeito do rito processual – *patteggiamento sul rito* – e o acordo sobre a pena – *patteggiametno sulla pena* ou *applicazione della pena su richiesta delle parti* –; c) A acusação e a defesa podem, mediante consenso, eleger o rito processual a ser seguido, dentre os vários que dispõem; d) Admite-se o acordo a respeito da pena a ser cumprida que, diminuída de até 1/3, não supere aos dois anos de prisão, com ou sem a sua suspensão condicional; e) Assim como em nosso sistema, o acordo sobre a pena não tem cunho condenatório porque o autor do fato não está reconhecendo sua culpabilidade. Porém, os efeitos criminais permanecem por 5 anos quando se tratar de crimes, e por dois anos quando for uma contravenção penal, sempre que houver cumprimento voluntário da sanção.

---

[72] RICCIO, Giuseppe. "Procedimenti", cit., p. 541.

— 13 —

Da pena-base no mínimo legal e o reconhecimento de atenuantes e majorantes: aplicação da pena mais justa

NEY FAYET
Ex-professor de Direito Penal da UFRGS e da UNISINOS.
Advogado criminalista em Porto Alegre, RS

O presente estudo pretende sugerir uma possibilidade de solução mais justa nas sentenças condenatórias, quando aplicada a pena-base no mínimo legal, e for reconhecida na decisão a existência de *atenuantes* e *majorantes*.

Duas normas penais cogentes encontram-se nesse momento sentencial da aplicação da pena: o art. 65, *caput*, do Código Penal,[1] determinando que a circunstância atenuante "sempre atenua a pena", e o art. 68 do Código Penal,[2] impondo o método trifásico no cálculo da pena, segundo o qual as atenuantes e agravantes devem imperativamente atuar sobre a pena-base, na segunda fase da dosimetria penal.

Uma vez reconhecida expressamente, na sentença condenatória, a existência de uma atenuante, circunstância "que sempre atenua a pena", o

---

[1] Circunstâncias atenuantes. "Art. 65. São circunstâncias que sempre atenuam a pena: I – ser o agente menor de 21 (vinte e um), na data do fato, ou maior de 70 (setenta) anos, na data da sentença; II – o desconhecimento da lei; III – ter o agente: a) cometido o crime por motivo de relevante valor social ou moral; b) procurado, por sua espontânea vontade e com eficiência, logo após o crime, evitar-lhe ou minorar-lhe as consequências, ou ter, antes do julgamento, reparado o dano; c) cometido o crime sob coação a que podia resistir, ou em cumprimento de ordem de autoridade superior, ou sob a influência de violenta emoção, provocada por ato injusto da vítima; d) confessado espontaneamente, perante a autoridade, a autoria do crime; e) cometido o crime sob a influência de multidão em tumulto, se não o provocou."
[2] Cálculo da pena. "Art. 68. A pena-base será fixada atendendo-se ao critério do art. 59 deste Código; em seguida, serão consideradas as circunstâncias atenuantes e agravantes; por último, as causas de diminuição e de aumento."

réu passa a ter o direito inalienável de atenuação de sua pena, ínsito ao princípio constitucional do devido processo legal, em que se inclui a correta mensuração da reprimenda. Essa pena terá obrigatoriamente que ser reduzida, ou se estará negando vigência ao art. 65, *caput*, do Código Penal.

E o momento processual próprio para concretizar-se essa atenuação dá-se na segunda fase do cálculo da pena, por comando expresso da norma do art. 68 do Código Penal, ao consagrar o critério trifásico, sob a justificativa fundamental de que ele "permite o completo conhecimento da operação realizada pelo juiz, e a exata determinação dos elementos incorporados à dosimetria".[3]

Nem sempre, entretanto, esse critério leva a pena definitiva à "plenitude da garantia constitucional da ampla defesa".[4]

Há pelo menos uma hipótese em que, mantida a *ordem* das fases, o *critério trifásico* não se revela garantidor do postulado.

Isso ocorre na hipótese de uma sentença condenatória na qual o juiz, na primeira fase, reconhece não haver qualquer circunstância judicial (art. 59 do Código Penal)[5] em desfavor ao réu, e aplica a pena-base no mínimo cominado para o delito; e, a seguir, na segunda fase, reconhece provada uma ou mais circunstância(s) atenuante(s), que *sempre atenuam a pena* (art. 65 do Código Penal), mas não a(s) aplica(m), deixando de realizar qualquer diminuição sobre a pena-base (fixada no mínimo legal) por entender de conformidade com a Súmula 231 do STJ;[6] e, finalmente, na terceira fase, reconhece a existência de uma majorante, aplicando o percentual de majoração, e tornando a pena definitiva.

Exemplifiquemos: num caso concreto, de estelionato cometido em detrimento de entidade de direito público (art. 171, § 3º, do Código Penal),

---

[3] Exposição de Motivos da Lei nº 7.209/84, nº 51. "O Projeto opta claramente pelo critério das três fases, predominante na jurisprudência do Supremo tribunal Federal. Fixa-se, inicialmente, a pena-base, obedecido o disposto no art. 59; consideram-se em seguida, as circunstâncias atenuantes e agravantes; incorporam-se ao cálculo, finalmente, as causas de diminuição e aumento. Tal critério permite o completo conhecimento da operação realizada pelo Juiz, e a exata determinação dos elementos incorporados à dosimetria. Discriminado, por exemplo, em primeira instância, o quantum da majoração decorrente de uma agravante, o recurso poderá ferir com precisão essa parte da sentença, permitindo às instâncias superiores a correção de equívocos hoje sepultados no processo mental do juiz. Alcança-se, pelo critério, a plenitude de garantia constitucional da ampla defesa."

[4] Exposição de Motivos da Lei nº 7.209/84, nº 51.

[5] "Fixação da pena. Art. 59. O juiz, atendendo à culpabilidade, aos antecedentes, à conduta social, à personalidade do agente, às circunstâncias e consequências do crime, bem como o comportamento da vítima, estabelecerá, conforme seja necessário e suficiente para reprovação e prevenção do crime: I – as penas aplicáveis as cominadas; II – a quantidade de pena aplicável, dentro dos limites previstos; III – o regime inicial de cumprimento da pena privativa de liberdade; IV – a substituição da pena privativa de liberdade aplicada, por outra espécie de pena, se cabível."

[6] Súmula 231 do STJ: "A incidência da circunstância atenuante não pode conduzir a redução da pena abaixo do mínimo legal".

a sentença, após a análise das circunstâncias judiciais do art. 59 do Código Penal, fixou a pena-base em 1 (um) ano de reclusão (a mínima cominada), entendendo que nenhuma das circunstâncias judiciais desfavorecia o réu.

A seguir, reconheceu expressamente a existência de duas atenuantes (art. 61 do Código Penal),[7] mas não fez nenhuma redução sobre a pena-base, ao argumento de que: "Ausentes agravantes. Presentes as atenuantes do art. 61, III, *b* e *d*, do Código Penal, pois o réu confessou a conduta e também reparou o dano antes do julgamento. Todavia, deixo de reduzir a pena em virtude da impossibilidade da fixação da pena provisória aquém do mínimo".

Finalmente, reconheceu presente a majorante do § 3.º do art. 171 do Código Penal, "pelo fato do crime ter sido praticado em detrimento de entidade de direito público", e aumentou a pena-base em 1/3 (percentual fixo no caso), aplicando definitivamente a pena em 1 (um) ano e 4 (quatro) meses de reclusão, na ausência de outra causa modificadora da sanção.

Essa sentença estabeleceu a pena definitiva na mais estreita obediência à norma do art. 68 do Código Penal,[8] observando o critério trifásico e prestando homenagem à Súmula 231 do STJ.

Há nessa decisão - igual a tantas outras prolatadas frequentemente -, uma singularidade que merece reflexão, pois embora legal, é, salvo melhor juízo, manifestamente injusta.

Em casos como esse, a norma do art. 65 do Código Penal, por dizer diretamente com a liberdade do réu - direito protegido enfaticamente pela Constituição Federal em vários incisos do art. 5º -, assume enorme grandeza, e sua aplicação não pode quedar-se prisioneira do *iter* das fases do art. 68 do Código Penal, mormente porque elas foram assim elencadas exatamente para que se alcance "a plenitude de garantia constitucional da ampla defesa.[9]

---

[7] Circunstâncias agravantes. "Art. 61. São circunstâncias que sempre agravam a pena, quando não constituem ou qualificam o crime: I - a reincidência; II - ter o agente cometido o crime: a) por motivo fútil ou torpe; b) para facilitar ou assegurar a execução, a ocultação, a impunidade ou vantagem de outro crime; c) à traição, de emboscada, ou mediante dissimulação, ou outro recurso que dificultou ou tornou impossível a defesa do ofendido; d) com emprego de veneno, fogo, explosivo, tortura ou outro meio insidioso ou cruel, ou de que podia resultar perigo comum; e) contra ascendente, descendente, irmão ou cônjuge; f) com abuso de autoridade ou prevalecendo-se de relações domésticas, de coabitação ou de hospitalidade; g) com abuso de poder ou violação de dever inerente a cargo, ofício, ministério ou profissão; h) contra criança, velho, enfermo ou mulher grávida; i) quando o ofendido estava sob a imediata proteção da autoridade; j) em ocasião de incêndio, naufrágio, inundação ou qualquer calamidade pública, ou de desgraça particular do ofendido; l) em estado de embriaguez preordenada."

[8] Cálculo da pena. "Art. 68. A pena-base será fixada atendendo-se ao critério do art. 59 deste Código; em seguida serão consideradas as circunstâncias atenuantes e agravantes; por último, as causas de diminuição e aumento."

[9] Exposição de Motivos da Lei nº 7.209, de 11.7.1984.

E as circunstâncias atenuantes ("*que sempre atenuam a pena*"), quando reconhecidas na sentença não poderão jamais deixar de diminuir a pena-base pois elas aproximam o homem-réu do momento luminoso da conquista da liberdade, com repercussão imediata em vários institutos penais e processuais-penais.[10] Entretanto, não é intenção deste modesto artigo entrar nesse debate.

A finalidade é apenas a de trazer para as hipóteses em que, aplicada a pena-base no mínimo cominado ao crime, ainda existam atenuantes e majorantes a serem valoradas na dosimetria penal, uma solução para chegar-se à pena justa, objetivo maior da sentença condenatória.

E a solução que propomos é a seguinte: o julgador realizar uma simples inversão na *ordem* da segunda e terceira fases do art. 68 do Código Penal, fazendo a majorante incidir sobre a pena-base, e, após, sobre a pena provisória, a(s) atenuante(s), chegando à pena definitiva que, por óbvio, será sempre inferior àquela que resultaria se desprezada a diminuição, sob qualquer pretexto.

Essa interpretação *tempera* excepcionalmente a *ordem* do art. 68 do Código Penal; mantém o critério trifásico em sua essência; não leva a pena provisória e nem a definitiva para aquém do mínimo cominado; não atropela qualquer norma legal; não se perde o completo "conhecimento da operação realizada pelo juiz e a exata determinação dos elementos incorporados à fixação da pena",[11] e possibilita a aplicação da pena mais justa, por impedir que seja subtraída do réu uma parte de sua liberdade por simples amor à forma.

A interpretação das leis deve ser feita sempre com espírito liberal. Interpretação que, em lugar de proteger a liberdade do indivíduo, só favorece a ação dos que a violam e restringem não é jurídica.[12]

Ressalte-se não só a necessidade de interpretar-se os preceitos legais de modo a beneficiar aqueles aos quais visam proteger, como também a necessidade de desburocratização do Judiciário, afastando-se o fetichismo da forma.[13]

Entre a *liberdade* e a *forma não pode haver tergiversação nas decisões judiciais de um Estado Democrático de Direito.*

---

[10] Serviço externo, regime inicial de cumprimento da pena, progressão de regime, suspensão condicional da pena, livramento condicional, comutação, prescrição, e outros).

[11] Exposição de Motivos da Lei nº 7.209, de 11.7.1984.

[12] Observação anotada por BENTO DE FARIA, *in* "Código de Processo Penal", t. II, p. 375, 2ª ed., Ed. Record, 1960.

[13] RTJ 167/597 – Rel. Min. MARCO AURÉLIO - 2.ª Turma, 02.12.1997.

— 14 —
A prescrição penal e a ancianidade: o *real* alcance do fator de redução dos prazos prescricionais previstos no artigo 115, *in fine*, do Código Penal

NEY FAYET JÚNIOR
Advogado, professor de Direito Penal

Sumário: Introdução - A colocação do problema: limitação do tema; Do instituto da prescrição; 1. Conceito; 2. Fundamento; 2.1. Natureza jurídica; 3. Da abrangência da expressão normativa 'na data da sentença'; 3.1. Análise da primeira posição; 3.2. Análise da segunda posição; 3.3. Análise da terceira posição; 4. Conclusões; Bibliografia.

Introdução
A colocação do problema: limitação do tema

O ordenamento jurídico-penal brasileiro estabelece fatores de redução dos prazos prescricionais que se vinculam a motivos fisiológicos e psicológicos, por meio dos quais se diminuiu o lapso de aplicação do jus puniendi.

Trata-se de fatores relacionados à idade do agente ativo e que se prendem diretamente à sua personalidade, permitindo ao criminoso menor de 21 anos (na data do crime) ou ao maior de 70 anos (na data da sentença) terem diminuídos de metade os prazos prescricionais, de acordo com o art. 115 do CP.

Nesse ensaio, não teremos oportunidade de debater *in extenso* o tema da prescrição, tampouco de forma plena o da redução dos prazos prescricionais, na medida em que se vai privilegiar, apenas e tão-somente, a discussão dogmática sobre o *real* alcance interpretativo da expressão normativa "na data da sentença", que demarca o limite temporal (que permite a redução dos prazos de prescrição: art. 115, *in fine*, CP) além do qual não haveria qualquer fator de diminuição, e os prazos seriam computados *in integrum* à base do art. 109 do CP.

A questão refere-se, pois, à (assim denominada) *prescrição do velho*, na qual os prazos prescricionais são reduzidos de metade quando o criminoso era, na data da sentença, maior de 70 anos, assumindo destacada importância esse estudo em razão de a jurisprudência se encaminhar para uma dicotomização, da qual parte admite um sentido interpretativo amplo (estendendo a incidência do dispositivo até o trânsito em julgado da decisão condenatória) e outra restringe o seu alcance (permitindo a sua aplicação até a data da publicação da sentença ou, no máximo, o acórdão).

A regra tem aplicação em todas as formas de prescrição: "da pretensão punitiva, com base na pena *in* abstracto; da pretensão punitiva com base na pena *in concreto* (retroativa ou não) e na pretensão executória (seja reincidente ou não o condenado)".[1] Igualmente deve-se aplicar o referido comando legal quer se trata de crimes, quer se trata de contravenções, uma vez que a locução normativa *crime* há de ser interpretada de forma extensiva benéfica[2] – argumento *a maiori ad minus*.

Antes de iniciarmos o desenvolvimento desse ensaio, são importantes – a fim de serem clarificados os principais dados configurados do tema – algumas considerações sobre os seguintes pontos: (i) o conceito da prescrição penal, (ii) o seu fundamento e (iii) a sua natureza jurídica.

Por fim, haveremos de destacar a recepção doutrinal e jurisprudencial acerca da questão, enfocando o atual entendimento que se extrai de seus domínios.

Do instituto da prescrição
1. Conceito

A prescrição penal é uma modalidade jurídica, que se relaciona ao transcurso do tempo,[3] com poder de eliminar a punição de um determinado comportamento dotado de criminosidade.[4]

---

[1] Eugenio Raúl ZAFFARONI e José Henrique PIERANGELI. *Manual de direito penal:* parte geral. São Paulo: RT, 2004, p 719.

[2] Cf. COSTA, Álvaro Mayrink da. *Direito penal:* parte geral. V. I, t. III. Rio de Janeiro: Forense, 1998, p. 2083.

[3] Como descreve José de Faria COSTA (*O Direito Penal e o Tempo* {algumas reflexões dentro do nosso tempo e em redor da prescrição}. Boletim da Faculdade de Direito da Universidade de Coimbra, Volume Comemorativo do 75º Tomo do Boletim da Faculdade de Direito. Coimbra: Coimbra, 2003, p. 1151-1152), "é dentro da problemática da prescrição, seja da prescrição do procedimento criminal, seja da prescrição da pena que, em verdadeiro rigor, de forma mais intensa se agudizam e aprofundam os problemas decorrentes dessa relação complexa e difícil entre o tempo e o direito, muito particularmente o direito penal." Também outro interessante estudo sobre as relações do tempo com o direito penal pode ser encontrado no livro de Ana MESSUTI (*O tempo como pena*. São Paulo: RT, 2003).

[4] José de Faria COSTA (*O Direito Penal e o Tempo* {algumas reflexões dentro do nosso tempo e em redor da prescrição}. Boletim da Faculdade de Direito da Universidade de Coimbra, Volume Come-

Traduz-se, pois, o instituto jurídico da prescrição, como uma limitação temporal da perseguibilidade do crime ou da execução da pena, que se produz em obediência a razões de política criminal, por meio do qual se condiciona a imposição ou execução da *sanctio juris* criminal a um determinado período de tempo, findo o qual o Estado – como titular exclusivo do *jus puniendi* – não mais poderá exercitar a pretensão punitiva ou executória, extinguindo-se, *ipso facto*, a punibilidade (que se coloca como a conseqüência jurídico-penal lançada ao autor culpável de uma conduta ilícita-típica).[5] Como esclarece João Mestieri, a *prescrição é, pois, a perda do poder* de perseguir criminalmente *o autor de infração criminal através de ação penal ou de* executar a sanção penal *assim obtida*.[6]

2. Fundamento

Vários são os fundamentos teóricos que se propõem a dar sustentabilidade jurídica à existência da prescrição (o desaparecimento dos rastros e dos efeitos do delito – a chamada teoria da prova –, a presunção de bom comportamento, o esquecimento social do crime, a desnecessidade da pena, a finalidade da pena criminal, o não-exercício de um direito etc.[7]). Antonio Pagliaro os apresentou do seguinte modo: "C'è chi pensa che il decorso del tempo effettui comunque una retribuzione, grazie al perdurare della paura della pena. Altri fanno leva su una supposta emenda del reo o sulle possibili difficoltà di prova. Ma è più verosimile che il fondamento stia nella carenza di interesse statale alla punizione (e, quindi, al processo), per il diminuito ricordo sociale del fatto".[8]

---

morativo do 75º Tomo do Boletim da Faculdade de Direito. Coimbra: Coimbra, 2003, p. 1153) conceitua que "uma das mais importantes e eficazes armas que o Estado tem, para a realização da prossecução da justiça penal, está entrincheirada, sem dúvida alguma, no recanto normativo da prescrição. Quanto mais dilatados forem os prazos de prescrição maiores são, em abstracto, as possibilidades de o Estado prender e punir aqueles que tenham eventualmente praticado uma qualquer infracção penal."

[5] Como anotou Nelson Pizzotti MENDES (*Súmulas de direito penal*: parte geral. São Paulo: Saber, 1969, p. 280), "a prescrição, então, como causa extintiva da punibilidade, é a conseqüência natural do decurso de tempo, e marca o desinteresse político do Estado em punir." Igualmente, Gerardo LANDROVE DÍAZ (*Las consecuencias jurídicas del delito*. Madrid: Tecnos, 1996, p. 139), quando afirma: "La prescripción en el ámbito jurídico-penal supone la extinción, por el transcurso del tiempo, del derecho del Estado a imponer una pena o a hacer ejecutar la pena ya impuesta".

[6] João MESTIERI. *Manual de direito penal*: parte geral. Rio de Janeiro: Forense, 1999, p. 318.

[7] Cf. VELÁSQUEZ, Fernando Velásquez. *Derecho penal*: parte general. Bogotá: Editorial Temis, 1997, p. 730.

[8] Antonio PAGLIARO. *Principi di diritto penale*: parte generale. Milano: Dott. A Giuffrè Editore, 1980, p. 709. Para uma visão abrangente sobre as teorias fundamentadoras da prescrição, consultar: Fábio Guedes de Paula MACHADO. *Prescrição penal*: prescrição funcionalista. São Paulo: Revista dos Tribunais, 2000, p. 88-102, e Eduardo Reale FERRARI. *Prescrição da ação penal*. Suas causas suspensivas e interruptivas. São Paulo: Saraiva, 1998, p. 25-39.

Em verdade, o instituto jurídico-penal da prescrição vincula-se a razões de política criminal, ancoradas, como descreve Figueiredo Dias, "na teoria das finalidades das sanções criminais e correspondentes, além do mais, à consciência jurídica da comunidade".[9] Realmente, como sustentam Giovanni Fiandaca e Enzo Musco, "con il decorso del tempo, infatti, appare inutile e inopportuno l'esercizio della stessa funzione repressiva, perché vengono a cadere le esigenze di prevenzione generale che presiedono alla repressione dei reati: le esigenze di prevenzione, come dimostra l'esperienza, *a poco a poco* si affievoliscono fino a spegnersi del tutto".[10] A ação corrosiva do tempo torna inócua e desnecessária a punição, na medida em que o conflito, que estava à base da existência do crime, se enfraquece e perde substância, e a própria coletividade deixa de possuir interesse em punir um episódio cuja realização se verificou há muito tempo.[11] Aliando-se esses dois fatores (desnecessidade da punição e composição ou esquecimento do conflito), tem-se o motivo pelo qual o instituto jurídico da prescrição se inscreveu na quase totalidade das legislações mundiais.

2.1. Natureza jurídica

Muito se discutiu acerca da natureza jurídica das normas que informam o instituto da prescrição. Vozes havia que as concebiam como integrantes do direito processual;[12] outras, do direito material;[13] outras, ainda,

---

[9] Jorge de Figueiredo DIAS. *Direito penal português*: parte geral II: as conseqüências jurídicas do crime. Lisboa: Aequitas, 1993, p. 699.

[10] Giovanni FIANDACA e Enzo MUSCO. *Diritto penale*: parte generale. Bologna: Zanichelli, 1990, p. 465.

[11] Conforme destacou Giuseppe BETTIOL (*Direito penal*. v. III. São Paulo: RT, 1976, p. 199), "não se presume apenas uma emenda do réu, uma sua readaptação à vida social mas a falta de um interesse estatal na repressão do crime, em virtude do tempo já transcorrido do momento da sua prática. Se é o alarma social que determina também a intervenção do Estado na repressão dos crimes, quando decorreu determinado período de tempo da prática do próprio crime sem que tenha sido reprimido, o alarma social se enfraquece pouco a pouco e se apaga, de tal modo que provoca a ausência do interesse que faz valer a pretensão punitiva".

[12] Cf. TUCCI, José Rogério Cruz (*Tempo e processo*. São Paulo: RT, 1997, p. 58), para quem "a prescrição da ação justifica-se sob o aspecto de conotação processual, uma vez que, com o decurso do tempo, os indícios e os elementos de prova que indicam a autoria e a materialidade do crime se debilitam. A excessiva demora, sobretudo em sede penal, conspira contra o vigor probatório."

[13] José de Faria COSTA (*O Direito Penal e o Tempo {algumas reflexões dentro do nosso tempo e em redor da prescrição}*. Boletim da Faculdade de Direito da Universidade de Coimbra, Volume Comemorativo do 75º Tomo do Boletim da Faculdade de Direito. Coimbra: Coimbra, 2003, p. 1152-1153) afirma que "as normas jurídicas relativas à prescrição do procedimento têm uma natureza preponderantemente material e não processual ou adjectiva", na medida em que "tais normas ao contenderem, directa e invasivamente, com a esfera pessoalíssima do cidadão e, de certa maneira, por conseguinte, com alguns direitos fundamentais – pense-se, entre tantos outros, no fundamental direito à paz jurídica – não podem, pela própria natureza das coisas deixar de ter essa precisa natureza material."

as davam como normas mistas. (Nos dias que correm, tem predominância, na doutrina brasileira,[14] a concepção material da natureza jurídica das normas prescricionais,[15] muito embora não se possa perder de vista que ambas as disciplinas são inseparáveis, pois ambas guardam relação com o poder punitivo do Estado.[16]) E a discussão tinha razão de ser a partir das diferentes conseqüências jurídicas que se produziam no âmbito processual ou material. Todavia, partindo-se do entendimento segundo o qual tanto as normas materiais quanto as processuais têm vocação retroativa quando *favor rei*, a discussão deixa de possuir maior significado. Nesse sentido, adverte Fábio Guedes de Paula Machado[17] que "este embate perde importância na moderna ciência criminal e no mundo fático a partir do momento em que se assegura que, seja a lei de natureza material ou processual, esta sempre retroagirá se mais benéfica for ao infrator (ultra-atividade das leis)". Em todo o caso, as normas que informam a prescrição têm, inegavelmente, um caráter material, até porque os "preceitos legais da prescrição fazem ainda parte daquele conjunto de normas, porque invasivas e instrumentalmente constrictivas de direitos fundamentais, que deve préexistir a práctica da infracção".[18]

3. Da abrangência da expressão normativa "na data da sentença"

Pode-se dizer que existem três formas através das quais se interpreta esta locução normativa contida no art. 115, *in fine*, do CP[19] ("na data da sentença"): uma mais restritiva, a qual entende ser clara a lei quando estabelece a data da sentença como o marco intransponível para a aplica-

---

[14] Cf. COSTA JÚNIOR, Paulo José da. *Comentários ao Código Penal.* São Paulo: Saraiva, 2002, p. 325.

[15] DAMÁSIO E. de JESUS (*Prescrição penal.* São Paulo: Saraiva, 1999, p. 18); Antonio Rodrigues PORTO (*Da prescrição penal.* São Paulo: RT, 1998, p. 22); Andrei Zenkner SCHMIDT (*Da prescrição penal.* Porto Alegre: 1997, pp. 22-24); José Júlio LOZANO JR. (*Prescrição penal.* São Paulo: Saraiva, 2002, p. 24); Fernando CAPEZ (*Curso de direito penal*: parte geral. V. 1. São Paulo: Saraiva, 2002, p. 511).

[16] Cf. BUSTOS RAMÍREZ, Juan J. e HORMAZÁBAL MALARÉE, Hermán. *Lecciones de derecho penal (v. I).* Editorial Trotta: Madrid, 1997, p. 230.

[17] Fábio Guedes de Paula MACHADO. *Prescrição penal.* prescrição funcionalista. São Paulo: RT, 2000, p. 158.

[18] José de Faria COSTA. *O Direito Penal e o Tempo {algumas reflexões dentro do nosso tempo e em redor da prescrição}.* Boletim da Faculdade de Direito da Universidade de Coimbra, Volume Comemorativo do 75º Tomo do Boletim da Faculdade de Direito. Coimbra: Coimbra, 2003, p. 1154.)

[19] Sobre a evolução histórica do instituto, ver Christiano José de ANDRADE, em *Da prescrição em matéria penal.* São Paulo: RT, 1979, p. 118-119.

ção do fator reducional, sendo inviável ir além desse limite a fim de reconhecer a incidência dessa cláusula de redução dos prazos; outra, mais abrangente, que admite a incidência do dispositivo reducional até a data da decisão de segundo grau; e, finalmente, uma terceira, de sentido lato, sustentando que a expressão *sentença*, presente na norma substantiva, deve ser entendida como a data do último provimento judicial adotado no curso do processo penal.

Poucas são as vozes doutrinárias que sustentam a primeira posição. A dicotomização apresenta-se, realmente, entre os dois últimos entendimentos. (Entretanto, na seara jurisprudencial, continua a haver decisões sufragando a primeira posição.)

3.1. Análise da primeira posição

O entendimento segundo o qual a redução do prazo prescricional do ancião tem na sentença o seu limite aferra-se ao texto legal, não permitindo, sequer, a ampliação até a data do julgamento da (eventual) apelação por considerar, dogmaticamente, que acórdão não é sentença,[20] afirmando, ainda, que as ampliações interpretativas realizadas pelos julgadores são desvarios,[21] desconectados do alcance que se deve conceder à expressão normativa. Esse posicionamento vincula-se, a toda evidência, à interpretação gramatical dos textos legais, prestigiando o antigo aforisma *in claris cessat interpretatio*.

Recentemente, o STJ decidiu que "a disposição do artigo 115, do Diploma Repressivo, é clara ao instituir que somente se reduzirá o lapso prescricional na metade, se o agente contar com 70 (anos) na data da sentença condenatória, e não da confirmação da condenação em sede de recurso".[22]

Esse posicionamento entrechoca-se com noções de política criminal,[23] que estão à base desse fator de redução, bem como com a intenção do legislador[24] (que busca, tanto quanto possível, não submeter o idoso à

---

[20] Nesse sentido, Antonio Lopes BALTAZAR (*Prescrição penal*. São Paulo: Edipro, 2003, p. 85) quando sustenta: "quanto ao maior de 70 anos, a redução do prazo aplica-se a qualquer modalidade de prescrição, porém, desde que tenha completado essa idade até a sentença. Se, por ocasião da condenação ainda não possuía a idade exigida, vindo a completá-la antes do julgamento no Tribunal, não fará jus à redução, uma vez que acórdão não é sentença."

[21] Assim, Andrei Zenkner SCHMIDT. *Da prescrição penal*. Porto Alegre: Livraria do Advogado, 1997, p. 64.

[22] HC 24674/RS, Rel. Min. José Arnaldo da Fonseca, data da decisão: 17/02/2004.

[23] "Deve preponderar sobretudo, no exame da questão, o inconveniente de se levar à prisão pessoa já não mais perigosa, ao fim de sua existência, para permanecer ali por pouco tempo" (TJSP - AC - Rel. Marino Falcão - RT 614/282 e RJTJ 104/423).

[24] "O sentenciado que completa 70 anos antes da data do acórdão beneficia-se da regra escrita no art. 115 do CP. Embora a lei reclame que tenha o agente completado a referida idade quando da

prisão[25]) e, ainda, com o princípio do *duplo grau de jurisdição* (por meio do qual se recomendaria que se estendesse até, pelo menos, ao acórdão o fator reducional da prescrição). Além do mais, não se perca de vista que, em se apresentando uma dúvida interpretativa, se deve sempre visar à solução mais favorável ao acusado,[26] prestigiando-se, ainda, inegavelmente, o princípio da intervenção mínima do direito penal.[27]

3.2. Análise da segunda posição

De um modo geral, a doutrina tem-se inclinado a uma interpretação mais alargada do termo "sentença" inscrito no art. 115 do CP. Assim, por exemplo: "Em relação aos idosos, têm eles de completar os 70 anos até a data da sentença. Tratando-se, porém, de benefício claramente beneficiador, tem-se entendido que a 'data do acórdão' tem o mesmo significado que 'data da sentença'".[28] Igualmente: "Já a velhice dos maiores de 70 anos é analisada ao tempo da sentença. A palavra 'sentença' está empregada em sentido amplo, compreendendo também o acórdão. Assim, vindo a completar 70 anos durante o julgamento da apelação, o réu deverá ser beneficiado pelo redutor".[29] Agregue-se, ademais, que essa interpretação mais ampla tem a ampará-la "o princípio da presunção de inocência, segundo o qual 'ninguém será considerado culpado até o trânsito em julgado de sentença penal condenatória'" (art. 5º, LVII)",[30] sendo pacífico que, com a aprovação pelo Congresso Nacional, por meio do Decreto Legislativo nº 27, de 26.5.92, do Texto da Convenção Americana sobre Direitos Humanos (Pacto de São José da Costa Rica), ficou consagrado que o princípio da presunção de inocência tanto é relevante no âmbito

---

sentença, tendo em vista a intenção do legislador, deve-se considerar também a do acórdão" (TA-CRIM-SP - AC - Rel. Aroldo Viotti - RT 726/656)

[25] "Quanto a *mens legis*, é induvidoso que o artigo 115 do Código Penal tem como beneficiários o menor e o idoso, revelando que, tanto quanto possível, não devem ser submetidos à prisão – *lato sensu*" (HC nº 71.881/SP, Rel. Min. Carlos Velloso, em trecho retirado do voto vista do Min. Marco Aurélio – R.T.J. - 176/283).

[26] "O legislador, no art. 115 do CP, estabeleceu que faz jus à redução da metade dos prazos prescricionais o réu maior de 70 anos de idade ao tempo da sentença. Deve-se, no entanto, entender que, sendo esta recorrível, se o réu vem a completar tal idade enquanto pendente de julgamento sua apelação, restará abrangido pelo disposto no referido dispositivo – interpretação preferível, por se mais favorável ao réu" (TJSP - AC - Rel. Marino Falcão - RT 614/282 e RJTJ 104/423).

[27] Com mais detalhes: DARGÉL, Alexandre Ayub (*Princípio da lesividade, garantismo e direito penal mínimo*. Em Revista de Estudos Criminais, nº 02, !TEC, 2001, Porto Alegre, 2001, p. 104/109).

[28] Cf. VARGAS, José Cirilo de. *Instituições de direito penal*: parte geral, v. I, t. II. Rio de Janeiro: Forense, 1998, p. 237.

[29] Cf. BARROS, Flávio Augusto Monteiro de. *Direito penal*: parte geral, v. 1. São Paulo: Saraiva, 2003, p. 611.

[30] Cf. DOTTI, René Ariel. *Curso de direito penal*. Rio de Janeiro: Forense, 2001, p. 686.

processual como no âmbito do Direito Penal.[31] A jurisprudência, por seu turno, também tem recepcionado a interpretação mais alargada da matéria, já consolidando-se o entendimento segundo o qual o vocábulo 'sentença', para efeito de contagem do tempo prescricional, de que cuida o art. 115 do CP, deve ser entendido na sua forma ampla, de modo a considerar-se a idade do agente, maior de 70 anos, na data da sentença ou do acórdão, que a confirma ou substitui.[32] De outro curso, investe-se, com bastante dose de acerto, contra a interpretação gramatical (e restritiva) do termo 'sentença' inscrito no art. 115 do CP, ao se sustentar, de um lado, que "no Código Penal não se alude, em qualquer dos preceitos nele inseridos, tal como no Código de Processo Civil e no Código de Processo Penal, a acórdão,[33] com o que o emprego do vocábulo 'sentença' ocorre em sentido lato, a significar provimento judicial definitivo, seja este de primeira ou segunda instância".[34] Por outro lado, a interpretação restritiva do termo "sentença" conduziria à seguinte situação deveras conflitante com a própria razão de ser do instituto: "determinado acusado, absolvido em primeiro grau, caso condenado em segundo, não seria beneficiado da norma, muito embora já contando com os setenta anos",[35] por não os ter na data da sentença, e sim na do acórdão. Aqui, mostra-se, de forma bastante clara, a fragilidade do argumento interpretativo meramente gramatical.

3.3. Análise da terceira posição

Finalmente, a terceira (e última) posição tem pugnado por uma interpretação larguíssima, através da qual se conduziria o fator reducional até a data da última manifestação judicial adotada no processo. Parte da doutrina também tem se pronunciado a favor desse entendimento: "Se na data da sentença o acusado ainda não completou 70 anos, mas, havendo recurso, vem a atingir a idade na pendência do recurso, o prazo prescricional deve ser reduzido de metade".[36] No mesmo sentido, "Se o réu só completou 70 anos de idade depois de prolatada a sentença, mas pendente de julgamento diante do recurso interposto, restará beneficiado pela

---

[31] Cf. BONCHRISTIANO, Carlos Augusto. "Aplicação do princípio do *in dubio pro reo* nos tribunais", *in* Revista de Julgados do Tribunal de Alçada Criminal do Estado de São Paulo. São Paulo: Fiuza, 1996, {13-27}, p. 16.

[32] HC nº 26355/RJ, Rel. Min. Hamilton Carvalhido, data da decisão: 05/08/2003.

[33] HC nº 71.881/SP, Rel. Min. Carlos Velloso, sendo o trecho indicado parte do voto vista do Min. Marco Aurélio – R.T.J. – 176/283-4.

[34] Idem.

[35] Idem.

[36] Cf. TELES, Ney Moura. *Direito penal*: parte geral, t. I. São Paulo: Atlas, 2004, p. 552.

redução do prazo prescricional".[37] José Júlio Lozano Jr. aduz que se trata de questão de eqüidade, portanto, "mesmo que o réu não tenha completado setenta anos na data da decisão de segunda instância, mas alcançado essa idade no julgamento de seu recurso constitucional, deve incidir a redução do art. 115 do CP".[38]

Na seara jurisprudencial, já se decidiu que "é possível a aplicação da redução em metada do prazo prescricional no caso do agente que, apesar de não haver completado 70 anos ao tempo da sentença, atinge tal idade antes do trânsito em julgado da mesma, vez que, ao longo de todo o processo de conhecimento, para fins prescricionais, deve incidir o lapso temporal mais favorável ao acusado".[39]

Parece-nos que, em realidade, os principais argumentos – através dos quais se sustentou a necessidade de ampliação do alcance interpretativo do segundo entendimento (vale indicar: intenção do legislador e noções de política criminal) – despontam, com mais força, nessa forma de compreensão do tema. E isso porque, muito provavelmente, a relação processual não se extingue (no mais das vezes) com o julgamento da apelação, projetando-se até o último provimento judicial adotado no processo de conhecimento, com o que haverá um transcurso maior de tempo, a recomendar – à luz dos argumentos já indicados –, com mais razão, que se lhe imprima uma interpretação mais ampla, mais favorável ao acusado.

4. Conclusões

Partindo-se da idéia segundo a qual a "Ciência do Direito, de modelo hermenêutico, tem por tarefa interpretar textos e suas intenções, tendo em vista uma finalidade prática",[40] cumpre registrar que se deve buscar a consagração do *princípio da legalidade da perseguição penal*, por meio do qual a intervenção estatal somente se apresentará como legítima se (além dos demais requisitos da intervenção legalizada) estiver presa a uma definição clara e inequívoca dos lapsos (e, obviamente, dos fatores reducionais) que limitam a perseguibilidade criminal. E, à falta de clareza dos textos que informam a construção normativa da matéria, deve-se buscar a solução interpretativa mais consentânea e favorável ao acusado, presti-

---

[37] Cf. COSTA, Álvaro Mayrink da. *Direito penal:* parte geral. V. I, t. III. Rio de Janeiro: Forense, 1998, p. 2083.

[38] LOZANO Jr. José Júlio. *Prescrição penal.* São Paulo: Saraiva, 2002, p. 199.

[39] TACrimSP, Ap. Crim. 681.743-9, 7ª C., j. 1º-4-1993, v. u., Rel. Luiz Ambra, RJDTACrim, 18:118, citada por LOZANO Jr. José Júlio. *Prescrição penal.* São Paulo: Saraiva, 2002, p. 199.

[40] Cf. FERRAZ Jr. Tércio Sampaio. *A ciência do direito.* São Paulo: Atlas, 1980, p. 73.

giando-se a máxima *odiosa restringenda, favorabilia amplianda*. Assim, enquanto não contarmos com normas taxativamente construídas, as quais limitariam a perseguição penal, a melhor (e mais prática) solução seria aquela que menos desfavorecesse o acusado, como forma de redução do poder punitivo do Estado aos limites mínimos e absolutamente necessários, dentro da disciplina legal do *princípio da legalidade da perseguição penal*.

Bibliografia

ANDRADE, Christiano José de. *Da prescrição em matéria penal*. São Paulo: RT, 1979.

BALTAZAR, Antonio Lopes. *Prescrição penal*. São Paulo: Edipro, 2003.

BETTIOL, Giuseppe. *Direito Penal*. v. III. Tradução brasileira e notas de Paulo José da Costa Júnior e Alberto Silva Franco. São Paulo: RT, 1976.

BONCHRISTIANO, Carlos Augusto. "Aplicação do princípio do *in dubio pro reo* nos tribunais", *in* Revista de Julgados do Tribunal de Alçada Criminal do Estado de São Paulo. São Paulo: Fiuza, 1996, p. 13-27.

BUSTOS RAMÍREZ, Juan J. e HORMAZÁBAL MALARÉE, Hermán. *Lecciones de derecho penal (v. I)*. Madrid: Editorial Trotta, 1997.

CAPEZ, Fernando. *Curso de direito penal*: parte geral. V. 1. São Paulo: Saraiva, 2002.

COSTA, Álvaro Mayrink da. *Direito penal:* parte geral. V. I, t. III. Rio de Janeiro: Forense, 1998.

COSTA, José de Faria. *O Direito Penal e o Tempo (algumas reflexões dentro do nosso tempo e em redor da prescrição)*. Boletim da Faculdade de Direito da Universidade de Coimbra, Volume Comemorativo do 75º Tomo do Boletim da Faculdade de Direito. Coimbra: Coimbra, 2003.

COSTA JÚNIOR, Paulo José da. *Comentários ao Código Penal*. São Paulo: Saraiva, 2002.

DARGÉL, Alexandre Ayub. *Princípio da lesividade, garantismo e direito penal mínimo*. Revista de Estudos Criminais, nº 02, !TEC, Porto Alegre, 2001, p. 104/109.

DIAS, Jorge de Figueiredo. *Direito penal português*: parte geral II: as conseqüências jurídicas do crime. Lisboa: Aequitas, 1993.

DOTTI, René Ariel. *Curso de direito penal*. Rio de Janeiro: Forense, 2001.

FERRARI, Eduardo Reale. *Prescrição da ação penal*. Suas causas suspensivas e interruptivas. São Paulo: Saraiva, 1998.

FERRAZ Jr., Tércio Sampaio. *A ciência do direito*. São Paulo: Atlas, 1980.

FIANDACA, Giovanni e MUSCO, Enzo. *Diritto penale*: parte generale. Bologna: Zanichelli, 1990.

LANDROVE DÍAZ, Gerardo. *Las consecuencias jurídicas del delito*. Madrid: Tecnos, 1996.

LOZANO JR., José Júlio. *Prescrição penal*. São Paulo: Saraiva, 2002.

JESUS, Damásio E. de. *Prescrição penal*. São Paulo: Saraiva, 1999.

MACHADO, Fábio Guedes de Paula. *Prescrição penal*: prescrição funcionalista. São Paulo: Revista dos Tribunais, 2000.

MENDES Nelson Pizzotti. *Súmulas de direito penal*: parte geral. São Paulo: Saber, 1969.

MESSUTI, Ana. *O tempo como pena*. São Paulo: RT, 2003.

MESTIERI, João. *Manual de direito penal*: parte geral. Rio de Janeiro: Forense, 1999.

PAGLIARO, Antonio. *Principi di diritto penale*: parte generale. Milano: Dott. A Giuffrè Editore, 1980.

PORTO, Antonio Rodrigues. *Da prescrição penal*. São Paulo: RT, 1998.

SCHMIDT, Andrei Zenkner. *Da prescrição penal*. Porto Alegre: Livraria do Advogado, 1997.

TELES, Ney Moura. *Direito penal*: parte geral, t. I. São Paulo: Atlas, 2004.

TUCCI, José Rogério Cruz. *Tempo e processo*. São Paulo: RT, 1997.

VARGAS, José Cirilo de. *Instituições de direito penal*: parte geral, v. I, t. II. Rio de Janeiro: Forense, 1998.

VELÁSQUEZ VELÁSQUEZ, Fernando. *Derecho penal*: parte general. Santa Fe de Bogotá: Editorial Temis, 1997.

ZAFFARONI, Eugenio Raúl e PIERANGELI, José Henrique. *Manual de direito penal*: parte geral. São Paulo: RT, 2004.

— 15 —

Uma existência com um século de honra

RICARDO CUNHA MARTINS
Advogado. Ex-Conselheiro da OAB/RS. Ex-Coordenador da Comissão de Direitos Humanos Sobral Pinto. Professor de Processo Penal na Unisinos e Escola Superior de Advocacia. Especialista em Direito Penal e Mestre em Direito

O nosso homenageado – Dr. Garibaldi Almeida Wedy – nasceu no início do século passado, em 22 de outubro de 1913. Passou sua infância na Fazenda do Posto, distante 30 quilômetros de Soledade, sendo plausível imaginar como teriam sido felizes os primeiros anos no convívio tranqüilo de uma fazenda, cercado pela natureza, os animais, os familiares, tudo a colaborar para a boa formação de uma vida honrada. Nasceu em uma época nacional de euforia e otimismo devido às esperanças levantadas pela mudança institucional e pelo progresso econômico e social do país que começava a desenvolver o "período áureo" da la República. A política externa brasileira foi constantemente dirigida pelo Barão do Rio Branco (1845-1912), e na Chefia do Estado governava Hermes de Fonseca (1910-1914). O país, até então agrícola, começava a industrializar-se. A aristocracia fundiária começava a ceder diante da industrialização, em especial, em São Paulo. No Rio Grande do Sul – Estado caracterizado pela criação de gado – onde os fazendeiros tinham mais orgulho da fazenda do que da cidade, o processo foi um pouco mais lento, contudo, aspectos comuns da vida social e dos costumes permaneceram como marco da educação do século XIX, em especial, nas famílias possuidoras da terra: a cordialidade do trato, o dom da conversação, o amor pelas tradições e a fidalguia.

Analisando a trajetória do Desembargador Garibaldi Almeida Wedy, em especial, a sua cordialidade do trato e a fidalguia, podemos afirmar que bem representa todo um período histórico e uma geração de homens que cultivaram um conjunto de valores que o final do século XX não soube manter. Muitos aspectos da sua personalidade poderiam ser destacados, o

Promotor Público em Ijuí, o Magistrado em Santa Maria, o Desembargador no Tribunal de Justiça do Estado do Rio Grande do Sul, o Professor de Direito Civil na Faculdade de Direito do Instituto Ritter dos Reis, onde o conheci, na década de 80, ou ainda, o escritor apaixonado em registrar parte da história da "sua Soledade", em seu livro de *Reminiscências*. Contudo, mesmo por ser de outra geração, portanto, sem a intimidade de um convívio mais próximo, registro os momentos que o encontrei, já aposentado, a conversar amavelmente na Rua da Praia, altura Borges de Medeiros, sempre com grande cordialidade, vivacidade, dentro da sua elegância pessoal de vestir, caracterizando a presença viva da herança cultural dos valores que falamos alhures, e que soube conservar. E mais, para a alegria de todos, soube transmitir à sua descendência, formando uma plêiade de varões ligados ao Direito, quer na magistratura, quer na advocacia militante. Este é o registro que julgo correto fazer.

Portanto, é mais do que justo, que quase um século de honra, de uma existência rica em significados e de relevantes serviços prestados à comunidade, em especial ao Direito, tenha o Dr. Garibaldi Almeida Wedy a reconhecida homenagem, com o registro daqueles que tiveram a alegria de conhecê-lo.

— 16 —

Um soledadense de fundas raízes

SÉRGIO DA COSTA FRANCO

O Desembargador Garibaldi Almeida Wedy, que completará 90 anos no próximo 22 de outubro de 2004, tem invejável folha de serviços à Justiça do Rio Grande do Sul. Seria ocioso repetir os passos de sua carreira, iniciada pela diplomação em Ciências Jurídicas e Sociais na Faculdade de Direito da UFRGS, continuada na magistratura temporária e no Ministério Público e complementada pela atividade jurisdicional como Juiz de Direito, até o Tribunal de Justiça, onde se jubilou. Aposentado, ainda atuou como advogado, detendo o nº 867 da Ordem dos Advogados do Brasil.

Em todas as atividades exercidas, o Desembargador Garibaldi exteriorizou seu bom preparo intelectual, sua firmeza de caráter, sua primorosa cortesia e cordialidade. Mas eu me permitiria destacar, entre todas as suas excelentes qualidades, a devoção que dedica ao seu torrão natal - a sedutora Soledade. Não contente em manter fortes vínculos espirituais e materiais com seu município de origem, com seus conterrâneos e com os numerosos amigos de Soledade (entre os quais me incluo), o Desembargador Garibaldi escreveu e publicou nada menos do que três livros, voltados para o resgate da história daquele município e de seu grupo familiar. Especialmente no que concerne à história política da conturbada década de 30 do século XX, a contribuição não poderia ser mais minudente e objetiva.

Como dediquei também uma monografia à formação histórica de Soledade, posso registrar, com comovido apreço e respeito, as profundas raízes que vinculam o Desembargador Garibaldi Wedy à sua terra natal. Seus antepassados, seja pelo lado paterno, seja pelo materno, figuram entre os mais antigos povoadores do município. E há documentos para comprovar essa telúrica ligação. Quando estudei, na documentação do Arquivo Histórico do Estado, as mais remotas origens de Soledade, encontrei os rastros de um episódio curioso e significativo: pertencendo o atual território de Soledade, em 1855, ao município de Cruz Alta, surgiu um movimento de moradores para se desligarem de Cruz Alta e se anexarem a Rio Pardo. Mas, quase imediatamente surgiu a reação dos partidários do *statu quo*, contrários à transferência para a jurisdição de Rio Pardo. Longos abaixo-assinados, firmados por negociantes, tropeiros, lavradores e criadores, demarcaram as duas alternativas, mostrando a polarização de interesses entre os dois focos urbanos dominantes na região. E - fato curioso -, ali estão, em posições contraditórias, o bisavô paterno do Desembargador Garibaldi, o alegretense Sezefredo Alves Maciel, optando por Rio Pardo, enquanto o avô materno, Joaquim José de Almeida, paulista, defendia o vínculo com Cruz Alta. Os dois, qualificados como "negociantes", denotavam posição de liderança, tendo assinado várias vezes a rogo de parceiros iletrados. Almeida também se declarava "tenente da Guarda Nacional". As posições de um e outro eram compreensíveis: Sezefredo era homem da Fronteira, teria mais ligações com Rio Pardo, que fora o empório de toda a região fronteiriça do sudoeste; Joaquim José de Almeida, que tropeava mulas para São Paulo, estaria mais vinculado a Cruz Alta, que era entreposto do tropeirismo.

Pouco depois desse dissídio, Soledade seria incorporada ao novel município de Passo Fundo (1857) e conquistaria sua própria emancipação em 1875.

A longa permanência dos antepassados na mesma área territorial, a propriedade de imóveis rurais, a atividade de pecuarista, a identificação com sua gente e com seu meio nativo, deram a Garibaldi Wedy, soledadense autêntico, raízes muito profundas. A ilustração jurídica, os embates do foro, os costumes urbanos, a prolongada vivência na Capital não conseguiram destruir nele a personalidade de um autêntico homem do Planalto, com a serenidade, a calma e a polidez dos bons serranos.

— 17 —

O ato infracional e a prescrição

TAÍS CULAU DE BARROS
Juíza de Direito. RS

Sumário: Introdução; 1. Prescrição; 2. Natureza das medidas socioeducativas; 3. Previsão legal; 4. Prazos; 5. Conclusão.

Introdução

Honrada, recebi o convite para participar do livro em homenagem ao Desembargador Garibaldi Wedy, magistrado renomado e cujas reconhecidas qualidades representam os pilares de honestidade e conhecimento jurídico que sustentam o nosso Tribunal de Justiça. Ainda hoje o ilustre desembargador tem a lucidez e a jovialidade que todos queremos ter.

A escolha do tema foi tarefa árdua, mas ao saber que o homenageado havia trabalhado na Comarca de Santa Maria, em uma então vara de menores, optei por escrever sobre um tema que sempre me intrigou: a aplicabilidade da prescrição aos atos infracionais.

A área da infância e juventude, onde sempre atuei, é uma área recompensadora, mas também frustrante. Instigante, pois nos leva a desenvolver formas de auxílio aos nossos jovens e crianças tão castigados num País que não tem real prioridade social. Sobre esse aspecto da doutrina da proteção integral, e considerando as deficiências de recursos para auxiliar os que mais precisam para recuperar tempestivamente os nossos jovens infratores, vou analisar o tema.

1. Prescrição

O instituto da prescrição visa à segurança jurídica, na medida em que as situações tornam-se consolidadas com o passar do tempo sem que possam ser alteradas, protegendo o cidadão que não deve ficar indefinidamente ao alvedrio da persecução penal estatal. Nas palavras de Magalhães de Noronha:[1]

"Com efeito, não se pode admitir que alguém fique eternamente sob a ameaça de ação penal, ou sujeito indefinidamente aos seus efeitos, antes de ser proferida sentença, ou reconhecida sua culpa (em sentido amplo). Seria o vexame sem fim, a situação interminável de suspeita contra o imputado, acarretando-lhe males e prejuízos, quando , entretanto, a justiça ainda não se pronunciou em definitivo, acrescentando como já se falou que o pronunciamento tardio longe estará , em regra, de corresponder a verdade do fato e ao ideal de justiça."

A prescrição atinge em primeiro lugar o direito de punir do Estado e depois a pretensão executória, sendo cabível relativamente às medidas impostas coercitivamente por aquele, enquanto importam em restrição à liberdade. Não é um instituto exclusivo do direito penal, senão aplica-se também ao direito civil, comercial, etc.

Discute-se se o instituto, garantista dos direitos do cidadão, aplica-se aos atos infracionais.

A jurisprudência ainda não é pacífica com relação ao tema, mesmo passados mais de dez anos da edição do estatuto da Criança e do Adolescente. Exemplificativamente no STJ a Quinta Turma pronunciou-se pela aplicabilidade,[2] assim como o Tribunal de Justiça do Rio de Janeiro, Quinta Câmara Criminal e Tribunal de Justiça de Santa Catarina em diversos arrestos.[3] O tema já foi amplamente discutido nos Juízos da Infância e da

---

[1] *Direito Penal*, São Paulo Saraiva, 1997, v.1, p. 360.

[2] CRIMINAL. RECURSO ESPECIAL. ESTATUTO DA CRIANÇA E DO ADOLESCENTE. INTERNAÇÃO. PRAZO. EXTINÇÃO DA PUNIBILIDADE PELO INSTITUTO DA PRESCRIÇÃO REGULADO NO CÓDIGO PENAL. POSSIBILIDADE. PRECEDENTES. RECURSO DESPROVIDO. I - Em virtude da inegável característica punitiva, e considerando-se a ineficácia da manutenção da medida sócio-educativa, nos casos em que já se ultrapassou a barreira da menoridade e naqueles em que o decurso de tempo foi tamanho, que retirou, da medida, sua função reeducativa, admite-se a *prescrição* desta, da forma como prevista no Código Penal. II- Precedentes. III – Recurso conhecido e desprovido, nos termos do voto do relator. REL. Min. Gilson Dipp RESP 150016 / SC ; RECURSO ESPECIAL 1997/0069348-1 – decisão 04.8.2003.

[3] Apelação criminal n. 98.000465-9, de Porto União.Relator: Juiz Torres Marques. ESTATUTO DA CRIANÇA E DO ADOLESCENTE - INFRAÇÃO ADMINISTRATIVA - APLICAÇÃO SUBSIDIÁRIA DO CÓDIGO PENAL NA FORMA DO ART. 226, DO ECA -RECONHECIMENTO, DE OFÍCIO, DA *PRESCRIÇÃO* DA PRETENSÃO PUNITIVA - EXTINÇÃO DA PUNIBILIDADE - RECURSO PREJUDICADO. Apelação Criminal n. 99.018591-5, de Seara. Relator designado: Des. Nilton Macedo Machado. ADOLESCENTE - *ATO INFRACIONAL* - AMEAÇA (CP, ART. 147) - MEDIDA SÓCIO-EDUCATIVA - *PRESCRIÇÃO* - APLICABILIDADE DAS REGRAS DO CÓDIGO PENAL - EXTINÇÃO DA PRETENSÃO SÓCIO-EDUCATIVA DECLARADA. Submetendo-se os menores infratores às normas penais comuns para a caracterização do que seja *ato infracional* para sujeitá-los às medidas sócio-educativas, não se pode recusar-lhes os benefícios e causas que extinguem a punibilidade dos imputáveis, dentre elas a *prescrição*, sob pena de violação dos princípios garantistas inseridos no ECA.

Juventude e Tribunal de Justiça do Estado do Paraná, consolidando-se o entendimento no sentido da inaplicabilidade do instituto da prescrição penal ao procedimento destinado à apuração do ato infracional, assim como acontece em nosso Estado.[4]

A perspectiva inicial de que a prescrição é uma garantia ao cidadão e de que esse não pode estar indefinidamente ao alvedrio da justiça leva ao questionamento sobre a possibilidade de aplicação também aos atos infracionais.

A simples visão de que a não-aplicação da prescrição em se tratando de atos infracionais implicaria tratamento penal aos inimputáveis com mais rigor do que aos adultos,[5] ao meu sentir dá o norte para a necessária reflexão sobre o tema. Embora passe a analisar os temas da natureza jurídica das medidas socioeducativas, da incompatibilidade do ECA com o CP e a questão dos prazos prescricionais a serem eventualmente aplicados, o questionamento sobre a gravidade do tratamento quando se consideram imprescritíveis as medidas socioeducativas aplicadas àqueles que deveriam ter maior proteção resta todo o tempo assombrando o estudo.

Não se pode olvidar que o que se pretende aplicar são princípios garantistas da legislação penal comum ao jovem infrator, e não a legislação penal como um todo.

---

[4] *EMENTA*: ECA. Ato Iinfracional. Decisão monocrática que decretou a nulidade do feito em razão da ausência do defensor na audiência de apresentação. Reconsideração. Art. 557, § 1º, do CPC. Ainda que se detecte dissonância quanto a presença de defensora na audiência de apresentação do adolescente, reconsidera-se a decisão monocrática que decretara a nulidade do processo, pois da análise das rubricas existentes no termo daquela solenidade em cotejo com as apostas na defesa prévia e na apelação verifica-se que ao insurgente restou assegurado seu direito de defesa. Extinção da punibilidade pela prescrição. Descabimento. A interferência na educação do adolescente. Papel do Estado - de modo a buscar reversão do quadro infracional evidenciado pela sua conduta, não se coaduna com a extinção da ação socioeducativa pública pela prescrição da pretensão punitiva estatal, porque tal pretensão não é punitiva, mas de caráter reeducador. Não se aplica aos atos infracionais o instituto da prescrução, porque esta é causa extintiva da punibilidade, atingindo, pois, a pena, e não a medida socioeducativa. Precedentes. Medida socioeducativa. O menor apreseta antecedentes, já tendo sido beneficiado com medidas mais brandas (PSC e Liberdade Assistida). Assim, o fato de ter confessado a autoria do evento infracional descrito na representação não dá lastro para alterar a medida aplicada pelo juízo singular de semiliberdade para a de liberdade assistida. Decisão monocrática recondiderada. Apelação desprovida. (Agravo nº 70006774475, oitava Câmara Cível, Tribunal de Justiça do RS, Relator José Ataídes Siqueira Trindade, julgado em 06/08/2003)
EMENTA: ECA. Prescição da pretensão socieducativa. As causas de extinção de punibilidade do Processo Penal, dentre as quais a prescrição, não se aplicam tais procedimentos para apuração de ato infracional, posto que a finalidade precípua do ECA não é punitiva, mas ressocializante. Apelo provido, por maioria. (Apelação Cível nº 70006102008, Sétima Câmara Cível, Tribunal de Justiça do RS, Relator: Maria Berenice Dias, Julgado em 14/05/2003)
[5] Des. Amaral e Silva – apelação 980112388-7- Quinta Câmara TJSC.

2. Natureza das medidas socioeducativas

A Lei nº 8.069/90 (Estatuto da Criança e do Adolescente) foi editada visando a dar cumprimento aos direitos fundamentais da criança e do adolescente e proteção integral a estes, tal como assegurados na Constituição Federal. Para tanto, simplificou formas e procedimentos, garantindo e facilitando o acesso dos hipossuficientes à Justiça menorista, bem como reservando ao menor autor de ato infracional uma providência de conotação pedagógica denominada medida socioeducativa.

Nos dizeres de João Batista Costa Saraiva, "O Estatuto da Criança e do Adolescente instituiu no país um Direito Penal Juvenil, estabelecendo um sistema de sancionamento, de caráter pedagógico em sua concepção, mas evidentemente retributivo em sua forma, articulado sob o fundamento do garantismo penal e de todos os princípios norteadores do sistema penal enquanto instrumento de cidadania, fundado nos princípios do Direito Penal Mínimo".[6]

Assim, as medidas socioeducativas por sua natureza e finalidade divergem das penas previstas na legislação penal. Aos adolescentes são aplicadas medidas socioeducativas, que pelo próprio nome têm forte cunho educativo e ressocializador, mas por serem uma resposta ao ato infracional são tambêm retributivas.

Por serem inimputáveis, a criança ou o adolescente não cometem crimes ou contravenções, incorrendo somente em ato infracional, conforme pratiquem conduta de tipicidade objetivamente idêntica. Assim, ao menor infrator não são aplicadas penas, mas medidas outras de caráter pedagógico e protetivo. Já a pena aplicada aos maiores de 18 anos que cometem infrações penais tem caráter retributivo e preventivo.

Portanto, as medidas socioeducativas são diversas das penas previstas na legislação criminal, mas com um forte ponto em comum, qual seja o caráter retributivo. As primeiras são impostas levando-se em conta a capacidade do adolescente para o cumprimento, as circunstâncias e gravidade da infração e, principalmente, o caráter pedagógico pertinente, preferindo-se sempre as que propiciem o fortalecimento dos vínculos familiares e comunitários (v. arts. 112, § 1º, 113 e 100 do Estatuto da Criança e do Adolescente).

A proposta do Estatuto da Criança e do Adolescente, quanto às medidas socioeducativas, está afinada com a doutrina da proteção integral. A previsão de tais medidas (que não são meramente reeducadoras) assenta-se na possibilidade de intervenção no desenvolvimento dos adolescentes, de forma positiva, trazendo possibilidade de integração social e de mudança dos paradigmas e estigmatizações existentes com relação aos infratores,

---

[6] Saraiva, João Batista Costa. *Desconstruindo o Mito da Impunidade. Um Ensaio de Direito (Penal) Juvenil*. Brasília: 2002.

bem como alterações positivas na formação da personalidade desse jovem. Busca-se a aplicação de medidas que os eduquem para a convivência social, propiciando-lhes a realização pessoal e a participação na vida comunitária. O caráter das medidas socioeducativas é sempre pedagógico, guardando-se, por óbvio, relação de proporcionalidade com o ato infracional.

Mas também há o interesse da Justiça da Infância e da Juventude em dar a resposta ao ato infracional, mostrar à sociedade a retribuição sofrida pelo adolescente infrator. Além de imposta, a medida é repressiva, tanto que exige fundamentação e proporcionalidade. "A negação da natureza sancionatória da medida socioeducativa contribui perigosamente para a nefasta sensação de impunidade, ventre nefasto do extermínio".[7]

Demonstrando de forma definitiva o caráter retributivo das medidas socioeducativas, está ainda o fato de poderem essas ser restritivas da liberdade ou mesmo privativas, logo tal como as penas devem prescrever, como uma garantia ao infrator. Tal visão é clara se analisarmos a possibilidade de prestação de serviço à comunidade, liberdade assistida e até mesmo internação.

Ilustrativo novamente o exemplo citado por João Batista Costa Saraiva, ao tratar do tema na obra *Direito Penal Juvenil*, onde refere o caso do adolescente que, mudando de cidade com os pais, fica anos sem cometer novo ato infracional, podendo ser apreendido, por força de mandado de busca expedido pela autoridade judiciária nos autos daquele primeiro processo, anos mais tarde, já empregado e com uma nova vida estabelecida. Nesse caso, demonstrado o desserviço de tal procedimento, fica afastada a natureza pedagógica, pois sendo tardia, a resposta não tem mais nenhuma necessidade ou efeito benéfico ao adolescente.

Esse caráter retributivo e até penal das medidas já foi consolidado no Estado do Rio Grande do Sul. Não foi outra a terceira conclusão dos juízes de infância e juventude do Estado do Rio Grande do Sul no primeiro Encontro realizado:[8]

> "Natureza jurídica da medida socioeducativa. Sem prejuízo da sua finalidade pedagógica, é penal a natureza jurídica da medida sócioeducativa, devendo sua aplicação e execução ser revestidas de todas as garantias correspondentes."

Tal conclusão, aprovada por unanimidade, deixa clara a necessidade de aplicação da prescrição, uma garantia penal do cidadão correspondente ao direito do Estado de punir.

---

[7] Saraiva, João Batista Costa. *Adolescente e Ato Infracional - Garantias Processuais e Medias Socioeducativas*. 2ª ed. Porto Alegre: Livraria do Advogado, 2002.

[8] I Encontro Estadual dos Juízes da Infância e Juventude do Estado do Rio Grande do Sul - Realizado em Bento Gonçalves em dezembro de 2002.

Dessa forma, tendo concluído sem dúvidas que as medidas socioeducativas são pedagógicas, mas também retributivas e penais, não existem razões para excluir a aplicação da prescrição, haja vista a corrente que defende sua imprescritibilidade baseia-se fundamentalmente na incompatibilidade entre medidas socioeducativas e penas.

A prescrição não pode ser negada, até por ser uma garantia do direito natural, somente por serem as medidas socioeducativas ressocializantes, porque em última análise também deveriam ter esse caráter as penas criminais, e a estas aplica-se a prescrição.

O maior argumento daqueles que dizem não ser aplicável a prescrição está justamente centrado no fato de serem as medidas socioeducativas de efeito pedagógico, protetivo, pelo que não seriam aplicáveis os princípios das penas criminais onde o efeito é punitivo. Ocorre que tendo as medidas socioeducativa também natureza retributiva não há por que excluí-las do campo da prescrição. Não se pode esquecer que as medidas são impostas coercitivamente.

Não se pretende com a adoção desta linha de pensamento negar todo o espírito do Estatuto da Criança e do Adolescente, que tem por objetivo evitar a estigmatização do menor infrator, tratando-o de forma diferenciada. Pretende-se sim dar efetividade à reeducação do menor, com fins de promover a sua reintegração na sociedade, e não a sua mera punição pela prática de ato infracional.

Sabe-se que a resposta estatal tardia, que não guarda contemporaneidade com o ato infracional, não apresenta efeito pedagógico, mormente porque se trata de medidas aplicadas a adolescentes, que são seres em desenvolvimento e cujas diferenças comportamentais e fisiológicas são acentuadas com o passar do tempo. Ou seja, a passagem dos anos para os adolescentes traz sem dúvidas maiores alterações ao indivíduo do que traria aos adultos, fazendo com que a medida aplicada tardiamente não traga os efeitos planejados pela lei.

Ainda, o argumento de que enquanto o adolescente necessitasse, não poderia furtado-se o Estado do dever de propiciar àquele uma resposta sociopedagógica, traz implícita a maior gravidade de resposta aplicada ao adolescente do que daquela aplicada aos maiores, sem esquecer que afasta uma garantia do adolescente.

3. Previsão legal

Legalmente, a possibilidade de aplicação da prescrição aos atos infracionais encontra respaldo no artigo 226 do Estatuto da Criança e do

Adolescente, que refere: "Aplicam-se aos crimes definidos nesta lei as normas da Parte Geral do Código Penal e, quanto ao processo, as pertinentes ao Código de Processo Penal."

Assim, o Estatuto da Criança e do Adolescente é legislação especial que remete ao Código Penal, sob o qual foi praticada a infração.

Para que o adolescente seja punido, é necessário que sua conduta esteja adequada ao conceito de crime, como fato típico, antijurídico e culpável (artigo 103 do Estatuto da Criança e do Adolescente) e sendo também referida a parte geral do Código Penal, com muito mais razão deve ser aplicada prescrição.

Dessa forma, o argumento de que inexistiria norma constante no Estatuto da Criança e do Adolescente autorizando essa aplicação subsidiária resta esvaziado. Não se pode esquecer que o ato infracional é a conduta definida como crime ou contravenção (arts. 6º e 103 do ECA), logo, não são excluídas as garantias da legislação penal.

Ao conceituar o ato infracional como crime ou contravenção penal, o Estatuto da Criança e do Adolescente remeteu o intérprete aos princípios garantistas do Direito Penal. Apenas por serem diferentes na duração e em seu caráter pedagógico, atendendo a situação peculiar do adolescente como pessoa em desenvolvimento, não se pode esquecer das garantias aplicadas a todos que se vêem frente a uma norma punitiva, sob pena de, como se referiu inicialmente, dar-se tratamento mais severo aos adolescentes.

4. Prazos

Finalmente, resta a questão do prazo prescricional a ser aplicado no caso de atos infracionais.

Os prazos para a prescrição penal baseiam-se nas penas cominadas para cada delito ou contravenção ou, posteriormente na pena estabelecida na sentença para cumprimento. Dessa forma, é incabível a aplicação pura e simples dos prazos prescricionais do Código Penal aos atos infracionais, pela incompatibilidade das penas com as medidas socioeducativas quanto à vinculação à quantidade de pena.

Estes critérios, por óbvio, são absolutamente incompatíveis com o sistema do Estatuto da Criança e do Adolescente, que não indica, com vinculação a cada ato infracional, qual será a medida socioeducativa a ser imposta e muito menos o seu prazo, assim são a advertência e a reparação de dano, que sequer indicam prazo.

Resta, então, a definição dos prazos a serem aplicados nos casos concretos.

O prazo de execução da medida imposta pelo ato infracional pode indicar determinação, pois embora possam ser elastecidos e diminuídos, tem de sê-lo dentro dos limites legais. Também podem ser substituídas as medidas impostas por outras mais gravosas e severas (v. art. 99 do Estatuto da Criança e do Adolescentes), mas observados os parâmetros previstos nos referido estatuto legal.

Veja-se quanto a liberdade assistida que a lei (art. 118, § 2º, do E.C.A.) não fixa prazo máximo para o cumprimento, referindo-se tão-somente ao mínimo de 6 (seis) meses, a qual poderá a qualquer tempo ser prorrogada, revogada ou substituída.

A prestação de serviços tem prazo máximo de seis meses, e a internação prazo de três anos, sendo todas balizadas ainda pela regra do artigo 121 do mesmo diploma legal, que determina a desinternação compulsória com 21 anos de idade.

Busca-se, na verdade, a aplicação dos artigos 109, 110, 114 e 115 do Código Penal ao procedimento de apuração de ato infracional atribuído a adolescente (arts. 171/190, da Lei nº 8069/90). A pretensão é de transferência da sistemática da parte geral do Código Penal no sentido de que, se não exercida a pretensão socioeducativa postulatória ou executiva dentro de determinado prazo, ocorra sua perda.

Parece-me mais adequada a utilização dos prazos máximos definidos dentro do próprio Estatuto. Dessa forma, a prescrição máxima deve ser de 8 anos quando determinada a internação, pois essa tem prazo máximo de duração de três anos (aplicando-se subsidiariamente o artigo 109, IV do Código Penal). E nas demais medidas socioeducativas, o prazo prescricional deve ser de dois anos, considerando o tempo de seis meses de cumprimento das medidas e o artigo 109, VI, do Código Penal.

Entendo não poder ser aplicada a redução do prazo prescricional previsto no artigo 115 do Código Penal, referente à menoridade, haja vista que os adolescentes obviamente possuem menos de 21 anos ao praticar o ato infracional.

A averiguação da prescrição deverá ser feita, em regra, somente após a sentença de procedência. No Estado de Santa Catarina, onde normalmente é aplicada a prescrição, somente é utilizado o instituto depois de já existir uma sentença de procedência.

Entretanto, pode-se, em determinados casos, aplicar-se a prescrição ainda durante o curso do processo. Mas como se definir *a priori* se o caso é de internação ou simples medida de liberdade assistida ou ainda prestação de serviço à comunidade? Via de regra, nos casos onde o ato infracional não tiver sido praticado com violência ou grave ameaça, não será aplicada a internação. O artigo 122 do Estatuto da Criança e do Adolescente[9] enumera os casos onde é possível a internação. Logo, não tendo havido violência e com uma análise dos antecedentes do adolescente (para verificação do cometimento de outras infrações graves ou do descumprimento reiterado de medidas) se verifica a possibilidade, desde o início do processo, de cominação de internação no caso concreto. Assim, caso desde o princípio seja afastada a internação, poder-se-á aplicar a prescrição durante o curso do processo, utilizando-se a regra dos dois anos, válida para as demais medidas socioeducativas.

Não se pode olvidar o limite de 21 anos para imposição e execução de medida socioeducativa. Existe, na sistemática do Estatuto da Criança e do Adolescente, uma hipótese de perda de pretensão socioeducativa, incluindo-se pretensão postulatória e executória. Ocorre quando há o alcance da idade de vinte e um anos, em razão do contido no artigo 2º, parágrafo único, combinado com o artigo 121, § 5º, Estatuto da Criança e do Adolescente, ambos do citado diploma legal. A aplicação deste é absolutamente incabível para os que atingiram vinte e um anos, pois o artigo 121, § 5º, do Estatuto, estabelece a desinternação compulsória.

5. Conclusão

Todo o exposto no artigo pretende levar o leitor a uma reflexão sobre os motivos da aplicação da prescrição ao ato infracional e principalmente demostrar que sendo o adolescente digno de proteção integral, não se pode negar uma garantia sob a escusa de pretender reeducá-lo. Perigosa a idéia de que o juiz e o Estado são supremos e podem, depois de anos do cometimento de um ato infracional, determinar que o adolescente deva ser "reeducado". Abre-se espaço para uma subjetivismo, sempre maléfico à sociedade.

Peço vênia para mais uma vez ao final transcrever João Batista costa Saraiva,[10] eminente juiz que luta aguerridamente e com sucesso pelos adolescentes em nosso Estado, um modelo para todos aqueles que têm a intenção de trabalhar com o direito juvenil:

"Julgando que o arbítrio deva ser combatido pelo garantismo, entendo que a existência da norma traz segurança e afirma o direito daí porque

---

[9] Art. 122 - A medida de internação só poderá ser aplicada quando: I - tratar-se de ato infracional cometido mediante grave ameaça ou violência a pessoa; II - por reiteração no cometimento de outras infrações graves; III - por descumprimento reiterado e injustificável da medida anteriormente imposta.
[10] Idem a nota 7.

entender que deve haver um conceito afirmativo de prescrição. A ausência de norma tende a produzir a discricionariedade, o subjetivismo, e daí para o autoritarismo é um passo. Como diz Emílio Garcia Mendez, citando Luigi Ferraioji: 'a ausência de regras nunca é tal, a ausência de regras sempre é a regra do amais forte.' A discricionariedade e o subjetivismo são sempre um mal, não existem discricionariedades e subjetivismos bons."

— 18 —

Sistema progressivo de cumprimento da pena privativa de liberdade

VLADIMIR GIACOMUZZI
Desembargador, 1º Vice-Presidente do Tribunal de Justiça do
Estado do Rio Grande do Sul

Sumário: I - Toda pena, em essência, possui caráter retributivo. *Punitur quia peccatum*; II – Todos os julgados do Tribunal de Justiça condicionam o deferimento da progressão de regime ao implemento inequívoco do requisito temporal previsto no art. 112 da LEP.

I - Toda pena, em essência, possui caráter retributivo. *Punitur quia peccatum*

Nosso sistema penal não é diferente. Fundado, no entanto, no entendimento de que o homem, todo homem, nasce livre e livre permanece tanto para delinqüir como para regenerar-se, a sanção criminal, entre nós, visa a cumprir não apenas sua inseparável função retributiva, mas também uma função regeneradora ou ressocializadora do condenado.

Decorrem desta filosofia política vários postulados, dentre os quais, o da proibição da pena capital e perpétua, da limitação temporal da pena privativa de liberdade e do regime progressivo de seu cumprimento.

Como regra geral, o tempo de cumprimento da pena privativa de liberdade não pode ser superior a trinta anos, devendo ser executada em forma progressiva, segundo o mérito do condenado.

Na regulamentação destes postulados básicos, a lei penal fundamental e a lei de execução penal prevêem três espécies de regime para o cumprimento das penas reclusivas e detentivas quando o condenado a ela deverá sujeitar-se: o regime fechado, o semi-aberto e o aberto.

O condenado à pena superior a oito anos de reclusão, por exemplo, deverá começar a cumpri-la em regime fechado, isto é, em estabelecimento prisional dotado de segurança máxima ou média: a penitenciária.

Após cumprido 1/6, no mínimo, sob este regime, a pena que lhe foi irrogada, comprovando mérito durante este período, será o condenado transferido para o regime semi-aberto, menos rigoroso, em colônia agrícola ou industrial.

Satisfeitos os mesmos requisitos, progredirá para o regime aberto, ainda menos rigoroso, em casa de albergado.

Daí progredirá para o livramento condicional, onde cumprirá a metade ou dois terços da pena faltante, quando então será devolvido à liberdade, completando-se o ciclo.

O condenado não-reincidente, cuja pena seja superior a quatro anos e não exceda a oito, iniciará seu cumprimento sob regime semi-aberto, podendo progredir para o regime aberto, após satisfazer as exigências legais antes referidas, passando depois para o livramento condicional e finalmente retornando à liberdade.

O condenado não-reincidente, cuja pena seja igual ou inferior a quatro anos, iniciará seu cumprimento desde o início sob regime aberto, passará para o livramento condicional e retornará finalmente à liberdade.

A progressividade do regime prisional está diretamente ligada à função ressocializadora da pena. Afirma-se ser este sistema a última tentativa de manutenção desta espécie de sanção criminal. Porque são muitas as críticas que têm sido endereçadas à pena privativa de liberdade.

A progressão do condenado de um regime severo para outro menos rigoroso demanda, no entanto, o atendimento de dois requisitos básicos: o primeiro é de ordem temporal: cumprimento de 1/6 da pena que lhe foi aplicada. O último possui contorno normo-subjetivo: aquisição de mérito durante este período.

Este rápido ensaio, elaborado em atenção ao ilustre homenageado que tanto dignificou a Magistratura gaúcha, através do estudo de seus precedentes jurisprudenciais, pretende informar qual a contribuição que o Tribunal de Justiça do Estado vem dando para estabelecer a correta compreensão do sistema progressivo de cumprimento da pena privativa de liberdade.

II – Todos os julgados do Tribunal de Justiça condicionam o deferimento da progressão de regime ao implemento inequívoco do requisito temporal previsto no art. 112 da LEP

Um julgado destacou que não se pode dilatar este prazo legal mínimo de 1/6 sob qualquer fundamento, nem mesmo o de que o tráfico internacional de entorpecente merece individualização diferenciada na fase de execução. Cuidava-se de réu condenado pela Justiça Federal que cumpria a pena aplicada em estabelecimento prisional estadual (Câmara Criminal Especial – Agravo em Execução nº 70002158558 – julgado em 29-03-01).

Julgados há que lembram que, havendo condenação por mais de um crime no mesmo processo ou em processos distintos, a determinação do regime, com implicação da funcionalidade do sistema de progressão, será feita pelo resultado da soma ou da unificação das penas aplicadas, como estabelecido no art. 111 da LEP (6ª Câmara Criminal – Agravo Regimental nº 70001205889 – Rel. Des. Sylvio Baptista Neto – julgado em 21-09-00).

O Tribunal de Justiça já decidiu, por igual, que o procedimento a ser seguido para apreciação do pedido de progressão de regime é formal, não se podendo dispensar os laudos ou pareceres exarados pela Comissão Técnica de Classificação e do Exame Criminológico, quando necessário (1ª Câmara Criminal – Agravo Regimental nº 70000939256 – Rel. Des. Silvestre Jasson Ayres Torres – julgado em 24-05-00).

O coração do sistema progressivo reside no requisito normo-subjetivo expresso pela alocução "mérito do condenado".

É a constatação positiva ou negativa da presença desta exigência que haverá de definir se a pena aplicada está dando atendimento a sua função ressocializadora, recomendando ou não a "integração ou a reinserção social" do condenado.

De acordo com um julgado do Tribunal de Justiça, o alcance deste objetivo, no ambiente agressivo do cárcere, deve passar pela gradual integração do condenado, pela progressão de regime, quando houver indicação de que o condenado modificou seu comportamento. Os dados indicativos desta modificação é que constituem o denominado "mérito" do condenado. Sendo que o "mérito" haverá de ser constatado "pela observância de requisito de dupla natureza: bom comportamento e aptidão do condenado adaptar-se ao regime menos rigoroso" (Agravo em Execução nº 70002967503 – Rel. Des. Roque Miguel Fanck – julgado em 05-09-01).

Este entendimento já havia sido expresso pelo Professor J.F. Mirabete, tendo sido reproduzido em vários julgados: "É necessário que se conheça a capacidade do condenado em adaptar-se ao regime menos rigoroso, não bastando o bom comportamento. A aferição do mérito se refere à conduta global do preso e dela faz parte um acréscimo de confiança depositada no mesmo na possibilidade de atribuição de maiores responsabilidades para o regime de mais liberdade" (*in* Execução Penal – p. 346 – Ed. Atlas – 2000 – 9ª edição – Câmara Especial Criminal – Rel. Des. Cláudio Baldino Maciel – Agravos em Execução nºs. 70002911394, 70002916369, 70002923498 e 70002935823 – julgados em 29-08-01).

Vários julgados do Tribunal de Justiça, no julgamento de casos específicos, têm proclamado diversas situações em que se deve excluir a presença do "mérito" autorizativo da progressão.

Assim, "a falta de juízo crítico do condenado sobre seus atos revela sua imaturidade, aliado a dados que indicam que é uma pessoa que funciona ao nível do concreto, (...) é irresponsável, (...) tem dificuldade de cumprir regras, (...) é frio e indiferente, (...) é auto-concentrado e auto-referente, com ausência de crítica em relação aos prejuízos que causou às vítimas, a sua família e a si próprio" (Câmara Especial Criminal – Agravo em Execução nº 70002935823 – Rel. Des. Cláudio Baldino Maciel); "quando o condenado revelar área de afeto hipomodelada, (...) com falta de investimento afetivo nas relações interpessoais e com falta de sentimentos reparatórios" (Câmara Especial Criminal – Embargos em Execução 70002911394 – Rel. Des. Cláudio Baldino Maciel) "ou se mostrar pessoa ansiosa, necessitando de limites externos consistentes" (Câmara Especial Criminal – Embargo em Execução 70002911639 – Rel. Des. Cláudio Baldino Maciel – todos julgados dia 29-08-01).

Também são dados indicativos da ausência de merecimento quando "o condenado (...) tem dificuldade de controlar sua agressividade, (...) quando minimiza sua participação nos delitos praticados, projetando sua culpa em fatores externos, por exemplo, o álcool, não possuindo crítica de sua situação, demonstrando traços de impulsividade e ansiedade em seu funcionamento psíquico, (...) sendo instáveis os relacionamentos afetivos, (...) não possuindo vínculos com os filhos, (...) nem juízo crítico sobre sua história de vida" (Câmara Especial Criminal – Agravo em Execução nº 70002869782 e Agravo em Execução nº 70002869782 – Rel. Des. Cláudio Baldino Maciel e Dês. Marco Antonio Barbosa Leal – julgados em 29-08-01 e 28-08-01, respectivamente).

Quando do julgamento do Agravo em Execução nº 70002138279, em 09-03-01, a Câmara Especial Criminal, tendo por Rel. o Des. Marco Antonio Barbosa Leal, proclamou a ausência de mérito, indispensável à progressão de regime, porque o condenado, nos exames a que se submetera, revelara "completa falta de sentimento de culpa, verdadeira ausência de qualquer sentimento moral e empatia com a vítima, sentindo-se autorizado a agir por sentir-se injustiçado".

No julgamento do Agravo em Execução nº 7000222958, a Câmara Especial Criminal, tendo por Relator o Des. Alfredo Forster, em 23-03-01, proclamou que o mérito do condenado é constatado quando o mesmo "demonstra que está em condições de adaptar-se a um regime mais ameno, o qual requer um grau maior de responsabilidade e a efetiva elaboração espontânea do reeducando".

"Não basta o bom comportamento carcerário para preencher o requisito subjetivo indispensável à progressão de regime", proclamou esta mesma 6ª Câmara Criminal, lembrando, no mesmo julgado, que "bom comportamento carcerário não se confunde com aptidão ou adaptação do condenado e muito menos serve como índice fiel de sua readaptação social", (...) sendo necessário que se conheça a capacidade provável do condenado se adaptar ao regime menos rigoroso, (...) sendo que o comportamento mau ou sofrível, porém, indica normalmente uma inaptidão para o regime mais suave. Fuga, difícil convivência com os companheiros, falta de respeito para com os funcionários, faltas disciplinares, correspondem ao demérito que não aconselha a progressão (Agravo em Execução nº 70000958355 – Rel. Des. Sylvio Baptista Neto – julgado em 08-07-00).

"O registro de fuga no prontuário do condenado é fator impeditivo de progressão", decidiu a 5ª Câmara Criminal ao julgar o Agravo em Execução nº 70002663029, em 20-06-01 – Rel. Des. Paulo Moacir Vieira).

"Não revela mérito à progressão de regime o condenado que já empreendeu fuga e reincidiu neste período, sendo portador de traços anti sociais", julgou a Câmara Especial Criminal em 28-09-00 ao decidir o Agravo em Execução nº 70001276096 – Rel. Des. Marco Antonio Barbosa Leal).

"É preciso que o condenado revele aptidão para ficar recolhido em regime menos severo, que revele senso de oportunidade" (RJTJ-RS nº 157/80), "não revelando merecimento o condenado que comete falta grave durante o cumprimento da pena representada pelo fato de manter um estoque na cela" (RJTJ-RS 154/93).

Julgados do Tribunal de Justiça sublinham que "o condenado terá que ser examinado sob o enfoque das regalias de que irá dispor no novo regime" (RJTJ-RS 135/62) e que "não se trata de julgar o condenado que pleiteia progressão de regime pelo seu passado, mas sim pela avaliação que indica propensão à reincidência, que deve ser de todo evitada". Neste precedente, o tribunal entendeu que o recorrente não revelava mérito à conquista da pretendida progressão porque "mostra-se ainda com impulsividade e baixa tolerância à frustrações, modo de funcionar presente e que deixa margem para se pensar que lhe faltam limites internos e, desta maneira, provavelmente não conseguirá manter suas atuações" (8ª Câmara

Criminal – Embargos em Execução n° 70002967003 – julgado em 05-09-01 – Rel. Des. Roque Miguel Fanck).

Eis aí, num rápido apanhado, a posição do Tribunal de Justiça relativamente à difícil indagação do porquê punir, quando punir e como punir, enfocada sob o ângulo do sistema progressivo de cumprimento da pena privativa de liberdade.

— 19 —

Da evolução dos contratos

WELLINGTON PACHECO BARROS

Desembargador do Tribunal de Justiça do Estado do Rio Grande do Sul.
Professor convidado de Pós-Graduação nas cadeiras de Teoria Geral do Direito, Direito Administrativo, Direito Agrário, Teoria Geral dos Contratos e Teoria Geral dos Recursos na Escola Superior da Magistratura, Escola Superior do Ministério Público, Urcamp (*campus* de Bagé, Livramento e São Gabriel), Coordenador Geral do Centro de Estudos do Tribunal de Justiça e autor de vários livros e artigos jurídicos

Sumário: 1. Da evolução dos contratos na visão clássica; 1.1. Generalidades; 1.2. No Direito Romano; 1.3. Na Idade Média; 1.4. Na atualidade brasileira; 1.4.1. Aspectos gerais; 1.4.2. No Direito Civil; 1.4.3. No Direito do Trabalho; 1.4.4. No Direito Agrário; 1.4.5. No Direito Administrativo; 1.4.6. No Direito Comercial; 2. Da evolução dos contratos na visão política do Estado; 3. Da evolução política do sistema contratual brasileiro; 4 Do conceito moderno de contrato.

1. Da evolução dos contratos na visão clássica

1.1. Generalidades

Durante muito tempo, o estudo sobre os contratos estruturou-se na visão exclusiva da ciência jurídica, e não poderia ser diferente, já que é um dos seus mais importantes institutos, embora resistente a mudanças. Dessa forma, a preocupação com sua origem romana sempre foi a base de iniciação de qualquer comentário que procurasse demonstrar uma teoria a seu respeito.

Mas, nos tempos modernos, diante da conclusão insuspeita de que o direito não é uma ilha, já que cresce e se moderniza através de influências externas, é que se buscou alargar o campo de sua abrangência através de estudos correlatos desenvolvidos por ciências propedêuticas importantes no desenvolvimento dessa típica ciência do comportamento, como a política e a sociologia jurídica. Portanto, detectou-se que o contrato, como todo direito, sofria influências e influenciava outros pensamentos catalogados. É dentro dessa nova visão que se traçaram linhas de investigação no sentido de estabelecer como questionamento fundamental, por exemplo, qual seria a verdadeira gênese da relação contratual.

E isto se operou através do que passou a se chamar *Lei de Maine*, em homenagem a Sir Henry Summer Maine, sociológico jurídico inglês, que sustentou, no auge da escalada das idéias socialistas, que a lei do patriarca, do chefe, preponderava sobre a liberdade individual de contratar, numa tentativa de demonstrar que os contratos desde a sua origem sempre foram dirigidos por um *tercius* e não seriam produtos exclusivos da vontade dos contratantes.

Essa introdução, portanto, já deixa antever que o estudo do contrato não se exaure nas lindes do direito. Sua importância nas relações sociais e na organização do Estado moderno é inquestionável. Dessa forma, ao procurar-se estabelecer os rumos da evolução dos contratos não se pode abandonar aquilo que se consubstanciou como origem clássica desse instituto jurídico, mas, de outro lado, não se pode olvidar que circunstâncias novas produzem importantes reflexos no instituto.

1.2. No Direito Romano

Na visão estritamente jurídica do contrato, a origem do instituto teria ocorrido no direito romano antigo, que o definia como o ato por meio do qual o credor atraía a si o devedor, submetendo-o ao seu jugo, como refém, garantindo com isso o adimplemento do débito assumido, segundo Miguel Maria De Serpa Lopes.[1] Para este autor, a idéia romana do contrato surgia de uma obrigação nascida com estrutura essencialmente penal onde a pessoa, e não o patrimônio, é que constituía a responsabilidade pelo débito assumido e, de forma conclusiva, prossegue:

> "O contrato era o ato constitutivo da *obligatio*; o *nexum*, no seu aspecto de fonte da obrigação, ou aquele estado físico de prisão, em que o devedor passava a garantir com sua *deditio*, ato pelo qual o pai consignava a garantir com sua pessoa a própria dívida. Daí o seu paralelismo com a *noxae deditio*, ato pelo qual o pai consignava o filho ou o escravo delinqüente ao prejudicado pelo ato delituoso. Só depois da responsabilidade transformar-se de pessoal em patrimonial, a princípio em relação a determinados débitos e depois aos de qualquer cate-

---

[1] LOPES, Miguel Maria de Serpa. *Curso de Direito Civil*, volume III, 4ª edição, Livraria Freitas Bastos, São Paulo, 1964, p. 18.

goria, é que se começou por distinguir os contratos dos *pacta* e da *conventio*, sob o ponto de vista de que só os contratos pertencentes a uma daquelas categorias previstas no Direito Romano, eram protegidos pelas ações."

Para Orlando Gomes,[2] em contraponto à afirmação de Serpa Lopes, não estaria no direito romano a origem dos contratos, já que, citando Bonfante, o que ali existia era um especial vínculo jurídico (*vinculum juris*) em que consistia a obrigação (*obligatio*), dependendo esta, para ser criada, de atos solenes (*nexum, sponsio, stipulatio*), embora reconheça que essa idéia tenha sofrido alterações e, romanistas, do porte de Riccobono, tenham sustentado que o contrato era acordo de vontades, gerador de obrigações e ações ou, na fase pós-clássica, que na origem das obrigações se encontravam as declarações de vontade das partes.

Jorge Mosset Iturraspe[3] comenta que o direito romano não diferenciava a convenção (*conventio, cum venire* = vir juntos) do pacto (*pactum ou pactio, pacis si,* = por se de acordo) já que os dois conceitos significavam o acordo de duas ou mais pessoas sobre um objeto determinado, mas que não era suficiente para criar uma obrigação exigível. No entanto, se a convenção fosse revestida de certas formalidades determinadas por lei, é que surgia o contrato (*contractus* = unir, estreitar, contrair), porém sempre de forma nominada, específica; não havia, portanto, uma teoria geral dos contratos. Observa ainda o tratadista argentino que o direito romano clássico não conhecia o elemento subjetivo – acordo de vontades e que isto só foi assimilado mais tarde nos escritos de Justiniano por influência da escola grega. Os contratos eram classificados em quatro categorias:

1. reais (*re*)
2. verbais (*verbis*)
3. escritos (*litteris*)
4. consensuais.[4]

---

[2] GOMES, Orlando. *Contratos*, 14ª edição, Forense, São Paulo, 1994, p. 6.

[3] ITURRASPE, Jorge Mosset. *Teoria General del Contrato*, 2ª edição, Ediciones Jurídicas Orbir, Rosário, Argentina, 1976, p. 22.

[4] Acrescenta ainda JORGE MOSSET ITURRASPE que os contratos reais eram aqueles em que o consentimento se integrava à tradição da coisa, que o credor efetuava a favor do devedor, ficando, quem a recebia, obrigado a sua restituição. Os contratos reais eram o mútuo, o comodato, o depósito e o empréstimo. Já os contratos verbais tinham palavras solenes que deviam ser pronunciadas pelas partes para expressar seu consentimento. A estipulação ou *stipulacio* era contrato verbal por excelência. O contrato escrito se aperfeiçoava por meio de uma inscrição no registro do credor com o acordo do devedor – o *nomem transcripticium* era o contrato escrito clássico. E, por fim, o contrato consensual que era formado pelo acordo de vontades e tinha no contrato de compra a venda, na locação de coisas, na sociedade e no mandato seus exemplos típicos.

Na época do império, teriam sido reconhecidos como contratos várias convenções, especialmente aquelas que tinham como base uma prestação de dar ou de fazer a ser cumprida por qualquer das partes. Estes contratos, chamados de *inominados,* foram classificados como:

1. *do ut des* - quando a prestação é um dar e a contraprestação também um dar;
2. *do ut facias* - quando a prestação é um dar e a contraprestação um fazer;
3. *facio ut des* - quando a prestação é um fazer e a contraprestação um dar e
4. *facio ut fascias* - quando a prestação e a contraprestação consistem em um fazer.

Luis Muñoz[5] também apresenta a mesma evolução histórica do contrato no direito romano, salientando que é na época de Justiniano que aparecem em Roma os contratos inominados e que estes constituíam uma categoria intermediária entre os contratos reais e os chamados consensuais.

1.3. Na Idade Média

Miguel De Serpa Lopes,[6] no estudo que faz da evolução do contrato como instituto jurídico, afirma que, na Idade Média, teria ele sofrido um duro golpe pela ação econômica e política dos senhores feudais, mas que, no entanto, caberia à Igreja, apesar de manter a estrutura clássica do contrato romano, nele introduzir o dogma da fé jurada. A clareza de seu texto merece reprodução:

"A concepção romana de contrato, com essa separação entre contrato e a *conventio*, tomando a sua defesa por meio de ações dependentes do respeito a determinadas formas, recebeu golpe profundo na Idade-Média. O sistema feudal era econômico e político. O senhor feudal fazia com cessões, de onde a criação do instituto do precário, deferido a quem lho suplicava. Entretanto a Igreja, através dos canonistas, conseguiu manter a noção de contrato, reforçando-a e dignificando-a de moda a polir a própria noção romana, mediante o afastamento da clássica distinção entre contrato e *conventio*. O contrato assumiu, na concepção cristã, o caráter de um instituto decorrente da fé jurada, fundado no cumprimento do que se prometera perante Deus e a Igreja. Não havia mais espaço para a distinção entre pactos nus e contrato; a

---

[5] MUÑOZ, Luis. *Teoria General del Contrato*, Cardenas, Editor Y Distribuidor, México, 1973, p. 6/11.
[6] LOPES, Miguel de Serpa. Ob. cit. p. 18.

obrigatoriedade deste se impunha, fosse qual fosse a natureza da convenção. Todavia, força é notar que nessa concepção canônica não pairava qualquer sintoma de futura idéia de autonomia da vontade, pois era inspirada no princípio da crença na palavra empenhada e na obrigação de evitar a mentira. Destarte, do ponto de vista do plano social, os canonistas chegaram ao mesmo objetivo mais tarde atingido pelos partidários da autonomia da vontade e da liberdade de contratar, e sem os pecados do excesso por estes cometidos."

Orlando Fida e Edson Ferreira Cardoso[7] comentam que o *contractus* e a *conventio* romanos sofreram profundas alterações nas suas concepções originais e passaram a conceituar o mesmo instituto jurídico, mas ainda sem a estrutura conceitual moderna de embutir uma autonomia de vontade. O *contractus* na Idade Média passou a ser um instrumento de fé jurado perante Deus e a Igreja e embutia a clara idéia religiosa de se coibir a mentira com a prevaleça da palavra dada.

Jorge Mosset Iturraspe[8] diz que os glosadores, inicialmente, e os comentaristas ou pós-glosadores, depois, juntamente com os Padres da Igreja e os canonistas, ao reintroduzirem o estudo do direito romano, sustentaram uma nova concepção do pacto desprovido de forma, que, para os romanos, não produzia ação, para entender que verdadeiramente ele pressupunha uma obrigação jurídica vinculando-a, no entanto, a uma obrigação moral, imputando àquele que a descumprisse a pecha de mentiroso e, por conseqüência, pecador. Os costumes mercantis, ainda salienta o tratadista argentino, decorrente do tráfico cada vez mais intenso entre os países, também constituíram forte fator para transformar a exigência formal dos romanos e outorgar ao acordo a força de contrato. Mas que teria sido a *Escola do Direito Natural*, representada por Grocio e Puffendorf, e a *Escola Holandesa*, de VOET, já no Século XVII, a outorgar obrigatoriedade aos pactos e às convenções, equiparando-as ao contrato.

1.4. Na atualidade brasileira

1.4.1. Aspectos gerais

Em decorrência do crescimento populacional nos dois últimos séculos de vida da humanidade, gerando uma interação social muito intensa e, por via de conseqüência, novas formas de relações jurídicas, é que houve necessidade de criação de novos ramos do direito positivo para prevenir e acomodar os conflitos daí resultantes.

---

[7] FIDA, Orlando e CARDOSO, Edson Ferreira. *Contratos, teoria, prática e jurisprudência*, vol 1, Edição Universitária de Direito, São Paulo, 1980, p. 6.
[8] Ob. citada, p. 27.

Dessa forma, no campo dos contratos, aquilo que vinha sendo pautado de maneira clássica e através de uma visão uniforme sedimentada na pregação de sistema único contratual de conteúdo imutável criado pelo direito romano, onde o predomínio da autonomia de vontade se alicerçava e excluía qualquer outra intervenção externa, ramificou-se com o surgimento de outros sistemas contratuais.

Isso ocorreu, primeiramente, pela constatação da necessidade de uma presença forte do Estado no gerenciamento das intensas relações sociais e, em segundo lugar, pela constatação de existência de fatores exógenos causadores de desequilíbrios econômicos, financeiros e sociais a influenciar a vontade de determinadas partes na formação de alguns contratos. Numa visão essencialmente jurídica, o contrato deixou o direito privado e passou a sofrer ingerência do direito público.

Em decorrência disso, aquilo que se inseria e se exauria como conteúdo de direito civil, e que por isso mesmo limitava-se em uma teoria contratual única, já que abrangia todos os tipos de contratos, passou a integrar, agora, estruturas jurídicas autônomas e diferenciadas, como são as de direito comercial, de direito do trabalho e de direito administrativo.

Essas modificações inicialmente ocorridas no direito europeu, embora de forma propositalmente retardada, também se verificou no direito brasileiro. O Código Civil de 1916, cartilha de direitos de todo cidadão residente no território nacional, primou por tentar perpetuar, entre outros institutos, a idéia contratual clássica do direito romano.

Como a criação do direito positivo tem sempre como fato orientador o momento político anterior que o inocula e o dirige, é possível se afirmar que o processo legislativo que resultou no Código Civil agora revogado foi lastreado por um fator político importante: a quase totalidade do Congresso Nacional que o discutiu e o aprovou era constituída ou por senhores de terras ou por seus representantes, todos defensores das idéias de proteção absoluta ao indivíduo, à sua propriedade e aos seus contratos. Essas idéias aqui admitidas como representativas da modernidade jurídica, na própria França, berço do nosso Código Civil, a lei civil idealizada por Napoleão e calcada na idéia romana, já sofriam duras e veementes críticas, por desconsiderar fatores externos na formalização de institutos jurídicos, especialmente dos contratos.

É possível afirmar-se, com segurança, que os contratos da atualidade pouco conservam daqueles conhecidos pelo direito romano. A ingerência contratual feita pelo estado moderno na busca do bem-estar social criou princípios inovadores impossíveis de serem percebidos pelos juristas de Roma, que não dispunham do conceito de estado como atualmente é conhecido. A vontade, como elemento representativo e único do contrato, era o universo que limitava os seus pensamentos.

Função social dos contratos, da boa-fé objetiva e probidade são princípios modernos no campo das relações contratuais civis. No entanto, além delas, novas circunstâncias na vida moderna surgiram exigindo do direito regras específicas próprias, como é a necessidade de predomínio clausular da Administração Pública frente ao particular, possibilitando a inclusão com legitimidade de cláusulas abusivas, nas relações administrativas; da proteção ao trabalhador, nas relações de trabalho e agrária.

A ingerência de vários fatores externos, mesclada com a autonomia de vontade, criou estruturas jurídicas contratuais próprias a impor que, ao se trabalhar com elementos da uma teoria geral, mesmo no Brasil, se enfrente aquilo que é próprio de cada um deles.

1.4.2. No Direito Civil

No direito comparado é possível encontrar-se atualmente duas correntes que interpretam diferentemente o contrato civil.

A primeira delas, tem por base o Código Civil francês (art. 1.101) que, remontando à origem romana, distingue-o da convenção. Aquele é uma espécie partida do gênero-convenção e se destina a formar alguma obrigação. Já esta tem por objeto formar entre duas ou mais pessoas alguma obrigação tendente a resolver ou modificar alguma outra pendente.

Segundo Miguel Maria de Serpa Lopes,[9] o conceito francês de contrato inspirou-se em Pothier, que repeliu a noção de contrato dada pelos intérpretes do direito romano por considerar a regra *ex nudo pacto actio non nascitur* em oposição ao Direito Natural.

Essa foi também a distinção adotada por Teixeira de Freitas no seu *Esboço* que, desprezado no Brasil, redundou no Código Civil argentino, art. 1.137.

A segunda corrente, liderada por Savigny, já define o contrato como o concurso de mais de uma pessoa em uma concorde declaração de vontades pela qual se determinam as suas relações jurídicas. Com essa conceituação, a convenção é um contrato, não importando seja ela de direito internacional, público ou privado.

No entanto, nos últimos tempos, a tendência dos contratos civis é a de abrandar o princípio da autonomia de vontade, em que a vontade dos contratantes se constituía no único fator de criação do contrato, gerando tamanha obrigação entre os envolvidos que passava a existir uma verdadeira lei entre eles, para instituir, no mesmo pé de igualdade da vontade, princípios como o da função social, da boa-fé objetiva e da probidade.

---

[9] Ob. Cit., p. 14.

O Código Civil brasileiro de 2003, instituído pela Lei n° 10.406, de 10 de janeiro de 2002, é o ultimo exemplo conhecido dessa evolução contratual. Os contratos civis no Brasil deixaram o campo da liberdade contratual instituído pelo Código Civil de 1916 e ingressaram na nova era de mitigação da vontade pela coexistência de novos princípios.

1.4.3. No Direito do Trabalho

O *contrato de trabalho* pode ser considerado como a primeira quebra da hegemonia do contrato como instituto único que se exauria na ótica clássica de predomínio da autonomia de vontade a ocorrer no direito positivo brasileiro e que tinha no Código Civil sua base mais importante.

Calcado nas idéias políticas sociais de Getúlio Vargas, no sentido de que o trabalho se subsumia na vontade do capital e que por via de conseqüência as relações contratuais envolvendo estes dois fatores econômicos resultava em desigualdades, é que foi criado um novo ramo do direito, o *Direito do Trabalho,* com a idéia fixa de que a subsunção do trabalho ao capital, criando naturais desigualdades nas ralações contratuais entre trabalho e capital, impunha a intervenção do Estado para igualá-las. Na constatação de uma desigualdade econômica, uma desigualdade legal para que, assim, se pudesse alcançar a igualdade ideal. O contrato locação de serviço regido pelo Código Civil de 1916 sofria, dessa forma, uma forte limitação, já que não podia mais regrar contratos que envolvessem a subordinação entre o contratante capitalista e o contratado trabalhador.

O resultado dessa intervenção legislativa do Estado é o Decreto-Lei n° 5.452, de 01.05.1943, que consolidou dispositivos esparsos criados no decorrer do período de 1930 a 1943 e que buscou de forma inquestionável proteger o trabalho, exigindo mais obrigações do capital. A legislação trabalhista é nitidamente desigual, como ocorre com as legislações que buscam sedimentar o primado da Justiça Social.

O contrato de trabalho refoge absolutamente ao que era conhecido no direito romano e, com princípios próprios, apenas de forma subsidiária, são aplicados os princípios do direito civil.

1.4.4. No Direito Agrário

O *Direito Agrário* é, por força constitucional (art. 22, inciso I, da CF de 1988), ramo autônomo do direito brasileiro. Essa autonomia surgiu com a *Ementa Constitucional n° 10,* de 10.11.1964, que outorgou, no *art. 5°, inciso XV, letra "a"*, da *Constituição de 1946*, competência à União para legislar, entre outros, sobre *direito agrário.*

E autonomia de um ramo do direito se explica pela presença de princípios e regras próprias. Portanto, ao regrar o direito agrário sobre contratos, o fez de forma a impor tais especificidades. E é por isso que os contratos agrários seguiram o mesmo caminho dos contratos de trabalho, já que buscaram intervir nas relações contratuais do campo de forte cogente e com o nítido propósito de praticar justiça social.

Aquilo que era pautado pelo Código Civil de 1916 passou a ter disposição específica através do Estatuto da Terra, pelos artigos 92 a 128 da Lei nº 4.504, de 30 de novembro de 1964, e regulamentados pelo Decreto° 59.566, de 14 de novembro de 1966.

A respeito desse tema já tive oportunidade de me manifestar nestes termos, ainda quando vigente o Código Civil de 1916:[10]

> "O Estatuto da Terra trouxe uma idéia radical de mudanças na estrutura do campo. Isso é demonstrável pelos temas até aqui abordados. Assim, não se limitou ele tão-somente a distribuir terras pelo sistema de reforma agrária, a tributar mais rigorosamente as propriedades improdutivas ou a colonizar áreas inexploradas. Procurou também regrar as relações contratuais advindas com o uso ou posse dessas terras. A idéia política traduzida para o direito consistiu na imposição de um sistema fundiário."

> "Antes dele, essas relações eram regidas pelo Código Civil, onde predomina a autonomia de vontade. Isso significa dizer que nenhum fator externo influência, direta ou indiretamente, a vontade de quem contrata. A liberdade individual de contratar na visão do código é circunstância soberana anterior e superior a qualquer outra. Tanto que duas vontades conjugadas num objetivo comum formam um vínculo tão forte que cria uma lei entre elas. Na atividade agrária, a aplicação desta plenitude de vontade consistia, por exemplo, no fato de o proprietário rural e o homem que alugasse suas terras poderem livremente pactuar um contrato de meação. Nesse sentido, era plenamente válido o que o proprietário entrasse apenas com a terra, e o locatário, com todo o trabalho e despesa com a lavoura e ao final da safra fosse o lucro repartido meio a meio. A vontade que ambos estabeleceram, os vinculava e o contrato tinha que ser cumprido."

> "Todavia, com a vigência do Estatuto da Terra, o Código Civil deixou de ter aplicação nas relações agrárias, pois a nova disposição legal retirou das partes muito daquilo que a lei civil pressupõe como liberdade de contratar. Substituiu, portanto, a autonomia de vontade pelo dirigismo estatal. Ou seja, o Estado passou a dirigir as vontades nos contratos que tivessem por objeto o uso ou posse temporária do imóvel

---

[10] BARROS, Wellington Pacheco. *Curso de Direito Agrário*, 4ª edição, 1º volume, Livraria do Advogado Editora, 2002, p. 107/108.

rural. A idéia implantada pelo legislador residiu na admissão de que o proprietário rural impunha sua vontade ao homem que utilizasse suas terras de forma remunerada. E essa imposição sub-reptícia retirava deste último a liberdade de contratação, pois ele apenas aderia à vontade maior do proprietário. A figura interventora do Estado era, assim, necessária para desigualar essa desigualdade, com uma legislação imperativa, porém de cunho mais protetivo àquele naturalmente desprotegido."

"É possível concluir do estudo que se faça do tema, que os contratos agrários surgiram com uma conotação visível de justiça social e que na análise integrada de seus dispositivos nitidamente se observa a proteção contratual da maioria desprivilegiada, a detentora do trabalho e que vem possuir temporariamente a terra de forma onerosa, em detrimento da minoria privilegiada, os proprietário ou possuidores rurais permanentes."

O sistema contratual presente no direito agrário continua íntegro, embora o Código Civil de 2003 tenha abraçado como princípio norteador (art. 421) aquilo que foi de forma não expressa mais visível em várias de suas disposição uma constante na preocupação do legislador agrário – a função social dos contratos.

1.4.5. No Direito Administrativo

O Direito Administrativo é ramo autônomo do direito positivo brasileiro, embora não seja tipificado de forma expressa como direito de emanação exclusiva da União, como são os direitos civil, agrário e comercial, por exemplo. Assim, dentro de sua competência administrativa, a União cria regras de direito administrativo e, concorrentemente, também os Estados e os Municípios

As qualidades da Administração Pública, que tem como pressuposto de existência maior a busca pelo bem comum, já indicam a necessidade de se criar um direito que, reconhecendo esse dado importante, crie princípios que realcem essa importância. Como o direito constitucional, o direito administrativo é também direito típico do estado, embora aquele, na concepção moderna, tenha ganho estruturas fortes e consagradoras de direitos e garantias individuais e sociais.

De outro lado, caracterizando-se o estado brasileiro como federação, onde cada ente federado – União, cada um dos Estados, Distrito Federal e cada um dos Municípios - possui autonomia administrativa, desde que guarde respeito aos princípios administrativos orientadores de toda Administração Pública previstos na Constituição Federal, podem ser criadas regras jurídicas positivas de cunho administrativo, tanto de direito material, como processual.

No que diz respeito às relações contratuais, no entanto, a competência da União é exclusiva para dicção de normas gerais sobre licitação e contratação, em todas as modalidades, e para qualquer administração pública direta, autárquica e fundacional da própria União, Estados, Distrito Federal e Municípios, inclusive para as empresas públicas e sociedades de economia mista, conforme previsão expressa do art 22, inciso XXVII, da Constituição Federal.[11]

O contrato administrativo, dessa forma, consoante mandamento constitucional, é dirigido absolutamente pelo Estado, em qualquer de suas unidades federadas, com regras de autoproteção, tanto que uma delas inseriu na teoria geral dos contratos o instituto da licitação de cunho obrigatório. Este requisito inexiste em qualquer outra modalidade contratual. Trata-se de condição preparatória na formalização do contrato administrativo de estrutura complexa e formalística.

A idéia do legislador de primar pela isonomia e impessoalidade nos contratos envolvendo a Administração Pública, se de um lado possibilitou uma previsão legislativa do agir administrativo através de uma estrutura legal minudente e formal, de outro, tornou aquilo que poderia constituir em segurança jurídica, uma verdadeira insegurança, já que a experiência tem demonstrado que o cipoal de regras licitatórias mais atravanca do que facilita a formalização da relação contratual.

A Lei nº 8.666/93 é o comando estatal que rege toda relação da Administração Pública com particulares, minudenciando um procedimento administrativo típico chamado de licitação, sem o qual, salvo nos casos de dispensa e inexigibilidade, a contratação se torna viciada.

Numa visão essencialmente contratual, pode-se afirmar que a licitação nada mais envolve do que a escolha daquele com quem a Administração Pública irá contratar que, escolhido, deve aderir às cláusulas predispostas no instrumento de formação.

O contrato administrativo tem a autonomia de vontade apenas como fator formal de aproximação dos contratantes, já que o *dirigismo contratual*, ou a vontade do Estado regrando o comportamento dos contratantes, é o princípio de maior preponderância nesse negócio jurídico.

---

[11] O artigo 22, inciso XXVII, da Constituição Federal tem esta redação:
Art. 22 – Compete privativamente à União legislar sobre:
XXVII – normas gerais de licitação e contratação, em todas as modalidades, para as administrações públicas diretas, autárquicas e fundacionais da União, Estados, Distrito Federal e Municípios, obedecido o disposto no art. 37, XXI, e para as empresas públicas e sociedades de economia mista, nos termos do art. 173, § 1º, III.

Mas, se o contrato administrativo tem essa forte ingerência estatal, de outro lado, introduziu na teoria geral dos contratos brasileiros um componente inovador importante que pode servir de subsídio relevante na interpretação dos demais contratos. Trata-se do art. 65, inciso II, letra "d", da Lei nº 8.666/93, com a redação dada pela Lei nº 8.883, de 8.6.94, que possibilitou a alteração contratual, por acordo das partes,

> "para restabelecer a relação que as partes pactuaram inicialmente entre os encargos do contratado e a retribuição da Administração para a justa remuneração da obra, serviço ou fornecimento, objetivando a manutenção do equilíbrio econômico-financeiro inicial do contrato, na hipótese de sobrevirem fatos imprevisíveis, ou previsíveis porém de conseqüência incalculáveis, retardadores ou impeditivos da execução do ajustado, ou ainda, em caso de força maior, caso fortuito, fato do príncipe, configurando álea econômica extraordinária e extracontratual".[12]

1.4.6. No Direito Comercial

O Direito Comercial brasileiro, em termos de contratos, é o que mais se aproxima do direito romano. Estruturado basicamente no Código Comercial de 1.850, no entanto vem ele, paulatinamente, sofrendo invasão dos princípios de direito civil moderno.

O último ramo do direito positivo no Brasil que resistiu à socialização dos contratos, mantendo o princípio da autonomia de vontade como base fundamental na formalização contratual, vem ele cedendo, dia a dia, instituto a instituto, para os novos avanços contratuais.

Rubens Requião,[13] ao elencar o *individualismo* como uma das características do Direito Comercial, assim se expressa:

> "As regras do direito comercial se inspiram em acentuado individualismo, porque o lucro está diretamente vinculado ao interesse individual. Esse tradicional individualismo, temos de reconhecer, está temperado nos tempos modernos pela atuação do Estado, limitando a *liberdade do contrato*, que era um dos apanágios do individualismo. A liberdade do contrato, todavia, constitui ainda regra preponderante nas relações comerciais."

O Código Comercial de 1850, base principal do direito comercial, vem sendo ab-rogado paulatinamente, bastando exemplificar o duro golpe

---

[12] Para melhor compreensão deste tema, ver *Dos modernos princípios contratuais*, capítulo II, deste Livro.
[13] REQUIÃO, Rubens. *Curso de Direito Comercial*, Edição Saraiva, 1973, 3ª edição, p. 26.

que foi a mutação e a transposição do direito das sociedades para direito de empresa e deste para o novo Código Civil.

2. Da evolução dos contratos na visão política do Estado

É dentro do pensamento propedêutico moderno e, portanto, fora da visão exclusiva do direito, que se encontra uma instigante teoria sobre a evolução dos contratos, podendo, por isso mesmo, ser chamada de verdadeira evolução política contratual do Estado.

Como já foi dito no início deste capítulo, coube a Sir H. Summer MAINE a primazia de lançar, no final do Século XIX, a assertiva de que a história do direito consiste num progresso que, partindo do *status*, conseguiu chegar ao contrato. A *Lei de Maine*, como passou a ser conhecida, propôs a premissa de que a lei do patriarca ou do grupo, o estatuto social, sufocando as pretensões sociais, se impunha como comportamento contratual.

Quarenta anos depois, num contraponto à Lei de Maine, surgiu o que passaria a ser conhecida como a *Lei de Socialização dos Contratos*, calcado no fundamento que o jndivíduo, de início, tinha plena liberdade de contratar, e que somente com a evolução da vida social e com seus decorrentes problemas, houve por bem o Estado de dirigir a sua vontade em nome da ordem pública.

As duas vertentes políticas da evolução dos contratos foram criadas em momentos em que se enfatizava como verdade os pensamentos políticos liberal ou socialista.

Embora a gênesis política dos contratos assuma grande importância na visão sociológica ou mesmo política do instituto, penso que não é de todo dispensável seu estudo na perspectiva de uma teoria geral dos contratos brasileiros, especialmente quando se observa uma crescente intervenção estatal nas relações contratuais. Assim, se as premissas pretéritas que embasaram as conclusões nas Lei de Maine e na Teoria da Socialização dos Contratos se constituam apenas em especulações de seus criadores, o rumo nos últimos anos tomado pelos contratos brasileiros concluem por uma certa razoabilidade. Ora, se os contratos modernos no Brasil possuem um tronco originário único, tomando-se por base o Código Civil de 1916, de estrutura politicamente liberal, diverso é o rumo que tomou a partir de 1930 com a assunção de Getúlio Vargas no governo da União, inoculando idéias sociais em vários institutos políticos brasileiros, dentre eles o contrato de trabalho.

A respeito do tema, já me manifestei nos seguintes termos:[14]

"Um dos institutos de grande significado para o direito é o contrato, como também o são a família, a propriedade e a sucessão. É por seu intermédio que os indivíduos se inter-relacionam ou estabelecem contatos com o Estado. Através dele se opera a instrumentalização de controle que os envolvidos estabelecem quando prefixam os limites de seus direitos e de suas obrigações. É a relação social revestida pela força do direito para prevenir conflitos."

"No final do século XIX, Sir Henry Summer Maine afirmou, como verdade darwiniana, que toda a história da evolução do contrato poderia ser resumida em um único princípio, e que em sua homenagem foi chamada de Lei de Maine: o estatuto precedeu ao contrato. Ou seja, a lei do patriarca, a lei do grupo, por naturalmente sufocar as pretensões individuais, antecedeu ao contrato que, como liberdade individual, só apareceu bem mais tarde. Essa verdade se manteve fiel por uns bons quarenta anos, até que foi suplantada por outra diametralmente oposta, e que poderia ser chamada de Lei de Socialização dos contratos: o direito voluntário teria precedido ao direito imposto, estatal. O indivíduo, segundo tal postulação, tinha, de início, plena liberdade de agir, de contratar, e que somente com a evolução da vida social e com seus decorrentes problemas, houve o Estado de dirigir a sua vontade em nome da ordem pública. É o que narra Jean Carbonier, em seu Derecho Flexible".[15]

"O interessante nessas duas teorias geradas para explicar a evolução dos contratos é que elas surgiram quando no ápice de um determinado sistema político-filosófico. A Lei de Maine, por exemplo, surgiu quando a teoria liberal estava em culminância e se acreditava como representativa de uma única forma ideal do comportamento humano. Identicamente, a Teoria da Socialização dos Contratos, pois se acreditava, numa completa revisão de pensamentos filosóficos, que os postulados do socialismo e todas as suas variantes definiam a completa verdade do comportamento humano."

"Hoje, no próprio berço dessas duas teorias, já se pode observar que, embora o Estado continue intervindo em grande parcela da atividade humana, há uma sensível mudança de rumo na formação de uma teoria de meio-termo, que reconhece o dirigismo estatal em vários pontos da

---

[14] BARROS, Wellington Pacheco. *Dimensões do Direito*. 2ª edição, Livraria do Advogado Editora, 1999, p. 108/110.
[15] CARBONNIER, Jean. *Derecho flexible: para uma sociologia no rigurosa del Derecho*. Madrid, Tecnos, 1974. Edição espanhola de Flexible Doit.

atividade do homem, contudo, calcada em dados fáticos afirma que a sociedade tem encontrado, ela própria, o fiel da balança de se autogerir."

"Entre nós, as duas teorias enfocadas estão bem caracterizadas em um dos grandes ramos do direito: o direito civil e o direito do trabalho. O contrato pela ótica civilista abraça com inteireza a teoria liberal: as duas partes, desde que capazes, têm pleno domínio de se obrigarem, com a ressalva apenas de ser o objeto da obrigação lícito. Já pelo sistema trabalhista, a liberdade contratual e relativada. O trabalho, segundo essa visão jurídica, é objeto protegível pelo Estado, não podendo o trabalhador dele livremente dispor. O manto dessa proteção está na afirmação de que haveria uma nítida vantagem do empregador, que representa o capital, a aliciar a vontade do empregado, retirando dele a igualdade necessária para a formação de um pacto. Nessa linha de proteção, de dirigismo estatal, se encontram os contratos de locações urbanas (embora se observe uma guinada para a teoria do meio-termo em decorrência da fuga dos imóveis para alugar), rurais, alguns de compra e venda, seguros, transportes, saúde etc."

"As mudanças que estão levando a Europa à eleição de uma teoria de meio-termo estão aportando no nosso sistema jurídico. E, assim apensar do inchaço do Estado brasileiro regrando a mínima conduta humana, se constata uma certa saturação de sua presença, que ele propriamente chega a reconhecer, e o que é mais interessante, pelas próprias partes que ele dizia proteger. Até mesmo no campo do direito do trabalho, onde o conflito é mais acirrado, já se observa uma maior liberdade do trabalhador em diretamente estabelecer com o empregador regras próprias ao seu contrato de trabalho. O surgimento de sindicatos fortes muito tem contribuído para essa mudança. Ao invés de uma proteção muitas vezes apenas formal, o empregado está partindo em busca de resultado, de maiores ganhos, fazendo vista grossa que a nível constitucional a competência é do Estado para estabelecer princípios sobre relação de emprego. No arrendamento rural há muito tempo que o arrendatário deixou de se regrar pela imperatividade do Estatuto da Terra. O preço do aluguel da área é livremente pactuado entre as partes sem qualquer vinculação de manter o limite de 15% sobre o valor cadastral do imóvel. A locação urbana também se encaminha para a liberação. O aluguel para morar vem deixando de ser absolutamente regrado pelo Estado para ser livremente discutido entre os envolvidos."

"No campo dos contratos, a sociedade brasileira está demonstrando que, em algumas questões, já a tingiu capacidade suficiente para estabelecer suas próprias regras, prescindindo da tutela estatal."

Numa visão mais histórica do que sociológica, porém falando sobre a origem dos contratos, diz Arnoldo Wald,[16] que:

"... Na realidade, o contrato nasceu formalista e típico, no Direito Romano, para transformar-se num instrumento válido pelo fato de ser uma manifestação de vontade do indivíduo e, em conseqüência, um instrumento vinculatório, que fazia papel da lei entre as partes, na concepção dos enciclopedistas que inspiraram a Revolução Francesa."

"Por longo tempo, entendeu-se que os pactos deviam ser respeitados (pacta sunt servanda), pois refletiam um ato de liberdade individual. O contratual, pela sua própria natureza, por decorrer de um acordo de vontades, devia ser considerado justo. Conseqüentemente, o contrato era intangível, devendo ser executado, custasse o que custasse, ressalvados tão-somente os casos excepcionais da força maior e do caso fortuito."

"Podendo transferir a propriedade no sistema franco-italiano, ou não podendo fazê-lo no Direito alemão e na legislação brasileira, o contrato foi, certamente, o grande instrumento jurídico do capitalismo incipiente que dominou o mundo até o fim da Primeira Guerra Mundial."

"Com o advento do comunismo, na Rússia, e a Constituição de Weimar, na Alemanha, o sopro do socialismo, sob as suas diversas formas e com densidades distintas, abalou, em parte, a mística contratual sedimentada pelo Código de Napoleão, sem que todavia o contrato perdesse sua função e utilidade."

"Aos poucos, surgiram as limitações tanto à liberdade de contratar, ou de não contratar, quanto à liberdade contratual, ou seja, à fixação do conteúdo do contrato. Embora se mantivesse, como regra geral, a onipotência da vontade individual, com a possibilidade de criação dos mais variados contratos atípicos e mistos, o legislador, ampliando a área da ordem pública econômica, foi restringindo o conteúdo da autonomia da vontade".[17]

---

[16] WALD, Arnoldo. O contrato: passado, presente e futuro. *Revista Cidadania e Justiça*, ano 4, nº 8, 1º semestre de 2000, p. 43/49.

[17] A importância do artigo de ARNOLDO WALD merece inteira transcrição por se caracterizar num marco forte de uma visão histórica, mas atual, dos contratos. E continua ele:
Aos poucos, surgiram as limitações tanto à liberdade de contratar, ou de não contratar, quanto à liberdade contratual, ou seja, à fixação do conteúdo do contrato. Embora se mantivesse, como regra geral, a onipotência da vontade individual, com a possibilidade de criação dos mais variados contratos atípicos e mistos, o legislador, ampliando a área da ordem pública econômica, foi restringindo o conteúdo da autonomia de vontade.
A liberdade no plano contratual tem sofrido amplas restrições, especialmente no tocante à faculdade de fixar o conteúdo do contrato (liberdade contratual), pois muitos contratos são hoje verdadeiros

3. Da evolução política do sistema contratual brasileiro

A gênesis política que contaminou a evolução dos contratos na Europa, embora com retardo de mais de cinqüenta anos, também chegou ao Brasil.

Dessa forma, não se pode falar de qualquer contrato no Brasil, por mais simples que seja ou mesmo o mais específico, como é o caso, por exemplo, do contrato agrário instrumentalizado na Cédula de Produto Rural, ou CPR (sigla pela qual este título de crédito foi expressamente nominado pela Lei n° 8.929, de 22 de agosto de 1994), sem que, antes, se deva proceder a uma análise sistemática e retrospectiva de se fixar sobre que estrutura contratual se está falando e de seu momento político antecedente.

Essa afirmação decorre da constatação de que, também no Brasil, a relação contratual não integra mais um único sistema jurídico, como é, por exemplo, aquele de regras contratuais que primam pela autonomia de vontade, no sentido de que será contrato tudo aquilo que as partes livremente vierem a estabelecer criando, modificando ou extinguindo direito.

---

contratos de adesão, cujo texto depende de aprovação prévia de organismos governamentais. Quanto à liberdade de contratar, tem sido mantida em termos gerais embora, em determinados casos, possa constituir infração à lei o fato de deixar de vender determino artigo, por considerar o sistema legislativo vigente tais omissões como contrárias à ordem econômica e social estabelecida.

Em tese, a liberdade contratual só sofre restrições em virtude da ordem pública, que representa a projeção do interesse social nas relações interindividuais. O *ius cogens,* o direito imperativo, defende os bens os bons costumes e a estrutura social, econômica e política da comunidade. Em determinada fase, a ingerência da ordem pública em relação aos contratos se fazia sentir pelo combate à usura, proibindo as leis medievais as diversas formas de agiotagem. Quanto aos contratos, não havia maiores limitações até o século XIX.

As idéias solidaristas e socialistas e a hipertrofia do Estado levaram, todavia, o Direito ao dirigismo contratual, expandindo-se a área das normas de ordem pública destinadas a proteger os elementos economicamente fracos, favorecendo o emprego, pela criação do Direito do Trabalho, o inquilino, com a legislação sobre locações, e o consumidor, por uma legislação específica em seu favor. Por outro lado, o dirigismo contratual restringiu a autonomia de vontade, em virtude da elaboração de uma série de normas legislativas, fixando princípio mínimos que os contratos não podem afastar (salário mínimo, tabelamento de gêneros alimentícios, fixação de juros).

O contrato passou assim, em certos casos, a ter um conteúdo de ordem pública, decorrente da lei, podendo alcançar até pessoas que nele não foram partes, como ocorre na convenção coletiva de trabalho. Temos então uma convenção-lei, definida como "um a to legislativo, elaborado por via convencional".

A obrigatoriedade dos contratos constitui, por sua vez, uma projeção no tempo da liberdade contratual, pois as partes são obrigadas a realizar as prestações decorrentes do contrato. O direito contemporâneo limitou, todavia, também tal obrigatoriedade, interpretando-a *rebus sic stantibus,* ou seja, enquanto as situações das partes não sofrerem modificações substanciais, e permitindo, no caso de haver tais transformações imprevistas, uma revisão ou a resolução do contrato.

Durante muito tempo, considerou-se que o contrato normalmente compunha interesses divergentes, que nele encontravam uma forma de solução, como acontece nos casos da compra e venda, da locação, da empreitada, etc. Os contratos que constituem liberalidades são relativamente menos importantes e só recentemente é que a doutrina foi admitindo a importância crescente dos chamados contratos de colaboração, que existem tanto no direito privado quanto no direito público.

Acontece que o sistema edificado pelo Código Civil de 1916, que buscou unificar a estrutura contratual brasileira, tomou por base a idéia política liberal transposta em cânones econômicos de que o contrato pressupunha, antes e acima de qualquer preceito, um exercício autônomo de vontade. No entanto, embora primasse pela égide voluntarista, já desde 1930, essa visão contratual passou a sofrer modificações claramente de política social pela ingerência do Estado que entendia de se sobrepor ao autonomismo contratual, tomando por base dessa ação a idéia da supremacia do estado protetor da sociedade na qual a vontade individual devia se subsumir. Essa intervenção estatal nos contratos, iniciada com o contrato de trabalho, expandiu-se depois para os contratos agrários (arrendamento e parceria rural, quanto à posse da terra, e crédito rural), passando pelos contratos de locação urbana, de consumo, até culminar com o novo Código Civil que, apesar de não conter regras específicas, impõe regra de interpretação de respeito geral ao dizer que a vontade deve atentar para os princípios da função social dos con tratos, probidade e boa-fé.

Com base nesse diapasão histórico sobre a influência política do Estado nos contratos, é possível afirmar-se que vige em nosso direito positivo contratual um leque considerável de relações pactuadas, como na visão de um estuário à inversa, onde, de um tronco único surgiram várias ramificações contratuais que se situam à direita ou à esquerda da origem, cada uma delas dispondo desde a autonomia de vontade pura até o dirigismo estatal e social absoluto calcado na função social do contrato, probidade e boa-fé.

A complexidade de um tal sistema jurídico contratual é que, como cada um dos subsistemas tem vida jurídica própria, já que busca proteger com previsões legais específicas cada núcleo jurídico realçado, exige ele do intérprete conhecimentos tópicos e sempre mais distantes do tronco base ensejador de uma única teoria geral dos contratos.

É possível ser citado como exemplo a autonomia cartular absoluta que se pretendeu dar aos títulos de créditos cambiais ou a uma CPR, em particular, mesmo na sua condição do título de crédito agrário, pois já de longa data tal exaustão de entendimento foi amenizada tanto pela doutrina como pela jurisprudência, sob o fundamento de preexistência do princípio maior e anterior de que, em verdade, estes títulos representavam um contrato estruturado de uma forma especial própria dos contratos agrários, embora se reconheça que apenas subsidiariamente possa se buscar os princípios de uma teoria. Por isso é possível se concluir que as regras especiais no exemplo da CPR somente poderão ser consideradas se preenchidos os elementos gerais e norteadores do anterior contrato que a embasam.

É de se observar, portanto, que, no direito contratual brasileiro, é possível se afirmar com segurança que não existe uma teoria geral única sobre os contratos, mas, sim, que existem várias teorias contratuais tomando-se como ponto base dessa afirmação a constatação de multiplicidades de contratos que primam ora pela autonomia de vontade, ora pelo dirigismo contratual, permeando entre um ponto e outro consideráveis variações, tudo isso produzido por um fator político anterior e preponderante.

4. Do conceito moderno de contrato

No campo do direito obrigacional clássico, *contrato* é o acordo de vontades entre duas ou mais pessoas, criando, modificando ou extinguindo entre si uma relação de direito.

Para que o contrato possa juridicamente existir nesta visão, há necessidade da integração de três elementos que a doutrina chama de:
1. essenciais;
2. naturais;
3. acidentais.

Elementos essenciais são aqueles inerentes à subsistência ou validade do contrato, como a capacidade da pessoa que contrata, a coisa, o preço e o consentimento.

Elementos naturais são aqueles que implicitamente estão compreendidos no ato, como é exemplo a evicção que, se acontecida, possibilita necessariamente o desfazimento do contrato com o retorno das partes ao momento anterior à sua realização.

Elementos acidentais são aqueles acessórios que complementam de forma expressa o contrato, como a modalidade de pagamento, o prazo, a multa, os juros etc.

No entanto, quando se constata que a autonomia de vontade, na maioria dos contratos, perdeu sua característica de princípio básico, e passou a ser conjugada com outros princípios impostos pelo Estado (função social do contrato, probidade e boa-fé), evidentemente que o seu conceito sofreu profunda modificação.

Portanto, é possível conceituar-se o contrato moderno como a *manifestação de vontade entre duas ou mais pessoas, expressada de acordo com a lei, quando nos casos por ela regrados, criando, modificando ou extinguindo uma relação jurídica.*

Esse conceito respeita a autonomia de vontade, que sempre existirá em todo contrato, mas a relativa quando o acordo é regrado por lei, já que a vontade a ele se submete.

Impressão:
Editora Evangraf
Rua Waldomiro Schapke,77 - P. Alegre, RS
Fone: (51) 3336-2466 - Fax: (51) 3336-0422
E-mail: evangraf@terra.com.br